Agnès Arp, Christiane Kuller, Bernhard Strauß (Hg.)
Wie erinnern und vergessen wir?

Forum Psychosozial

Agnès Arp, Christiane Kuller, Bernhard Strauß (Hg.)

Wie erinnern und vergessen wir?

Psychologische, neurophilosophische und geschichtswissenschaftliche Zugänge

Mit Beiträgen von Agnès Arp, Marie Busch,
Sascha Benjamin Fink, Hariet Kirschner, Christiane Kuller,
Carsta Langner, Hans J. Markowitsch, Ilka Quindeau,
Sabine Schmolinsky, Angelica Staniloiu, Bernhard Strauß,
Alexander von Plato und Grit Wesser

Psychosozial-Verlag

Bibliografische Information der Deutschen Nationalbibliothek
Die Deutsche Nationalbibliothek verzeichnet diese Publikation
in der Deutschen Nationalbibliografie; detaillierte bibliografische Daten
sind im Internet über http://dnb.d-nb.de abrufbar.

Originalausgabe
© 2024 Psychosozial-Verlag GmbH & Co. KG
Walltorstr. 10
D-35390 Gießen
06 41-96 99 78 0
info@psychosozial-verlag.de
www.psychosozial-verlag.de
Alle Rechte vorbehalten. Kein Teil des Werkes darf in irgendeiner Form
(durch Fotografie, Mikrofilm oder andere Verfahren)
ohne schriftliche Genehmigung des Verlages reproduziert
oder unter Verwendung elektronischer Systeme
verarbeitet, vervielfältigt oder verbreitet werden.
Umschlagabbildung: Volker Henze, *ZW IX,* 2022 © VG Bild-Kunst, Bonn 2023
Umschlaggestaltung und Innenlayout nach Entwürfen von Hanspeter Ludwig, Wetzlar
ISBN 978-3-8379-3246-1 (Print)
ISBN 978-3-8379-6246-8 (E-Book-PDF)

Inhalt

Wie erinnern und vergessen wir? 7
Vorwort der Herausgeber:innen

TEIL I – Geschichtswissenschaftliche Perspektiven

**Erzählte Erinnerungen
in der historischen Forschung** 13
Einführung
Christiane Kuller

Oral History 19
Aufbrüche und gegenwärtige Herausforderungen
Alexander von Plato

Das Erinnern an die Staatssicherheit im DDR-Alltag 33
Methodische Herausforderungen
bei der Freilegung verwobener Gedächtnisschichten
Grit Wesser

**Mittelalterliche Zeitzeugenschaft
und moderne Gedächtnisforschung** 51
Sabine Schmolinsky

TEIL II – Oral-History-Interpretationswerkstatt

Gedächtnisspuren 71
Oral-History-Interpretationswerkstatt – Einführung
Agnès Arp

»Es ist nur vorläufig, es ist nicht deine Heimat« 79
Über migrantische Erfahrungen im ostdeutschen Umbruch
und die Herausforderung, »Differenz« zu denken
Carsta Langner

Annäherung an eine Psychotherapeutin der DDR 99
Hariet Kirschner

**Die Bedeutung der intendiert-dynamischen
Gruppenpsychotherapie für die individuelle Biografie** 119
Rückblick einer ehemaligen Psychotherapiepatientin
Marie Busch

**TEIL III – Neurowissenschaftliche
und psychologische Beiträge oder Perspektiven**

Trügerische Erinnerungen 139
Neurowissenschaftliche und psychologische Perspektiven
Bernhard Strauß

**Neurowissenschaftliche Grundlagen
von Erinnern und Gedächtnis** 145
Hans J. Markowitsch & Angelica Staniloiu

Erinnerung als Antwort auf einen Anspruch 181
Psychoanalytische Konzeptualisierungen
Ilka Quindeau

Normative Spannungen im Erinnern-mit-anderen 197
Sascha Benjamin Fink

Wie erinnern und vergessen wir?

Vorwort der Herausgeber:innen

»Gesellschaft verstehen – Zukunft gestalten« ist der Titel eines Rahmenprogramms des Bundesministeriums für Bildung und Forschung für das Feld der Geistes- und Sozialwissenschaften. In dessen Kontext wurden von 2019 bis 2023 insgesamt 14 Forschungsverbundprojekte gefördert, die sich damit befassen, »Wissenslücken über die DDR zu schließen«, wie dies von der damaligen Bundesbildungsministerin Karliczek bekannt gemacht wurde.[1]

Zu den Geförderten gehören auch die beiden Verbünde »Seelenarbeit im Sozialismus: Psychologie, Psychiatrie und Psychotherapie in der DDR«[2] (SiSaP) und »Diktaturerfahrung und Transformation. Biographische Verarbeitungen und gesellschaftliche Repräsentationen in Ostdeutschland seit den 1970er Jahren«[3] (DuT).

SiSaP integriert vier Teilprojekte, die sich mit der »ambivalenten Rolle der Psychotherapie« (Jena), der »Psychologie unter politischem Diktat und Justiz« (Dortmund), der »Psychiatrie in der DDR zwischen Hilfe, Verwahrung und Missbrauch« (Rostock/Greifswald) sowie mit »Psychologie, Psychotherapie und Psychiatrie im Gesundheitssystem der DDR« (Erlangen) befassen.

---

1 2019 wurden in der ersten Förderperiode 14 Forschungsverbünde zu DDR-Forschung vom BMBF unterstützt, die sich inhaltlich sehr unterscheiden, die aber alle auf die o. g. Thematik des Verständnisses der DDR abzielen (vgl. https://www.geistes-und-sozialwissenschaften-bmbf.de/de/DDR-Forschung-2558.html). 2023 sind nach einer Unterbrechung sechs Verbünde für weitere zwei Jahre verlängert worden.

2 BMBF-Verbundprojekt »Seelenarbeit im Sozialismus« (SiSaP), (Förderkennzeichen: 01UJ1908AY), Jena, Erlangen, Dortmund, Rostock, 2019-2025. URL: https://seelenarbeit-sozialismus.de/start (16.03.2024).

3 BMBF-Verbundprojekt »Diktaturerfahrung und Transformation« (DuT), (Förderkennzeichen: 01UJ1907AY), Erfurt, Jena, Weimar, 2019-2025. URL: https://verbund-dut.de/ (16.03.2024).

DuT untersucht in seinen zehn Teilprojekten an den Universitäten Erfurt und Jena sowie an der Gedenk- und Bildungsstätte Andreasstraße und an der Gedenkstätte Buchenwald die Erfahrungsgeschichte der späten DDR und der Transformationszeit, die einem breiten Spektrum von auch widersprüchlichen Erfahrungen Platz gibt. DuT ist eine interdisziplinäre Kooperation von Geschichtsdidaktiker:innen, Historiker:innen, Kunsthistoriker:innen, Literaturwissenschaftler:innen, Sozialwissenschaftler:innen und Kirchenhistoriker:innen.

Erinnerungen spielen in der Forschungsarbeit beider Verbünde eine zentrale Rolle. Nicht selten sind sie der einzige Zugang zu Bereichen, über die es keine schriftlichen Quellen gibt. Und auch wenn schriftliche Quellen vorhanden sind, spiegeln Erinnerungen eine erfahrungsgeschichtliche Perspektive, über welche andere Quellen meist schweigen. Auch sind Erinnerungen vielfach Quelle für Gegennarrative, die öffentliche Vergangenheitsbilder, wie sie in Gedenkstätten, Schulbüchern und politischen Reden zum Ausdruck kommen, infrage stellen – heute, 35 Jahre nach der Friedlichen Revolution 1989/90, sind sie Stichwortgeber für virulente erinnerungskulturelle Debatten über die DDR, die in letzter Zeit eher zu- als abgenommen haben.

Das gemeinsame Interesse an Interviews über vergangene Erfahrungen hat die beiden Verbünde zusammengeführt. Denn psychologische, neurophilosophische und geschichtswissenschaftliche Methoden verweisen darauf, in welch großem Maße das Gedächtnis ein »wendiger Baumeister« (Johannes Fried) ist, und wie wichtig für einen wissenschaftlich-kritischen Umgang mit Erinnerungsinterviews der Austausch zwischen den Fachdisziplinen ist. Mit diesem Ansatz schreibt sich die Arbeit der beiden Verbünde in eine interdisziplinäre Debatte ein, die in den 2000er Jahren begann und sich inzwischen lebhaft weiterentwickelt hat. Auch heute würde wohl niemand sagen, dass man auf Erinnerungsquellen in der Forschung verzichten sollte, aber auch und gerade im Zusammenspiel der Disziplinen werden die vielen Aspekte deutlich, die es bei einer Interpretation zu berücksichtigen gilt.

In beiden Verbünden hatte der Workshop im Jahr 2022, auf den dieser Band zurückgeht, eine Vorgeschichte. In einem – coronabedingt – virtuellen Symposium wurden die ersten Ergebnisse des Verbundprojektes SiSaP 2020 vorgestellt und nachfolgend in dem Band *Seelenarbeit im Sozialismus* (herausgegeben von Bernhard Strauß, Rainer Erices, Susanne Guski-Leinwand und Ekkehardt Kumbier) dokumentiert. In der Diskussion während der damaligen Tagung, in deren Rahmen naturgemäß auch die Bedeutung von lebensgeschichtlichen Interviews, Zeitzeugeninterviews, Befragungen und »Erinnerungen« zur Sprache kam, wurde die Idee geboren, die Thematik der Transformation von Erinnerungen in einem möglichst interdisziplinären Kontext gesondert zu diskutieren. Einer der seitens des Projektträgers (der Deutschen Gesellschaft für Luft- und Raumfahrt) koordinierenden Personen, Dr. Rolf Geserick, ist es mitzuverdanken, dass tatsächlich zwei Jahre später ein weiteres Symposium beziehungsweise ein interdisziplinärer Workshop stattfand, der sich mit Erinnern und Vergessen befasste. Jedenfalls wurde die Idee, in diese Richtung zu gehen, von Herrn Geserick in der Diskussion 2020 sehr stark unterstützt.

Angesichts der Thematik lag es nahe, mit dem Verbundprojekt »Diktaturerfahrung und Transformation« (DuT), das unter anderem auch an der Universität Erfurt lokalisiert ist, Kontakt aufzunehmen, da dort explizit auch berichtete und erinnerte Erfahrungen der DDR-Zeit und der Umbruchzeit seit 1990 in zahlreichen Teilprojekten im Mittelpunkt stehen. Sowohl im Hinblick auf die Psychotherapie, Psychiatrie und Psychologie wie auch auf die individuellen und kollektiven Erfahrungen während und nach der DDR ergaben sich somit Schnittmengen bezüglich der Reflexion von Erinnerungen und deren Relevanz.

Der Forschungsverbund DuT hatte von Anfang an einen methodischen Schwerpunkt in der Durchführung und Auswertung von Interviews. Hierfür wurde im Verbund eine kleine »Zeitzeugenstelle« eingerichtet, die aber bald den Arbeitsaufwand nicht mehr bewältigen konnte. Mit Unterstützung des Landes Thüringen wurde eine Oral-History-Forschungsstelle an der Universität Erfurt aufgebaut, die auch über DuT hinaus als Sammelstelle und Kompetenzpartner für eine wissenschaftliche Auseinandersetzung mit »ostdeutscher Erfahrung« agiert.[4]

So ist es uns gelungen, in einem »Joint Venture« der beiden Verbundprojekte, den Workshop »Erinnern und Vergessen« im Mai 2022 an der Universität Erfurt abzuhalten, der – wie in diesem Buch dokumentiert ist – das Erinnern aus historischen, psychologischen, neurobiologischen, psychoanalytischen und neurophilosophischen Perspektiven diskutieren sollte. Wie Astrid Erll 2017 feststellte, hat sich »bei kaum einem anderen

---

4 Auch hier erweist sich die Kooperation der Verbünde als fruchtbar, insofern als die lebensgeschichtlichen Interviews, die im Rahmen des SiSaP-Projektes erhoben wurden, nach deren projektbezogener Auswertung an der Oral-History-Forschungsstelle Erfurt archiviert werden.

Thema […] in den letzten Jahrzehnten ein solch anregender und produktiver interdisziplinärer Dialog entwickelt, der auch die Grenzen zwischen Geistes- und Naturwissenschaften überwindet« (Erll, 2017, S. 88). Mit dieser Tagung zeigten wir, wie unterschiedliche Ansätze sich befruchten können, aber auch, wo Grenzen liegen. Neben den disziplinorientierten Reflexionen war ein Bestandteil der Tagung auch eine interpretative und interviewbezogene Geschichtswerkstatt, in der aus den beiden Verbünden sowie aus dem Forschungsverbund »Landschaften der Verfolgung/Teilprojekt Gedenkstätte Hohenschönhausen« Projekte skizziert wurden, die sich spezifisch mit der Erinnerung und der Transformation von Erinnerung anhand selbst geführter narrativer Interviews beschäftigen. Drei dieser Projekte werden in diesem Band dokumentiert.

Das abstrakte Gemälde von Volker Henze aus Berlin beziehungsweise Hohenfinow auf dem Cover erschien uns besonders für unser Thema geeignet. Vermutlich hat der Künstler mit diesem Bild nicht auf die Thematik dieses Buches abgezielt. Den Herausgeber:innen hat es aber auch deshalb gut gefallen, weil es vielleicht den komplexen Prozess des Erinnerns und der Gedächtnisreproduktion wiederspiegelt und nicht vermittelt, wir wüssten über das Erinnern »konkret« Bescheid.

Wir bedanken uns herzlich beim BMBF für die Förderung der Verbundprojekte und damit auch für die Ermöglichung der Kooperation zwischen den Verbünden DuT und SiSaP, die zur Entstehung dieses Buches beitrug.

Wir danken dem Psychosozial-Verlag und speziell Julia Stein als Lektorin für die professionelle Betreuung bei der Herausgabe dieses Bandes und unserer Assistentin Antonia Spitzer für die Unterstützung bei der Manuskripterstellung. Wir hoffen, dass wir mit den Beiträgen in diesem Buch die Debatte um die Bedeutung von Erinnern und Gedächtnis im wissenschaftlichen Kontext stimulieren können.

Erfurt und Jena, März 2024
Agnès Arp, Christiane Kuller & Bernhard Strauß

Literatur

Erll, A. (2017). *Kollektives Gedächtnis und Erinnerungskulturen. Eine Einführung* (3. Aufl.). J. B. Metzler.
Strauß, B., Erices, R., Guski-Leinwand, S. & Kumbier, E. (2022). *Seelenarbeit im Sozialismus. Psychologie, Psychiatrie und Psychotherapie in der DDR*. Psychosozial-Verlag.

TEIL I
Geschichtswissenschaftliche Perspektiven

Erzählte Erinnerungen in der historischen Forschung

Einführung

Christiane Kuller

Wie erinnern sich Menschen an das, was sie in der Vergangenheit erlebt und erfahren haben? Und wie vergessen sie es? In geschichtswissenschaftlicher Perspektive sind diese Fragen der Ausgangspunkt einer historischen Erfahrungsgeschichte, die untersucht, was Menschen in der Vergangenheit sinnlich und intellektuell wahrgenommen und zu Erinnerungen verarbeitet haben, und vor allem auf welche Weise sie das getan haben. Ist schon die Wahrnehmung selektiv und kann immer nur einen Ausschnitt der Wirklichkeit betreffen, so erfolgt während des Erinnerns eine erneute Auswahl, und auch der Prozess des Erzählens über die Erinnerung bringt eine neuerliche Auswahl und Schwerpunktsetzung mit sich (Moller, 2010). Die Geschichtswissenschaft interessiert sich vor allem dafür, auf welche Weise die Erzählungen über die Vergangenheit und die damit verbundenen Auswahlprozesse durch diskursive Kontexte und soziale Rahmenbedingungen geprägt sind. Schon Maurice Halbwachs hat in seiner für die geschichtswissenschaftliche Erinnerungsforschung grundlegenden Studie in den 1920er Jahren konstatiert, dass der Sinn, den Menschen den Ereignissen, die ihnen widerfahren, verleihen, maßgeblich von anderen sozialen Erfahrungen und von den Erwartungen und Bewertungen ihres sozialen Umfeldes geprägt ist (Halbwachs, 1925). In den Erinnerungsnarrativen ist beziehungsweise sind subjektive Geschichte(n) somit auch immer mit gesellschaftlichen Vergangenheitsbildern verflochten, die Jan Assmann unter dem Begriff des kollektiven Gedächtnisses gefasst hat (Assmann, 1992).

Für Halbwachs war der Zeitabschnitt, mit dem sich die Geschichtswissenschaft beschäftigt, noch klar getrennt von dem Bereich, in dem erlebte und erzählte Erinnerungen eine Rolle spielen. Die Erinnerungen derjenigen, die an einem Ereignis selbst teilgenommen hatten, in einen wissenschaftlichen Forschungsprozess einzubeziehen, schien ihm ausgeschlossen (Moller, 2010). Inzwischen hat sich in der Geschichtswissenschaft mit der

Oral History eine Methodik etabliert, die es erlaubt, individuelle Erinnerungen in den zeithistorischen Prozess einzubinden. Dabei geht es darum, individuelle Erinnerungen mündlich zu erfragen und aufzuzeichnen. In Interviews werden auf diese Weise Quellen hergestellt, die sich auf vergangene Erfahrungen beziehen und die Darstellung dieser Erfahrungen zum Zeitpunkt des Gesprächs repräsentieren (Althaus & Apel, 2023). Die methodischen Überlegungen haben auch auf frühere historische Epochen ausgestrahlt, in denen mündliche Quellen zwar nicht mehr neu erhoben werden können, für die mündliche Überlieferungen aber oft auch eine wichtige Rolle spielen.

Die Beiträge im ersten Abschnitt dieses Bandes widmen sich den Problemen und Herausforderungen, die mit einer Geschichtsschreibung verbunden sind, die sich auf mündliche Quellen stützt. Diese gewinnen vor allem dort eine unersetzliche Bedeutung, wo es keine anderen Quellen gibt.

Alexander von Plato, zusammen mit Lutz Niethammer und Dorothee Wierling einer der Pioniere der (west-)deutschen Oral-History-Forschung, beschreibt in seinem Beitrag die Anfänge dieser Forschungsrichtung seit den 1980er Jahren. Erzählte Geschichte war in (West-)Deutschland zunächst vor allem die Geschichte von gesellschaftlich marginalisierten Gruppen, die keine schriftlichen Quellen produziert haben, und es war die Geschichte von Unterdrückten und Opfern politischer und gesellschaftlicher Gewalt, deren Erfahrungen sich nicht in den schriftlich überlieferten Quellen aus herrschaftlicher Perspektive spiegeln (vgl. auch Arp et al., 2019). Hierin unterschied sich die Entwicklung von der in den USA, wo die geschichtswissenschaftliche Auseinandersetzung mit mündlichen Erinnerungsquellen schon früher entstand und vor allem im Bereich der Elitenforschung eine wichtige Wurzel hatte. Die (west-)deutsche Oral-History-Forschung war hingegen in der Regel mit dem Anspruch verbunden, den erzählten Lebensgeschichten überhaupt erst Sichtbarkeit zu verschaffen und den Erzähler:innen einen Platz im Vergangenheitsbild zu geben (zur politischen Einhegung der Oral History in der DDR vgl. Niethammer, 1991). In diesem Sinn hatte Oral History das Ziel, das Vergangenheitsbild, das sich aus den schriftlichen Quellen ergab, zu ergänzen und damit zu demokratisieren. Es sollten Gegenerzählungen geschaffen werden, die die alleinige Deutungshoheit der aus schriftlichen Quellen rekonstruierten Vergangenheitsbilder infrage stellten. Oral History habe sich als »nachträgliche Anwältin« derjenigen verstanden, die ausgebeutet und unterdrückt wurden und von denen es selten Zeugnisse ihres Lebens in den staatlichen oder offiziösen Archiven gab, hält von Plato in seinem Beitrag fest, und er sieht hier eine subversive Kraft dieser Methode.

Inzwischen hat sich die Oral History aus ihren (west-)deutschen Entstehungskontexten gelöst, und sie steht insbesondere im Hinblick auf die DDR- und Transformationsforschung, in der sie gerade einen neuen Boom erlebt, in einem neuen, etwas anders ausgerichteten Zusammenhang: Denn die Gegengeschichten, die über die DDR-Zeit erzählt werden, sind nicht selten Geschichten eines »ganz normalen Lebens« (Fulbrook, 2008) jenseits von Repression und Stasi und politischer Unterdrückung, und sie hinterfragen auf diese Weise die Deutungshoheit einer auf Verfolgung und Unfreiheit fokussierten offiziellen Geschichtsdeutung der DDR in Museen, Gedenkstätten und Schulbüchern (Obertreis & Stephan, 2009; Arp & Goudin-Steinmann, 2022). Die Erinnerung an die DDR und Transformationszeit nach 1990 repräsentiert vielfach eine Gegenerinnerung, die gegenüber der offiziellen Lesart einer »Erfolgsgeschichte« der Wiedervereinigung deren Ambivalenzen betont (Arp & Leo, 2009).

In die Beschäftigung mit mündlichen Erinnerungsquellen ist auch eine zeitliche Komponente eingebunden: Was erinnert wird, hängt damit zusammen, was jeweils im Moment des Erinnerns und Erzählens bedeutsam erscheint; Erinnerungserzählungen haben ihre Referenzpunkte in der Vergangenheit, sind stets aber auch das Ergebnis einer Sinnproduktion zum Zeitpunkt des Erinnerns. Entsprechend zielt die geschichtswissenschaftliche Untersuchung auf eine »Aufdeckung« individueller »Gedächtnisspuren« im Zusammenhang mit einer Rekonstruktion der jeweiligen gesellschaftlichen Vergangenheitsnarrative, die grundlegend mitbestimmen, was in diesen – bewussten und unbewussten – »Gedächtnisspuren« als relevant angesehen und wie es in Sinnzusammenhänge eingeordnet wird (Wierling, 2003).

Diesen Aspekt nimmt der Beitrag von Grit Wesser in den Blick, indem er die methodischen Herausforderungen bei der Freilegung verwobener Gedächtnisschichten beschreibt, die sich in einer Studie zu »Wissen über die Stasi in der DDR« ergeben. Denn im Erzählen über die DDR-Zeit durchdringen sich die Erinnerungen an die Zeit vor 1989 und das nach 1990 angeeignete Wissen, das die Interviewten durch Medien und öffentliche Diskurse und auch durch eine Einsicht in die eigenen Stasiakten gewonnen haben. Der Beitrag zeigt exemplarisch, dass Interviews kein »Fenster« zur Vergangenheit öffnen, sondern dass Wissen und Wissensmuster aus der Zeit vor 1989 erst in einem komplexen Forschungs- und

Interpretationsprozess erschlossen werden müssen. Gleichwohl wird deutlich, dass die Identifizierung der verflochtenen Gedächtnisschichten wichtige neue Ansätze für eine erfahrungsgeschichtliche Dimension der Stasiforschung ermöglicht.

Sabine Schmolinsky richtet im dritten Beitrag die Aufmerksamkeit darauf, dass die Auseinandersetzung mit der Spezifik mündlicher Quellen nicht nur die Zeitgeschichte betrifft, sondern auch in der Forschung zu früheren Epochen eine Rolle spielt, denn auch Forschungen zur Antike und zum Mittelalter stützen sich vielfach auf Erinnerungsquellen. Bereits die erste interdisziplinäre Diskussion über neurowissenschaftliche, psychologische und geschichtswissenschaftliche Ansätze der kritischen Erinnerungsforschung in den 2000er Jahren hat hier wichtige Impulse gesetzt (Fried, 2004). Davon ausgehend fragt Sabine Schmolinsky nach dem aktuellen Stand der Debatte. So geht es heute weniger darum, wie mündliche Quellen über mittelalterliche Zeiten historisch-kritisch interpretiert werden können und müssen – überzeugend haben Forscher:innen argumentiert, dass eine solche Quellenkritik zum traditionellen Instrumentarium moderner historischer Forschung auch in der Epoche des Mittelalters gehörte, während weitergehende Forderungen zur Kontextualisierung der Entstehung mündlicher Überlieferungen mangels entsprechender Quellen kaum bearbeitet werden können (Müllerburg, 2005). Vielmehr hat sich die Debatte inzwischen verlagert: Im Mittelpunkt steht nicht mehr die Auseinandersetzung mit der Frage, wie die mündlichen Quellen im Mittelalter entstanden sind, sondern damit, welche Bedeutung Augenzeugenschaft in mittelalterlichen historiografischen Quellen hatte. Inwiefern sind die Quellen von der Wertschätzung für diejenigen, die »dabei gewesen« sind, auf spezifische Weise geprägt und überformt (Drews & Schlie, 2011)? Auch mittelalterlichen Autor:innen war nicht unbekannt, dass sich mit dem menschlichen Erinnerungsvermögen Probleme verbanden, schreibt Schmolinsky, und sie nutzten daher gezielt Strategien zur Verstärkung der Glaubwürdigkeit ihrer »lebenden« Quellen, die auf die traditionelle Wertschätzung sinnlicher Wahrnehmung seit der Antike rekurrierte und auf diese Weise kulturell präformiert war. Mit der kritischen Untersuchung dieser Strategien greift Schmolinsky Impulse der geschichtswissenschaftlichen Auseinandersetzung mit Erinnerungszeugnissen auf und schreibt sich in die Debatte darüber ein, welche Bedeutung gesellschaftliche und kulturelle Rahmungen dafür haben, was Menschen erinnern und vergessen – und auf welche Weise sie das tun.

Literatur

Althaus, A. & Apel, L. (2023, 28. März). Oral History, Version: 1.0. Docupedia-Zeitgeschichte. https://docupedia.de/zg/althaus_apel_oral_history_v1_de_2023 (16.03.2024), https://dx.doi.org/10.14765/zzf.dok-2478

Arp, A. & Goudin-Steinmann, É. (2022). *Die DDR nach der DDR. Ostdeutsche Erzählungen.* Psychosozial-Verlag.

Arp, A. & Leo, A. (Hrsg.). (2009). *Mein Land verschwand so schnell. 16 Lebensgeschichten und die Wende 1989/90.* Weimarer Taschenbuch Verlag.

Arp, A., Leo, A. & Maubach, F. (Hrsg.). (2019). *Giving a Voice to the Oppressed? The International Oral History Association between Political Movement and Academic Networks.* De Gruyter Oldenbourg.

Assmann, J. (1992). *Das kulturelle Gedächtnis. Schrift, Erinnerung und politische Identität in frühen Hochkulturen.* C. H. Beck.

Drews, W. & Schlie, H. (Hrsg.). (2011). *Zeugnis und Zeugenschaft. Perspektiven aus der Vormoderne.* Wilhelm Fink Verlag.

Fried, J. (2004). *Der Schleier der Erinnerung. Grundzüge einer historischen Memorik.* C. H. Beck.

Fulbrook, M. (2008). *Ein ganz normales Leben. Alltag und Gesellschaft in der DDR.* Primus-Verlag.

Halbwachs, M. (1925). *Les cadres sociaux de la mémoire.* Presses Universitaires de France.

Moller, S. (2010, 12. April). Erinnerung und Gedächtnis, Version: 1.0. Docupedia-Zeitgeschichte. http://docupedia.de/zg/moller_erinnerung_gedaechtnis_v1_de_2010 (16.03.2024); http://dx.doi.org/10.14765/zzf.dok.2.323.v1

Müllerburg, M. (2005, 16. März). Rezension zu: Fried, Johannes: Der Schleier der Erinnerung. Grundzüge einer historischen Memorik. München 2004. https://www.hsozkult.de/publicationreview/id/reb-6860 (16.03.2024).

Niethammer, L. (1991). Glasnost privat 1987. In L. Niethammer, A. v. Plato & D. Wierling, *Die volkseigene Erfahrung. Eine Archäologie des Lebens in der Industrieprovinz der DDR. 30 biographische Eröffnungen* (S. 9–73). Rowohlt.

Obertreis, J. & Stephan, A. (Hrsg.). (2009). *Erinnerungen nach der Wende. Oral History und (post)sozialistische Gesellschaften.* Klartext Verlag.

Wierling, D. (2003). Oral History. In M. Maurer (Hrsg.), *Aufriss der Historischen Wissenschaften. Bd. 7. Neue Themen und Methoden der Geschichtswissenschaft* (S. 81–151). Reclam.

Biografische Notiz

Christiane Kuller, Prof. Dr. phil., ist Professorin für Zeitgeschichte und Geschichtsdidaktik an der Universität Erfurt, dort Sprecherin der Universität Erfurt für den BMBF-Forschungsverbund »Diktaturerfahrung und Transformation« sowie Leiterin der Oral-History-Forschungsstelle und geschäftsführende Direktorin des Point-Alpha-Research-Institute. In ihren Forschungen beschäftigt sie sich mit der Alltags- und Erfahrungsgeschichte der DDR- und Transformationszeit, mit der Geschichte des Nationalsozialismus und seiner Nachgeschichte (u. a. Gutachten zur Kunstrestitution), mit der Geschichte des europäischen Sozialstaats sowie mit Erinnerungskultur und Public History. In ihren Forschungen spielen zudem Fragen des Dialogs zwischen Wissenschaft und Gesellschaft eine wichtige Rolle, unter anderem in Form einer »partizipativen Erinnerungsforschung«.

Oral History

Aufbrüche und gegenwärtige Herausforderungen

Alexander von Plato

Aufbrüche und Etablierung

In diesem Beitrag geht es um einen großen wissenschaftlichen Aufbruch, der in den 1970er Jahren stattfand, also vor mehr als einer Generation. Er war international, und er fand in verschiedenen geisteswissenschaftlichen Disziplinen statt. Es war eine Hinwendung zum Subjekt, hin zur Bedeutung des Individuums in gesellschaftlichen und politischen Prozessen, hin zur individuellen Lebensgeschichte und ihren Dynamiken, zu den Beziehungen zwischen Individuen und gesellschaftlichen Strukturen, ökonomischen Formationen, Bildungsinstitutionen etc. Diesen Aufbruch gab es sowohl in den Sozialwissenschaften, in der Ethnologie, in der Sozialpsychologie oder den Literaturwissenschaften als auch in der Historiografie. In der Zeitgeschichte verband sich diese Zuwendung mit der Nutzung von qualitativen Befragungsmethoden, sodass die persönliche mündliche Überlieferung als Quelle eine besondere Bedeutung erlangte. Es war eine Zeit lebendiger methodologischer Debatten, der Erforschung weit gestreuter Themen und des internationalen Austauschs sowie der internationalen Konferenzen.

Die *Oral History* entstand nahezu zeitgleich in verschiedenen Ländern, vor allem in den beiden Amerikas und in Westeuropa (vgl. Leo & Maubach, 2023; Arp & Leo, 2019).

Befragt man die frühen *Oral Historians*, springt ins Auge, dass die *Oral History* eng verknüpft war mit den Ausläufern der Studentenbewegung und mit dem Beginn der neuen feministischen Bewegung Ende der 1960er Jahre. Dies zeigte sich vor allem in den behandelten Themen, in denen den »Unterdrückten und all jenen eine Stimme verliehen« werden sollte, die von der etablierten Historiografie sträflich vernachlässigt worden waren (vgl. Thompson & Bornat, 2017 [1978]). Die Nähe zu den Ausläufern der Studentenbewegung und zum Feminismus offenbarte sich auch in den persönlichen Haltungen und dem Habitus der Beteiligten. Fast von Beginn an waren auf den Konferenzen viele Forscherinnen, zumeist stellten sie die Mehrheit. Eine gewisse Lockerheit und eine kritische Haltung gegen alles Etablierte beherrschten die Konferenzszene. Überdies teilten die meisten die Empfindung von methodischen und thematischen Beschränkungen der historischen Wissenschaften, auch der Sozialgeschichte. Diese hatte sich zwar sozialen Themen zugewandt, manchmal auch den Biografien großer Männer der Geschichte, aber insgesamt die persönliche Dimension, die Gründe für persönliches Verhalten und die Bedeutung individueller Erfahrungen in historischen Prozessen weitgehend außer Acht gelassen. Im Gegenteil: In den meisten Ländern wurde die *Oral History* als »subjektivistisch«, als »nur subjektiv« oder »bedeutungslos für die große Geschichte« kritisiert. Manchmal wurden *Oral Historians* wie in Deutschland sogar als »Barfußhistorikerinnen« beziehungsweise »Barfußhistoriker« geschmäht. Das war sicherlich ein weiterer Grund dafür, dass sich *Oral Historians* sehr früh international austauschten und eng zusammenrückten. Es war eine Zeit, in der ehemalige »Kolonialländer« gerade ihre Unabhängigkeit gewonnen hatten oder um sie rangen, in der in den USA die antirassistische afroamerikanische Bürgerrechtsbewegung den fortdauernden Rassismus bekämpfte oder entsprechende Gesetze durchzusetzen versuchte, in der das Apartheidsregime in Südafrika national und international attackiert und 1994 mit der Wahl Nelson Mandelas abgeschafft wurde, in der Militärregime vor allem in Südamerika blutig herrschten und jedwedes Zeugnis ihrer Taten zu eliminieren versuchten, bis sie schließlich Mitte/Ende der 1970er Jahre in El Salvador, in Guatemala, in Ecuador, der Dominikanischen Republik oder in den 1980er Jahren in Brasilien, Argentinien, Honduras und Bolivien beendet wurden.

Und es waren Jahrzehnte des Aufbruchs von Bürgerrechtsbewegungen in Ostmitteleuropa, die sich vom Joch ihrer Regime und der sowjetischen Dominanz zu befreien versuchten, besonders in Polen, in den baltischen Staaten oder in Ungarn, dann auch in der DDR, bis schließlich 1989/90 die sowjetisch-kommunistischen Einparteiensysteme ihre Macht verloren, in der Sowjetunion selbst mit *Glasnost* und *Perestroika* eine neue Zeit aufblickte und 1989 eine erste, fast noch klandestine internationale Konferenz von *Oral Historians* aus aller Welt stattfand. 1990 dokumentierte erstmals auf einer internationalen *Oral-History*-Konferenz in Essen ein Schwerpunkt »Oral History in der Sowjetunion« den dortigen Stand dieser Forschungsmethode.[1]

In der Analyse all dieser Auseinandersetzungen ging es später nicht nur um die Geschichte der jeweils herrschenden politischen Systeme, sondern auch um deren Nachwirkungen in den Auffassungen, im Denken, in den Orientierungen und dem Verhalten der Beteiligten nach deren Auflösung. Und fast immer ging es auch um andere als die offiziellen Archiv-Überlieferungen, nämlich um persönliche oder familiäre Erinnerungen, um die Zeugnisse von Bürgerrechtsbewegungen oder Widerstandsgruppen. In der Aufarbeitung der Diktaturen und autoritären Regime spielte die *Oral History* eine wesentliche Rolle – neben der Bearbeitung von Themen, in denen individuelle Erfahrungen oder persönliche Zeugnisse sowie biografische Verlaufsformen in wechselvollen Zeiten Bedeutung hatten. Auch in den parlamentarisch-demokratisch regierten Ländern ging es in diesen ersten beiden Jahrzehnten der *Oral History* um Überlieferungen derer, die in den offiziellen Archiven keinen Platz gefunden hatten und nun eine »Stimme« in den nationalen Erinnerungskulturen bekommen sollten. Hinzu kamen besonders in Deutschland und dann auch in Österreich die Stimmen der Opfer des Nationalsozialismus, besonders des Holocausts. Bald gerieten auch die Kollaboration mit den deutschen Besatzern während des Zweiten Weltkriegs und die Emigration in den 1930er und 1940er Jahren in das Blick- beziehungsweise Hörfeld der *Oral Historians* in anderen europäischen Ländern.

1996 wurde auf der internationalen *Oral-History*-Konferenz in Göteborg beschlossen, die Zeit der eher informellen internationalen Netzwerke und Treffen zu beenden und sie durch eine internationale Wissenschaftsorganisation mit einer Konstitution und gewählten Leitungen abzulösen. Das entsprach einerseits dem Stand der sich entwickelnden *Oral History*, aber es rieb sich andererseits mit dem Habitus vieler ihrer Aktivist*innen, die Hierarchien und Vereinsmeierei ablehnten. Aufbruchszeiten haben ja auch einen besonderen Charme und besitzen eine intellektuelle Lebendigkeit, die Konsolidierungsphasen häufig abgeht. Aber diese Konsolidierungszeit der *Oral History* hatte auch ihren Sinn: Die süd- und mittelamerikanischen Mitglieder bekamen eine größere Bedeutung, die folgenden Konferenzen fanden auf anderen Kontinenten als bisher statt, so in Süd-

---

1 Vgl. *BIOS*, 1990, mit Beiträgen von: A. Aklajew, D. Chibova, S. A. Inikova, A. von Plato (Einleitung), S. Sedelnikov, N. I. Starkov, S. Tscheschko.

amerika, Afrika, Australien, Asien beziehungsweise auf dem indischen Subkontinent oder in Ostmitteleuropa – Ausdruck der Erweiterungen, die inzwischen stattgefunden hatten. Neue *Oral-History*-Vereinigungen wurden gegründet, beispielsweise in Südamerika, in Ostmitteleuropa, in Afrika, in Indien oder 2016 in China. Es wurden Verantwortliche aus verschiedenen Kontinenten sowie Präsidentinnen und Präsidenten und ihre »Vizes« gewählt, Newsletter oder die zweisprachige Zeitschrift *Words and Silences/Palabras y Silencios* gegründet. All dies hatte Bedeutung für die internationale und die nationale Ausbreitung der *Oral History*.

Zur Geschichte von Erfahrungsgeschichte und *Oral History*

1989, also ca. zehn Jahre nach dem Aufbruch der *Oral History*, haben Expertinnen und Experten aus zwölf Ländern einen ersten Versuch unternommen, die Entwicklung der *Oral History* in ihren Ländern zu beschreiben.[2] Darin ging es vor allem um die Dekade vor 1989. Für die Zeit danach und besonders für die Jahre nach 1996 fehlen bisher – von wenigen Ausnahmen abgesehen (vgl. de Moraes Ferreira, 2007; Thomson, 2007; von Plato, 2006; Niethammer, 2013) – vergleichbare Untersuchungen über die internationale Entwicklung der *Oral History* und ihrer *Association*. Aber natürlich hatte der beschriebene Aufbruch der *Oral History* im letzten Drittel des 20. Jahrhunderts, diese neuerliche Zuwendung zum »Subjekt der Geschichte«, Vorläufer, die weit zurückliegen und die bisher wenig untersucht wurden (vgl. auch Charlton et al., 2007; darin besonders: Rebecca Sharpless, The History of Oral History, S. 9–32, und Ronald J. Grele, Oral History as Evidence, S. 33–94. Zu diesem Abschnitt vgl. Alexander von Plato, 2004, 1998).

Dazu einige Schlaglichter: Dass in der europäischen Antike mündliche Quellen von Historikern wie Herodot, Thukydides oder später von Plutarch in seinen Biografien genutzt wurden, ist bekannt. Aber welche me-

---

2 Einer der ersten Versuche war: The History of Oral History. Development, Present State, und Future Prospects. Country Reports, *BIOS* Sonderheft 1990 mit Aufsätzen von Lutz Niethammer (Preface), Ron Grele und Eugenia Meyer (The Americas), Yang Liwen (China), B. András Hegedüs, Gyula Koszá, Jerzy Holzer (Eastern Europe), Christina Borderiás, Giovanni Contini, Selma Leydesdorff, Jaap Talsma, Paul Thompson, Danièle Voldmann (Western Europe), Gerhard Botz, Petra Clemens und Karin Hartewig (German Speaking Countries).

thodischen Probleme diese Historiker mit diesen Quelle hatten und wie man die mündlichen Quellen mit anderen verglich, das ist kaum Gegenstand der neueren *Oral-History*-Forschung geworden. Noch weniger bekannt sind entsprechende Vorläufer in außereuropäischen Kulturen. In den Literaturwissenschaften und in der Ethnologie gibt es eine lange Tradition der Liedforschung, in der diese zunächst mündlich tradierten Heldenepen wie das Nibelungenlied für die Historiografie oder die Biografik genutzt wurden, insbesondere in den mittel- und nordeuropäischen Ländern. In der *Oral History* werden sie jedoch kaum wahrgenommen, ganz zu schweigen von ähnlichen »Liedern« aus anderen kulturellen Kontexten. Auch die Kirchengeschichte bietet eine Fülle von Material, besonders für die Biografieforschung. Die Leichenpredigten, also Reden auf Verstorbene, geben ebenfalls Aufschluss über das, was in einer Lebensgeschichte für wichtig gehalten wurde, abhängig von der jeweiligen Zeit und Kultur. Eine Fülle von persönlichen Berichten bergen die Chronologien der Stadtschreiber, vor allem derjenigen in den Städten eines wachsenden Bürgertums. Auch diese Quellen wurden bisher für die Vorgeschichte der *Oral History* nicht untersucht. Die persönlichen Berichte der Seefahrer und Konquistadoren, der Entdecker*innen der – von Europa aus gesehen – »neuen Welten« wären eine Goldgrube für eine Vorgeschichte der *Oral History* als Erfahrungswissenschaft.

Erste wissenschaftliche Nutzungen mündlicher Befragungen durch die professionelle historiografische Zunft tauchen in der Bearbeitung der *Französischen Revolution* auf: Ein bekanntes Beispiel dafür lieferten die Befragungen eines der Ahnen der modernen französischen Historiografie, Jules Michelet, der im Rahmen seines Anspruchs auf universelle Geschichtsschreibung persönliche Berichte als Quellen nutzte, die »Erzählungen der Greise«, so Michelet (1848) im Vorwort seiner *Geschichte der Französischen Revolution*.

Ron Grele bemerkt, dass erste Befragungen in den USA durch einen Missionar in Hawaii durchgeführt wurden, der 1838 Interviews mit »oldest chiefs and people« begann, oder von einem schwedisch-amerikanischen Utopisten, Jonas Bergen, der ein eigenes Aufnahmegerät, ähnlich dem von Edison, konstruierte, erfand und damit Interviews mit alten Gemeindemitgliedern in den 1880er-Jahren führte, die wohl zu den ätesten Aufzeichnungen in den USA gehören (Grele, 1990, S. 3). In diesen Jahrzehnten der zweiten Hälfte des 19. Jahrhunderts wurden auch in der professionellen historischen Zunft der Vereinigten Staaten Befragungen eingesetzt, zum Beispiel von Siedlerinnen und Siedlern in verschiedenen Teilen der USA. In Europa war die deutlichste Nutzung und Kodifizierung der mündlichen Überlieferung mit der Entwicklung der Anthropologie oder Ethnologie der neuen »Kolonialwelten« verbunden, ihrer Kulturen und der in ihnen lebenden Menschen. Dabei gerieten auch Erzählungen, Märchen oder Mythen, die mündlich überliefert wurden, in das Visier der kolonialen Anthropologie – wie überhaupt Erzählformen in der ethnologischen Forschung schon sehr früh klassifiziert wurden. Innerhalb Europas gerieten über diesen »ethnologischen Umweg« die eigenen »fremden« Welten in das Blickfeld der Wissenschaften, vor allem die von der Industrialisierung in ihren Lebensformen bedrohten, zumeist bäuerlichen Schichten, die in ihrer Mehrheit noch Analphabeten waren. So zeugten in Skandinavien Mitte des 19. Jahrhunderts erste Befragungen und Schreibwettbewerbe von diesen verschwindenden Welten. Etwas später eröffneten die frühen Weltausstellungen, zu denen erstmalig auch ein Publikum strömte, das weniger gebildet war als das der elitären Museen, die Möglichkeit, beispielsweise frühere oder damals gegenwärtige bäuerliche Lebensformen in der Bretagne und der Normandie zu betrachten (vgl. besonders zum »ethnologischen Umweg« Alice von Plato, 2001).

Ähnliche Vorläufer der neuen *Oral History* dürfte es auch in anderen Ländern und Kontinenten gegeben haben, aber wir wissen kaum etwas über sie, und die Forschungen darüber stehen – wenn überhaupt – in den Anfängen.

Je größer der Einfluss von Massenbewegungen und politischen Parteien am Ende des 19. Jahrhunderts und im beginnenden 20. Jahrhundert in den USA und in Europa wurde, besonders der der sozialdemokratischen beziehungsweise sozialistischen oder auch der nationalen Bewegungen, desto mehr Aufmerksamkeit wurde diesen von den jungen kritischen Sozial- und auch den Geschichtswissenschaften geschenkt (vgl. beispielsweise LeBon, 1912 [1895]). Um die Wende zum 20. Jahrhundert entstanden in den Geschichtswissenschaften Auseinandersetzungen um theoretische Anknüpfungen mit der Sozialpsychologie und den Sozialwissenschaften, wie die Gründung der *Revue de Synthèse historique* in Frankreich[3] oder

---

3 1900 gründete der Philosoph Henri Berr die Zeitschrift *Revue de Synthèse historique*. Ihr erklärtes Ziel war es, die Geschichte aus dem »metaphysischen« in das wissenschaftliche Stadium zu überführen, die verschiedenen Spezialgebiete zu koordinieren und letztlich – ähnlich wie Karl Lamprecht – eine historische Sozialpsychologie als Gipfel dieser

die *Lamprecht-Debatte* (s. u.) in Deutschland illustrieren; dennoch hielt sich die dominierende Historiografie des Historismus weitgehend von den »unteren« Klassen und Schichten fern. Nichtsdestoweniger wurden auch vor dem Hintergrund des Historismus Augenzeug*innen befragt, eine erste Quellenkritik mündlicher Aussagen versucht und die Hermeneutik für die Geschichtswissenschaften entfaltet. Hermeneutik wurde begriffen als Lehre vom Verstehen, sogar als die Lehre vom Hineinversetzen der Heutigen in die »Vergangenheiten«, um dabei »forschend zu verstehen«, wie es einer der Hauptvertreter dieser Schule, Johann Gustav Droysen (1974 [1868]), fasste. Dies setze die Reflexion, die Erkenntnis voraus, dass »der Inhalt unseres Ich« historisch geworden sei. In diesem Prozess schaffe die Erinnerung die »erkannte Tatsache der Vermittlung«. So weit entfernt ist diese Anschauung nicht von der heutigen Begrifflichkeit der »Erfahrung«. Beide – die Historisten, die sich in ihrer Mehrheit staatstreu verhielten, wie auch deren Kontrahenten Karl Lamprecht und die Gründer der *Revue* – können durchaus als Vorbereiter der späteren Sozialpsychologie und der *Oral History* als Erfahrungsgeschichte begriffen werden.

Der Philosoph Wilhelm Dilthey versuchte mit seinem »Erlebnis«-Begriff die Hermeneutik auszuweiten und eine eigenständige Methodologie gegen die Übernahme von naturwissenschaftlichen Methoden in den Geisteswissenschaften zu entwickeln; so spricht er von einem »eigenen Reich von Erfahrungen, welches im inneren Erlebnis seinen selbständigen Ursprung und sein Material hat, und das demnach naturgemäß Gegenstand einer besonderen Erfahrungswissenschaft ist« (Dilthey, 1922, S. 9). Meines Wissens wird hier erstmals der Begriff »Erfahrungswissenschaften« verwendet.

In den 1920er Jahren erlebte auch die Diskussion um eine Grundfrage der historischen Zunft einen Höhepunkt, nämlich die Frage nach den sozialen Bedingungen von Gedächtnis und Erinnerung. Besonders die Arbeit von Maurice Halbwachs über das Gedächtnis und seine sozialen Bedingungen von 1925 gewann Einfluss bis heute. Nach dem Ersten Weltkrieg gab es bedeutsame wissenschaftliche Projekte, in denen mündliche oder schrift-

---

Entwicklung auszuarbeiten. In Auseinandersetzung mit der politischen Geschichtsschreibung in Frankreich und mit der Revue wurde 1929 von Lucien Febvre und Marc Bloch die Zeitschrift Annales d'histoire économique et sociale begründet, die sich eine integrierende Kultur-, Sozial- und Wirtschaftsgeschichte auf die Fahnen geschrieben hat.

liche Befragungen genutzt wurden, wie zum Beispiel die fünfbändige Untersuchung von Florian W. Znaniecki und William I. Thomas *The Polish Peasant in Europe and America* (erschienen in fünf Bänden zwischen 1918 und 1920 in Chicago), die Untersuchung von Erich Fromm über *Arbeiter und Angestellte am Vorabend des Dritten Reiches* sowie seine *Studien über Autorität und Familie* 1936 in Paris (Fromm, 1983, 1936), die *Massenpsychologie des Faschismus* von Wilhelm Reich (Reich, 1933), die Untersuchungen der *autoritären Persönlichkeit* von Adorno, Frenkel-Brunswik und anderen in den USA 1950 (Adorno, 1950), aber auch das *Sklaverei-Projekt* in den USA der 1930er Jahre, in dem ehemalige Sklavinnen und Sklaven befragt und deren Lebensweisen untersucht wurden, womit einige wenige Gesicht und Stimme bekamen (Born in Slavery, 1936–1938). Diese Arbeiten und viele andere taten ein Übriges, um Befragungsmethoden in die Geschichtswissenschaften einzuführen, und die scharfe Trennung zwischen individuellen (»psychologisch-sozialpsychologischen«) und überindividuellen (»historisch-politisch-gesellschaftlichen«) Feldern wurde immer fragwürdiger. Individuen verhielten sich im Kollektiv, und Kollektive schienen individuellen Mustern zu folgen, die »ungleichzeitig« zur unmittelbaren Politik, zum Beispiel je nach individueller oder generationenspezifischer Vorerfahrung, verliefen (vgl. in diesem Zusammenhang auch Wierling, 2002).

Inzwischen sind auch die frühen Oral Historians selbst zu Objekten einer Geschichte der Oral History geworden. Erste Arbeiten legen nahe, dass es hier weitere Forschungen geben sollte (vgl. z. B. Arp et al., 2019).

Diese wenigen Andeutungen mögen genügen, um die Bedeutung früherer Tendenzen in den Geschichtswissenschaften für die Entwicklung der *Oral History* deutlich zu machen. Die *Oral* History steht jedoch nach wie vor am Beginn der Erforschung ihrer eigenen Wissenschaftsgeschichte sowohl für die Zeit vor und nach dem Zweiten Weltkrieg als auch für die Jahrzehnte nach 1996.

Herausforderungen der Oral History heute

Manche der inhaltlichen oder methodologischen Fragen, die in der frühen, eher informellen Phase der *Oral History Association* vor 1986 schon andiskutiert wurden, sind seitdem entweder liegen geblieben oder bedürfen der erneuten Debatte.

Das Problem der Verallgemeinerung

Diskussionen um die Verallgemeinerung von individuellen Aussagen spielten in der frühen internationalen *Oral History* eine große Rolle, die bis heute anhält. Es gibt offensichtlich eine »Unschärferelation«, einen *missing link* zwischen statistischen und individuellen Angaben. Repräsentativität ist freilich in qualitativen Untersuchungen nicht zu erreichen, unter anderem deshalb nicht, weil wir nach Jahren oder gar Jahrzehnten heute nur damals Jüngere vor das Mikrofon oder die Kamera bekommen und weil die damals alten und häufig einflussreichen Personen bereits gestorben sind. Eine Methodik, die eine gewisse Plausibilität der Verallgemeinerung persönlicher Aussagen erreichen sollte, wurde immer wieder in *Oral-History*-Projekten angewandt, beispielsweise durch die Auswahl sehr unterschiedlicher zu befragender Personen oder durch Typenbildung beziehungsweise Vergleiche mit Forschungsergebnissen aus anderen Kulturen und Ländern oder nicht zuletzt durch die Untersuchung kollektiver Erinnerungskulturen. Besonders interessant ist jedoch in diesem Zusammenhang eine frühe Debatte, die in eine andere Richtung weist – unter anderem angeregt durch Isabelle Bertaux-Wiame und Daniel Bertaux. Sie kamen wie auch andere *Oral Historians* zu dem Schluss, dass bei der Befragung bestimmter Berufsgruppen nach 30 bis 40 Interviews ein »Sättigungsgrad« erreicht worden sei: Durch weitere Interviews würden keine wesentlich neuen Aspekte hinzukommen (vgl. Bertaux & Bertaux-Wiame, 1981). Muss man also in der qualitativen Forschung von anderen Formen der Verallgemeinerung ausgehen als in der quantitativen? Es scheint so zu sein, und es gibt ähnliche Überlegungen in den heutigen Sozialwissenschaften. Auch hier wäre eine »Revitalisierung« früherer Debatten sinnvoll.

Oral History als Erfahrungsgeschichte

Seit den frühen 1980er Jahren flammten immer wieder Diskussionen auf, ob sich die *Oral History* auf – wie der Name nahelegt – mündliche Quellen beschränken oder alle Quellen subjektiver Erfahrungen und persönlichen Verhaltens nutzen sollte. Schaut man sich *Oral-History*-Projekte an, so wird schnell klar, dass nahezu alle Ergebnisse der mündlichen Befragungen mit den Resultaten anderer Analysen von subjektiven Quellen (Briefe, Tagebücher, Autobiografien, offizielle Stimmungsberichte etc.) verglichen wurden, zusätzlich zum Vergleich mit Untersuchungen aus anderen Wissenschaftsdisziplinen, in denen keine persönlichen Quellen verwendet wurden.

Nichtsdestoweniger wurde in der Konstitution der *International Oral History Association* in Göteborg 1996 beschlossen, die Nutzung mündlicher Quellen zum entscheidenden Kriterium für die Organisierung der Mitglieder zu machen. Das macht zwar aus organisatorischen Gründen Sinn, aber hinsichtlich der wissenschaftlichen Arbeit weniger. Daher scheint es mir fruchtbar, in Anlehnung an Wilhelm Dilthey, wie bereits erwähnt, von »*Oral History* als Erfahrungswissenschaft« zu sprechen und den engen Austausch mit der qualitativen und quantitativen Forschung aus anderen Disziplinen wie der Soziologie, Pädagogik, Ethnologie, Psychologie oder Sozialpsychologie etc. zu suchen.

Interpretationsweisen

In den ersten Jahren der *Oral History* wurde Wert auf die Entwicklung von Interpretationsmethoden subjektiver Erinnerungen gelegt. In dieser Phase entstand eine Reihe von methodischen Abhandlungen, die zu einem erheblichen Teil auf Methoden der klassischen Hermeneutik aufbauten. Meiner Ansicht nach ist seither eine Stagnation in diesem Bereich zu bemerken. Es ließen sich noch eine ganze Reihe anderer Probleme, Herausforderungen und Möglichkeiten der gegenwärtigen *Oral History* hinzufügen:

Die *Digitalisierung* von Interviews und deren Archivierung eröffnen völlig neue Möglichkeiten in Bezug auf die Größe und Qualität von Sammlungen und Vergleichsanalysen. Sie schaffen aber gleichzeitig auch Probleme, nicht nur rechtlicher Natur hinsichtlich des Verhältnisses von Interviewten und Interviewenden, sondern auch, was Fragen von Privatheit und Öffentlichkeit betrifft.

Neue Themen haben sich in den letzten Jahrzehnten auch für die Oral History als dringlich erwiesen, so zum Beispiel die *Geschichte des Natur- und Umweltschutzes und der Auseinandersetzungen um die Klimaveränderungen* (vgl. zum Beispiel für Deutschland Leh, 2006).

Oral History hat sich – besonders in ihren neueren Anfängen – immer als »nachträgliche Anwältin« derjenigen verstanden, die ausgebeutet und unterdrückt wurden, die selten Zeugnisse ihres Lebens hinterlassen, besonders nicht in den staatlichen oder offiziösen Archiven. Darin lag und liegt die »subversive Kraft« der *Oral History*. Sie hat – zumindest im

Nachhinein – damit auch die Dominanz der offiziellen Überlieferung von Diktaturen und anderen politischen Systemen in ihrer Bildungspolitik, in ihren Archiven und insgesamt in ihren »Vergangenheitspolitiken« durchbrochen. Auf lange Sicht haben sich auch die Untersuchungen der Motive und Beweggründe für die Zuwendung zu rechtsradikalen Bewegungen, Parteien und Regimen als produktiv, lehrreich und von politischer Bedeutung erwiesen.

Schluss

In der heutigen »traditionellen« Zeitgeschichte gibt es einerseits eine Akzeptanz der *Oral History* als Erfahrungswissenschaft, aber zugleich wachsen in verschiedenen Ländern gegenläufige Tendenzen, die längst überwunden schienen. Lebensgeschichtliche Forschungen oder mündliche Quellen werden allenfalls als »Ergänzungen« akzeptiert, wenn es keine anderen Quellen gibt. Dass frühere Erlebnisse und Erfahrungen von Individuen oder Gruppen (Familien, Ethnien, Generationen, Widerstandsgruppen, Opfern von Verfolgungen, Täter*innen etc.) »verarbeitet« werden und spätere Entwicklungen beeinflussen, dass diese »verarbeitete« Geschichte eigenständige subjektive Quellen besitzt, wird von manchen Angehörigen der zeithistorischen Zunft negiert. In der Untersuchung der »verarbeiteten« Geschichte und deren Nachwirkungen liegt aber meines Erachtens die besondere Stärke der *Oral History*. Sie muss Teil einer Historiografie mit universellem Anspruch bleiben; dafür einzutreten sollte ständige Aufgabe von *Oral Historians* bleiben. Und die Rückbesinnung auf frühere Debatten, die zur Erstarkung der *Oral History* führten, kann dabei äußerst hilfreich sein.

Ich kann mich noch gut an meine Anfänge als *Oral Historian* in den frühen 1980er Jahren erinnern, als wir nahezu keine Erfahrungsberichte und Lebensgeschichten von Menschen fanden, die nicht den Eliten zuzurechnen waren, und vergeblich in den Archiven nach Lebensgeschichten beispielsweise von Arbeiterinnen und Arbeitern aus der beginnenden Industrialisierung oder Berichten der Opfer von rassistischen oder diktatorischen Regimen suchten. Diese Quellensituation stellt sich heute dank der *Oral History* und ihrer nationalen wie internationalen Wissenschaftsorganisationen, Archiven und Zeitschriften anders dar.

Am Ende dieser Überlegungen eine weiterführende abschließende Frage: Was geschieht mit den vielen Ton- und Videoaufnahmen von

Zeit- und Augenzeug*innen nach deren Tod? Können deren Erfahrungen, wie sie in Video- oder Tonaufnahmen festgehalten wurden, von zukünftigen Generationen der Zeitgeschichte wirklich adäquat genutzt werden? Werden diese zukünftigen Wissenschaftlerinnen und Wissenschaftler jene Aussagen aus früheren Zeiten trotz aller Kontextualisierungen nicht so zusammenstellen oder zurechtstutzen müssen, dass die dann Lebenden diese überhaupt verstehen, einordnen oder nachvollziehen können? Sind es eher Homunkuli als die realen Zeug*innen unserer Zeit? Wir wissen es nicht. Aber was wir wissen können, ist: Wir überliefern zukünftigen Kolleginnen und Kollegen möglichst umfassende und zahlreiche Lebensgeschichten, Interviews und Kontextmaterialien, damit sie möglichst viele aussagekräftige Interpretamente für ein möglichst realistisches Verstehen vergangener Erfahrungswelten bekommen – unsere eigenen Interpretationen eingeschlossen.

Literatur

Adorno, T.W. et al. (1950). *The Authoritarian Personality*. New York.
Arp, A., Leo, A. & Maubach, F. (Hrsg.). (2019). *Giving a voice to the Oppressed? The International Oral History Association as an academic Network and political Movement*. Berlin, Boston.
Bertaux, D. & Bertaux-Wiame, I. (1981). Life Stories in the Bakers' Trade. In D. Bertaux (Hrsg.), *Biography and Society. The Life History Approach in the Social Sciences* (S. 169–189). Beverly Hills.
BIOS (1990). Oral History in der UdSSR. Schwerpunkt. *BIOS*, 3/1, 1–74.
Born in Slavery. Slave Narratives from the Federal Writers' Project, 1936–1938. Collection in the Library of Congress, Washington, D.C.
Charlton, T.L., Myers, L.E. & Sharpless, R. (Hrsg.). (2007). *History of Oral History. Foundations and Methodology*. Plymouth.
Dilthey, W. (1922). *Einleitung in die Geisteswissenschaften. Versuch einer Grundlegung für das Studium der Gesellschaft und der Geschichte*. Leipzig/Berlin.
Droysen, J.G. (1974). *Historik. Vorlesungen über Enzyklopädie und Methodologie der Geschichte* (7. Aufl.). Darmstadt (ursprünglich: Grundriss der Historik, Leipzig 1868).
Grele, R.J. (1990). The Development, Cultural Peculiarities and State of Oral History in the United States. *BIOS* Sonderheft, 3–15.
Grele, R.J. (2007). Oral History as Evidence. In L. Charlton, L.E. Myers & R. Sharpless, R. (Hrsg.), *History of Oral History. Foundations and Methodology* (S. 33–94). Plymouth.
Fromm, E. (1983). *Arbeiter und Angestellte am Vorabend des Dritten Reiches*. München.
Fromm, E. (1936). *Studien über Autorität und Familie. Forschungsberichte aus dem Institut für Sozialforschung*. Paris.
LeBon, G. (1912 [1895]). *Psychologie der Massen*. Leipzig.

Leh, A. (2006). *Zwischen Heimatschutz und Umweltbewegung. Die Professionalisierung des Naturschutzes in Nordrhein-Westfalen 1945–1975*. Frankfurt a. M./New York.
Leo, A. & Maubach, F. (Hrsg.). (2013). *Den Unterdrückten eine Stimme geben? Die International Oral History Association zwischen politischer Bewegung und wissenschaftlichem Netzwerk*. Göttingen.
Reich, W. (1933). *Massenpsychologie des Faschismus. Zur Sexualökonomie der politischen Reaktion und zur proletarischen Sexualpolitik*. Kopenhagen/Prag/Zürich.
Sharpless, R. (2007). The History of Oral History. In T.L. Charlton, L.E. Myers & R. Sharpless, R. (Hrsg.), *History of Oral History. Foundations and Methodology* (S. 9–32). Plymouth.
Thompson, P. & Bornat, J. (2017 [1978]). *The Voice of the Past. Oral History* (4. Aufl.). Oxford.
von Plato, Alexander (2004). Geschichte und Psychologie – Oral History und Psychoanalyse. Problemaufriss und Literaturüberblick. *Forum Qualitative Sozialforschung/Forum: Qualitative Social Research*, 5/1.
von Plato, Alexander (1998). Geschichte und Psychologie – Oral History und Psychoanalyse. *BIOS*, 2/11, 171–200.
von Plato, Alice (2001). *Präsentierte Geschichte. Ausstellungskultur und Massenpublikum im Frankreich des 19. Jahrhunderts*. Frankfurt a. M./New York.
Wierling, D. (2002). *Geboren im Jahr Eins. Der Geburtsjahrgang 1949 in der DDR. Versuch einer Kollektivbiographie*. Berlin.

Biografische Notiz

Alexander von Plato, Prof. Dr. phil., ist Gründer und langjähriger Direktor des Instituts für Geschichte und Biographie der FernUniversität Hagen, Mitgründer und Mitherausgeber von *BIOS – Zeitschrift für Biographieforschung, Oral History und Lebensverlaufsanalysen*, war zeitweilig Sekretär beziehungsweise Vizepräsident der International Oral History Association, nach 2007 Gastprofessuren in Wien, Winnipeg und Woronesh (Russische Föderation), zahlreiche Publikationen zu Befragungsmethoden und zur Zeitgeschichte.

Das Erinnern an die Staatssicherheit im DDR-Alltag

Methodische Herausforderungen
bei der Freilegung verwobener Gedächtnisschichten

Grit Wesser

Einleitung

Es war im August 2020, als ich im Arbeitszimmer eines pensionierten Theologen der ehemaligen Kirchenprovinz Sachsen saß. Das Diktaphon eingeschaltet und auf der Mitte des Tisches platziert, stellte ich meine übliche Eingangsfrage:

> »Was, denken Sie, konnte man aus Ihrer Erfahrung heraus über die Stasi schon zu DDR-Zeiten wissen? Also auch vermeintliches Wissen; und woher kam dieses Wissen? Ich würde Sie bitten, darüber lebensgeschichtlich zu reflektieren, also von Ihrer Kindheit anzufangen.«

Er reflektierte allerdings zuerst über die Zuverlässigkeit der Erinnerung:

> »Ja, ja gerne. Vielleicht aber doch, will ich davor nochmal sagen, das ist gar nicht so einfach, heute in dieses Stadium zurückzugehen. Also *in die reale DDR-Zeit* zurückzugehen, weil die Erfahrungen, die wir dann in den 90er Jahren, also nach der Wende, gemacht haben, so heftig waren. Das hat vieles überdeckt, glaube ich. Also ich bin mir an vielen Stellen nicht sicher, ob man sich auch unabhängig davon, also *tatsächlich richtig erinnert*, oder ob nicht vieles da inzwischen auch so ist, dass es durch die Verarbeitung nach der Wende gefärbt ist oder verdeckt ist.«[1]

Und da war sie artikuliert, die fast unmöglich erscheinende Aufgabe, die die Forscherin ihrem Interviewten stellte und die zugleich auch methodische und analytische Ansprüche an uns Forschende in der Erinnerungs-

---

[1] Alle Interviewauszüge sind geglättet. Kursivschrift: Hervorhebung der Autorin.

forschung erhebt. Wie die DDR erinnert wird, ist mehr als 30 Jahre nach ihrem Ende auch von späteren Erfahrungen nach dem Ende der DDR geprägt und durchdrungen.[2] Und das gilt ganz besonders für die Wahrnehmung und Bedeutung der Stasi in der DDR-Zeit, denn gerade die Stasi war nach 1989 in Medien und öffentlichen Geschichtsbildern als negativer Bezugspunkt der Vergangenheitsnarrative dominant und spielte auch in den individuellen Post-Wende-Erfahrungen eine wichtige Rolle. Bis heute ist die Erinnerung an die DDR eingebettet in eine emotional wie politisch aufgeladene Debatte, in der oftmals objektive »historische Fakten« und subjektive »verfälschte Erinnerungen« gegenübergestellt werden (vgl. Arnold-de Simine & Radstone, 2013).[3] Dass die Erinnerung als Vermittlerin zwischen Vergangenheit und Gegenwart agiert, ist unbestritten, da die Vergangenheit sich nicht nur auf unsere Gegenwart auswirkt, sondern gleichzeitig unsere Gegenwart auch unser Verstehen der Vergangenheit verändert (ebd.). Wie können wir also Erinnerungen der Ostdeutschen, die erlebte DDR-Erfahrung besitzen, gewinnbringend in der DDR-Forschung nutzen, »ohne jedoch in eine der entgegengesetzten Fallen zu geraten, sich entweder auf Erinnerung als zuverlässige Reiseleiterin in die Vergangenheit zu stürzen oder sie als verzerrte Falschdarstellung völlig unberücksichtigt zu lassen?« (Fulbrook, 2011, S. 103, Übers. d. A.). In diesem Beitrag diskutiere ich diese Frage, indem ich die Herangehensweise an einige der Herausforderungen, die sich in einem Forschungsprojekt über die Staatssicherheit im DDR-Alltag stellten, veranschauliche.[4] Hierbei stellt sich vor allem die Frage, wie – und ob überhaupt – die Erinnerung an die DDR-Erfahrung von späteren Informationen in Öffentlichkeit und Medien, aber auch von Wissen aus der Einsichtnahme in die eigene Stasiakte getrennt werden kann. Bevor ich auf diese Frage im Detail eingehe, skizziere ich zuerst das Forschungsprojekt und dessen methodischen Ansatz.

---

2 Hier setzt auch der Forschungsverbund Diktaturerfahrung und Transformation an, der bewusst die Zeit der 1970er bis 2010er Jahre in erfahrungsgeschichtlicher Hinsicht untersucht und dabei die politische Wende 1989/90 als Scharnier versteht, das überwölbt wird.
3 Für einen guten Überblick bezüglich der zwei mutmaßlich entgegengesetzten Lager (Totalitarismus- und Alltagsforschung) unter Historiker:innen der DDR, siehe Port (2015).
4 Das Projekt hatte eine sozialanthropologische Konzeption. Ich fokussiere hier nicht auf disziplinäre Differenzen zwischen Anthropologie und Geschichtswissenschaft, sondern auf deren Schnittmengen, insbesondere die methodischen Herausforderungen bei der Untersuchung der Geschichte »von unten«.

Ansatz und Ziel des Forschungsprojektes

»Knowing the Secret Police: Secrecy and Knowledge in East German Society« war ein dreieinhalbjähriges kollaboratives Forschungsprojekt (2018–2022) der Newcastle University und der University of Birmingham in England, das vom Arts and Humanities Research Council (AHRC) gefördert wurde.[5] In Deutschland verwendeten wir zur besseren Verständlichkeit den deutschen Projekttitel »Wissen, Geheimnis, Macht: Staatssicherheit und die DDR-Gesellschaft«. Obwohl das Thema Staatssicherheit, insbesondere in den 1990er und 2000er Jahren, viel Aufmerksamkeit erfuhr, erforschte der Großteil dieser Studien den Aufbau und die Struktur des Ministeriums für Staatssicherheit und dessen Überwachungsstrategien. Kurzum: diese Studien beschäftigten sich vorranging damit, was die Stasi über die DDR-Bevölkerung wusste und wie sie dieses Wissen nutzte, um die SED-Staatsmacht aufrechtzuerhalten, weniger allerdings damit, wie DDR-Bürger:innen – mit der Ausnahme von Oppositionellen und direkt Betroffenen mit Operativ-Vorgängen – diese Stasi empfanden und mit ihr umgingen (Gallinat, 2006; Wierling, 2007). Unser Forschungsprojekt stellte daher die folgenden Fragen: Was wussten DDR-Bürger:innen über die Staatssicherheit während der DDR-Zeit? Woher, von wem und wie hatten sie dieses Wissen erlangt? Wie zirkulierten solche Kenntnisse über die Stasi und wurden gegebenenfalls weitergegeben und sich zu Nutze gemacht?

Wir bauten auf dem Ansatz auf, dass die Staatssicherheit als staatliches Organ in der DDR allgemein bekannt gewesen war, aber dass man nicht öffentlich über ihre Arbeitsweise, insbesondere die Überwachungsstrategien, die auf die eigene Bevölkerung zielten, sprach. Wir untersuchten die Stasi demzufolge als »öffentliches Geheimnis« (vgl. z. B. Taussig, 1999). Das Wissen in der DDR-Bevölkerung über die Stasi wurde dementsprechend im weiteren Sinne als eines definiert, das sowohl vermeintliches Wissen, wie zum Beispiel Vermutungen, Gerüchte, Hörensagen oder Randbemerkungen, als auch erlerntes, oft unbewusstes, verkörpertes Wissen bezüglich der (befürchteten Präsenz der) Stasi beinhaltete (vgl. Barth, 2002). Unser Fokus waren die Erfahrungen der DDR-Bürger:innen mit der Staatssicherheit als alltägliche Thematik, nicht nur als Exklusivthema gefährlicher Mo-

---

5 Forschungsref.: AH/R005915/1, PI: Anselma Gallinat; siehe auch https://research.ncl.ac.uk/secretsstasi/ (30.07.2024).

mente. Um einen guten Querschnitt der DDR-Gesellschaft zu erzielen, konzentrierten sich vier verschiedene Teilstudien auf unterschiedliche gesellschaftliche Bereiche, die als soziale, religiöse, literarische und politische Netzwerke kategorisiert werden können. Meine folgenden Erläuterungen beschränken sich auf die zwei Teilstudien, an denen ich gearbeitet habe. Die soziale Studie hinterfragte, was Ostdeutsche speziell am Arbeitsplatz über die Stasi wussten, insbesondere in Volkseigenen Betrieben (VEBs). Die Studie zum religiösen Milieu hinterfragte dieses Wissen über die Stasi in der Evangelischen Kirche in der DDR (Kirchen-Studie). Um diese Studien realisierbar zu machen, und um regionalhistorische Besonderheiten berücksichtigen zu können, wurden sie auf den ehemaligen Bezirk Gera beziehungsweise die ehemalige Kirchenprovinz Sachsen begrenzt.

Methodik

Um Zugang zur vergangenen DDR-Gesellschaft aus Sicht der Menschen, die in dieser lebten, zu erlangen, führte ich Oral History Interviews mit ehemaligen DDR-Bürger:innen durch. Zusätzlich recherchierte ich sach- und personenbezogene Unterlagen im Stasi-Unterlagenarchiv in Berlin, und – wo vorhanden und Zugang möglich – Material aus Privatarchiven.

Potenzielle Teilnehmer:innen wurden in der sozialen Studie 1. durch eine Zeitungsannonce in der lokalen Presse und 2. über Kontakte im Familien-, Freundes- und Bekanntenkreis rekrutiert.[6] Für die Kirchen-Studie kontaktierte ich über die vom Kirchenarchiv erhaltene Liste »Pfarrer und Kirchenbeamte im Ruhestand« den Großteil der potenziellen Teilnehmer:innen zuerst per Brief. Auf diesen folgte ein Telefonat, in dem gegebenenfalls ein Gesprächstermin vereinbart wurde.

Soweit möglich führte ich pro Interviewpartner:in zwei Interviews, zwischen denen eine Zeitspanne von drei Wochen bis zu einem Jahr lag. Im ersten Interview stellte ich spezifische Fragen zum Wissen über die Stasi in der DDR. Im zweiten Interview wurden die Interviewten aufgefordert, die eigene Lebensgeschichte zu erzählen (vgl. von Plato, 2008), bevor ich diesbezüglich ergänzende Fragen stellte. Ich habe dieses zweite Gespräch auch

---

6 Ursprünglich wollte ich über regelmäßige Besuche in Seniorentreffs Kontakte knüpfen, was aber durch den europäischen Beginn der COVID-19 Pandemie im März 2020 nicht umsetzbar war.

genutzt, um eventuelle Unklarheiten aus dem ersten Interview zu klären oder um Diskrepanzen in Sachverhalten zwischen den Interviews aufzulösen.

Aufgrund des fortgeschrittenen Alters der Interviewten, aber auch wegen der sensiblen Thematik, wurden keine Interviews online durchgeführt, was die Anzahl der Interviews durch die pandemiebedingten Lockdowns in den Jahren 2020 und 2021 limitierte. Insgesamt führte ich 27 Interviews mit 14 Interviewpartner:innen, darunter nur zwei Frauen, für die soziale Studie durch. Die Mitglieder dieser Gruppe, deren Geburtsjahrgänge fast gleichmäßig auf die 1930er- bis 1960er-Jahre verteilt waren, kamen aus unterschiedlichen sozialen Milieus und waren auch in ihren beruflichen Stellungen divers. Die Kirchen-Studie stütze sich auf 21 Interviews mit 14 Interviewpartner:innen, davon vier Frauen. Hier war der Großteil der Interviewten in den 1930er und 1940er Jahren geboren und hatte unterschiedliche Positionen (von Pastor:in bis zu Bischof) in der damaligen Kirchenhierarchie inne.

Recherche im Stasi-Unterlagenarchiv beinhaltete personenbezogene Akten der Interviewten sowie sachbezogenes Aktenmaterial, zum Beispiel über bestimmte Betriebe oder kirchliche Ausbildungseinrichtungen, deren zeitliche Parameter sich aus den Interviews ergaben. Insgesamt gaben 18 Interviewte ihre Einwilligung zur Einsicht ihrer Stasi-Akten und bei elf Personen war personenbezogenes Aktenmaterial vorhanden. Das MfS-Aktenmaterial war allerdings nur bedingt nützlich, da es aus Sicht des Geheimdienstes und seiner ideologischen »Kriegsführung« verfasst worden war, aber auch dessen ausufernde Bürokratie widerspiegelte (vgl. Großbölting & Kittel, 2019, S. 8f.). Die ursprüngliche sachbezogene Recherche über den Suchbegriff »Dekonspiration«, von dem sich das Forschungsteam erhofft hatte, konkrete Momente zu finden, in denen DDR-Bürger:innen die Präsenz der (inoffiziellen) Stasi deutlich wurde, erzeugte zum Beispiel für dieses Forschungsprojekt nicht zu bewältigende Aktenberge, die aber vorwiegend die gesellschaftlich-öffentliche Rolle des MfS beinhalteten.

Alle Interviewten gaben ihre schriftliche Einwilligung, am Forschungsprojekt teilzunehmen, nachdem sie über den weiteren Ablauf, ihre Rechte, und die Handhabung und Sicherung ihrer Daten ausführlich informiert worden waren. Die Einsicht in personenbezogenes Stasi-Aktenmaterial bedurfte einer separaten schriftlichen Einwilligung. Von den ursprünglich 16 Interviewten der Kirchen-Studie zogen zwei später ihre Einwilligung zur Teilnahme zurück.

Öffentlicher Diskurs und Stasi-Mythos

In den 1990er Jahren wurde durch den Fokus auf die Strukturen und Arbeitsweise der Staatssicherheit im westdeutsch dominierenden öffentlichen Diskurs wie auch im akademischen Bereich die Stasi zum Inbegriff der ehemaligen DDR (Gieseke, 2009; Wierling, 2007). Repräsentationen der DDR in Büchern sowie in Film und Fernsehen, die sich oft mit obsessiver Faszination auf die Stasi konzentrierten, trugen ebenfalls – auch im Ausland – zu dieser Reduzierung der DDR zu einem »Stasiland« (Funder, 2004) und zum Mythos der Allgegenwärtigkeit der Stasi bei (Nicht, 2011). Die aufkommende Welle der Ostalgie,[7] im Zuge derer sich ehemalige DDR-Bürger:innen an ihre positiven Kindheitserlebnisse erinnerten oder sich nach DDR-Alltagsgegenständen sehnten, wurde schnell als verklärter Rückblick auf die DDR kritisiert, der die Repressionen der Diktatur trivialisierte. Diese Trivialisierung der DDR gefährdete genau das, was Ziel der staatlich geförderten DDR-Aufarbeitung war: das »korrekte« Erinnern an die DDR, um die gegenwärtige wie zukünftige Demokratie Deutschlands zu gewährleisten (Gallinat, 2016). Die DDR-Erinnerungskultur und -forschung, die in einem symbiotischen Verhältnis zueinander stehen, sind vielfältiger und nuancierter geworden. Erzählte individuelle Erinnerungen in Interviews sowie in Vor- oder Nachgesprächen sind allerdings auch immer im Wechselspiel mit dem öffentlichen Diskurs zu interpretieren.

Es ist wenig überraschend, dass Interviewte zum öffentlichen Diskurs, gerade wie dieser in den 1990er und 2000er Jahren geführt wurde, Stellung bezogen und diesen als Grund dafür nannten, am Forschungsprojekt teilzunehmen. Interviewte hatten dabei unterschiedliche Positionen bezüglich dieses Diskurses: Einige sahen sich motiviert, der Gefahr des Vergessens des DDR-Überwachungsapparates entgegenzuwirken, andere hinterfragten die Fokussierung auf die Stasi und verwiesen auf die weichen Überwachungsmethoden der DDR, die zum Machterhalt geführt hatten, und wieder andere verstanden ihren Beitrag darin, die Stasi im Kontext des Kalten Krieges zu relativieren. Diese diversen Positionen galt es im Zusammenhang mit den lebensgeschichtlichen Interviews zu analysieren, in denen die DDR-Erfahrungen, inklusive des familiären Hintergrunds, die

---

7 Für exzellente sozialanthropologische Kritiken der Vereinfachung von Ostalgie als DDR-Verklärung siehe z. B. Berdahl (1999) und Boyer (2006).

politischen Einstellungen, aber besonders auch die Erfahrungen des Lustrationsprozesses nach der Wende eine Rolle spielten.

Viele meiner Interviewpartner:innen hatten sich auf das Gespräch vorbereitet, indem sie über die DDR-Zeit noch einmal intensiver mit Bezug auf die Stasi nachgedacht hatten. Zum einen lag das sicherlich daran, dass 30 Jahre verstrichen waren, aber es verdeutlicht auch die Intention der Interviewten, sich »richtig« erinnern und nichts Falsches erzählen zu wollen, wie es der eingangs erwähnte Theologe deutlich formulierte. Notizen, Fotos, gesammelter Briefverkehr, Tagebuchaufzeichnungen, eine Kopie der Stasiakte oder alternativ ein Brief der Stasi-Unterlagenbehörde, dass man keine besaß – all diese Unterlagen, mit denen mich meine Interviewpartner:innen oft empfingen, sollten also gleichzeitig als Gedächtnisstütze wie auch als Beweis ihrer »korrekten« Erzählungen dienen. Dass viele Interviewte darauf bedacht waren, ihr DDR-Leben abzuwägen und nicht in Schwarz-Weiß-Malerei zu verfallen, wurde auch in Erzählweisen ersichtlich, in denen positive Erlebnisse oft negativen nachgeschoben wurden (oder umgekehrt). Für einige war damit unterschwellig anscheinend auch eine gewisse Angst verbunden, dass sie auf einer der Seiten der oben angesprochenen Debatte verortet werden könnten – weder wollten sie ihr DDR-Leben durch die rosa-rot gefärbte Brille betrachten, noch als ein »dunkles Kapitel« porträtieren.

Der öffentliche Diskurs stellte aber auch eine Herausforderung hinsichtlich des »Stasi-Mythos« dar, und hier galt es Vorsicht walten zu lassen, inwieweit dieser bereits zu DDR-Zeiten für Interviewte eine Rolle gespielt hatte oder aber ob dieser unbewusst im Nachgang übernommen wurde. In meinem ersten Pilot-Interview stellte ich an Klaus Winkler[8] (Jg. 1938), der zur Gruppe 2 der Rekrutierten in der sozialen Studie gehörte, die folgende Eingangsfrage: »Wann ist dir eigentlich bewusst geworden, dass es eine Staatssicherheit gab?« Er konstatierte:

> »Sehr früh schon, ich spreche da auch nicht nur von mir, der Bekanntenkreis, den ich hatte, dem ging das genauso. *Wir wussten, die Stasi ist allgegenwärtig* und die Begegnungen, auch wenn nicht offen klar war: jetzt sprichst du mit jemandem von der Stasi, das war eigentlich gang und gäbe, dass jeder wusste, das ist einer von denen. *Ob das jetzt im Arbeitsbereich, im Privaten, also wirklich, die war allgegenwärtig.* Es gibt oder gab auch Leute, die bewusst

---

[8] Alle Namen sind Pseudonyme.

für die Stasi arbeiten mussten. Betriebsleiter, die Meldungen abgeben mussten. *Nach der Wende* hat mir ein Arbeitskollege, der für sowas zuständig war, gesagt: ›Ich habe für deine Reise in die Bundesrepublik 1988 eine Beurteilung über dich im Betrieb abgegeben.‹«

Zum einen erzählt er hier nicht nur von seiner persönlichen Lebenserfahrung, sondern schreibt seine Wahrnehmung erst seinem Bekanntenkreis, dann allen (»jeder wusste«) zu. Zum anderen wechselt er flüssig von der DDR- zur Nachwendezeit und vermittelt mir so den heutigen Stand seines Wissens über die Stasi. Obwohl ich meine Eingangsfrage in darauffolgenden Interviews umformulierte, um sofort auf die eigene Lebenserfahrung zu zielen, blieb es weiterhin wichtig, die Befragten wiederholt dazu aufzufordern, konkrete Beispiele, die sie während der DDR-Zeit erlebt hatten, zu erzählen. Klaus Winklers Gebrauch des Wortes »allgegenwärtig«, das er selbst auch sprachlich betonte, bedarf einer näheren Untersuchung, denn es kann pauschal nicht eindeutig als Widerspiegelung seines Empfindens zu DDR-Zeiten oder als Widerhall des öffentlichen Diskurses im Nachgang kategorisiert werden. Nachdem ich ihn aufgefordert hatte, spezifische Ereignisse wachzurufen, und er diese auch beschrieb, kam er noch zweimal verallgemeinernd auf die Allgegenwärtigkeit der Stasi zurück, aber verminderte deren Bedeutung, indem er sie als nicht gefährlich für sich selbst einschätzte. Im Verlauf des Interviews wird allerdings deutlich, dass seine Eingangsaussage, dass »jeder wusste, das ist einer von denen [der Stasi, G. W.]«, sowie das Bewusstsein einer allgegenwärtigen Stasi im Widerspruch zu dem neu gewonnen Wissen, wer über ihn berichtet hatte, aus seiner eigenen, dünnen Stasiakte und seinen detaillierteren DDR-Lebenserinnerungen stehen. Diese Ambiguität ist selbst Teil der Interpretation in der Erinnerungsforschung, aber für die oben genannten spezifischen Forschungsfragen weniger hilfreich. Die Frage »Haben Sie sich jemals zu DDR-Zeiten beobachtet gefühlt?«, die ich am Ende des Interviews stellte, ermöglichte Interviewten nochmals – aber aus anderer Perspektive – über ihr Leben in der DDR zu reflektieren. Antworten auf diese Frage waren besonders aufschlussreich, wenn nicht nur über das subjektive Gefühl erzählt wurde, sondern dieses mittels Reflexion spezifischer Situationen oder Vorfälle, die das Gefühl ausgelöst hatten, begründet wurde. Aus dem Interviewauszug wird bereits ersichtlich, dass Verallgemeinerungen und die Verortung des Wissenserwerbes über die Stasi vor oder nach der Wende eine der Hauptherausforderungen für das Forschungsprojekt darstellten.

Wissen aus der Stasiakte

Wie bereits geschildert, benutzten viele Interviewte diverse Materialien, von denen sie sowohl als Gedächtnisstütze als auch Beweis für die »Richtigkeit« ihrer Erzählung Gebrauch machten. Die – vorhandene oder fehlende – personenbezogene Stasiakte spielte allerdings eine besonders signifikante Rolle im Interview. Da nicht alle Interviewten einen Antrag auf Akteneinsicht bei der Stasi-Unterlagenbehörde gestellt hatten, waren gerade die Beweggründe für – aber auch gegen – einen solchen Antrag aufschlussreich im Hinblick darauf, wie die Interviewten sich selbst in Bezug auf die Stasi 30 Jahre nach dem Ende der DDR wahrnahmen.

Der Großteil der Interviewten, die sich gegen eine Akteneinsicht entschieden hatten, begründeten dies damit, dass sie sich die emotionale Belastung ersparen wollten. In einigen Fällen war diese Begründung auf bestehende konkrete Verdachtsmomente gegen bestimmte Personen im Kollegen- und Freundeskreis zurückzuführen, die man nicht bestätigt wissen wollte. Für andere war es eher eine allgemeine Befürchtung, dass das Vorhandensein einer Stasiakte oder deren Inhalt negative Emotionen auslösen würde. So erklärte Doris Knoll (Jg. 1958) zum Beispiel, dass sie weiterhin Beziehungen im Freundes- und Familienkreis »ohne Groll« pflegen konnte und dass das Wissen nur »während des Sozialismus wichtig« gewesen wäre, denn »jetzt ändere ich doch nichts mehr mit dem Wissen, außer dass ich mich selbst ärgere«. Was in den Sozialwissenschaften allgemein als »gewolltes Nicht-Wissen« (auf Englisch *deliberate ignorance*, vgl. Gross & McGoey, 2015) bezeichnet wird, diente hier vorrangig der Vermeidung von potenziell negativen Affekten (Hertwig & Ellerbrock, 2022). Hertwig & Ellerbrock's (2022) Studie[9] zeigt 15 verschiedene Motivationen – im Durchschnitt eine Kombination von fünf – ihrer Befragten gegen eine Stasi-Akteneinsicht auf. Die sechs geläufigsten wurden auch von meinen Interviewten genannt:
1. Irrelevanz der Informationen für deren heutiges Leben;
2. Befürchtungen, dass Inoffizielle Mitarbeiter (IMs) im Kollegenkreis
3. oder in der Familie tätig waren;
4. Besorgnis über den negativen Einfluss auf die Fähigkeit, anderen vertrauen zu können;
5. bürokratischer Aufwand der Antragstellung und
6. keine neue Erkenntnisgewinnung (ebd.).

---

9 Für den Hinweis auf diese Studie danke ich Nicola Wisdahl.

Die Interviewten, die sich gegen eine Antragstellung entschieden hatten, brachten allerdings zum Ausdruck, dass sie ihre eigene Lebensgeschichte nicht so verstanden, dass die Stasi diese erheblich mitgeprägt hatte.

Die Motivationen, einen Antrag zu stellen, reichten auf einem Spektrum von bloßer Neugier bis zu direkten Verdachtsmomenten, über die man Gewissheit erlangen wollte. In den Fällen, wo ein Antrag auf Akteneinsicht gestellt wurde, aber erfolglos blieb, waren Interviewte oft überrascht – manche sogar regelrecht enttäuscht – dass die Stasi-Unterlagenbehörde nicht fündig geworden war. Das lag zum einen daran, dass der Stasi-Mythos zur Ansicht beitrug, dass »alle« DDR-Bürger:innen eine Stasi-Akte hatten. Zum anderen hatten sich einige Antragsteller:innen eine Gewissheit oder Bestätigung ihrer Vermutungen (sowohl über bestimmte Personen als auch bizarre Vorfälle, die man der Stasi – oftmals im Nachgang – zugeschrieben hatte) erhofft, die mit dem Fehlen einer Akte ausblieb. Dieses Fehlen führte oft zu Spekulationen über eine Vernichtung der Akte. Solche Spekulationen sind per se nicht unberechtigt, da der damalige Minister für Staatssicherheit, Erich Mielke, bereits am 6. November 1989 die außerordentliche Vernichtung von MfS-Materialien anwies, aber erst ab 4. Dezember 1989 Bürgerkomitees MfS-Kreisdienststellen besetzten, um diese systematische Aktenvernichtung zu stoppen (Engelmann et al., 2020). Zudem sind von den erhaltenen 16.000 Säcken vorvernichteter Akten bisher nur 500 manuell und 23 computergestützt rekonstruiert worden (BStU, 2022).

Geistliche, die Positionen in der Kirchenleitung oder Kirchenverwaltungsbehörde (Konsistorium) innehatten, reflektierten oft nüchtern über eine fehlende oder minimale Akte und hegten die Vermutung, dass der im Magdeburger Konsistorium tätig gewesene IM »Detlef« dafür gesorgt habe, Material, das ihn und das MfS belastet hätte, rechtzeitig zu vernichten.[10] Solch eine Vermutung ist nicht unplausibel, bleibt aber trotzdem Spekulation. Lebensgeschichtliche Interviews waren hilfreich, um zu erkennen, dass in einigen Fällen Interviewte das Ausmaß des Überwachungsapparates oder ihre eigene persönliche Bedeutung für die Stasi überschätzt hatten (siehe auch Abschnitt »Erkennbare ›Wissensmuster‹«). Das Nichtvorhandensein einer (Betroffenen-)Akte enttäuschte die Hoffnung auf einen

---

10 Zum berüchtigten Fall des IM »Detlef« (Detlef Hammer), der als Jurist und Konsistorialpräsident im Konsistorium Magdeburg und gleichzeitig als Offizier im besonderen Einsatz (OibE) für das MfS tätig war, siehe Schultze & Zachhuber (1994).

schriftlichen Beweis – für sie selbst, aber vermutlich auch für andere – dafür, dass sie auf der »richtigen Seite« der Geschichte gestanden hatten.

Die Interviewten, die entweder keine Akteneinsicht beantragt hatten oder deren Antrag fruchtlos blieb, hatten aus der Sicht des Forschungsauftrags den »Vorteil«, nicht von den aus der Akteneinsicht gewonnenen Erkenntnissen beeinflusst gewesen zu sein. Im Gegensatz dazu stellten Interviewte, die ihre Stasiakte eingesehen hatten, eine besondere Herausforderung im Interview dar, da in solchen Fällen der Fokus auf das durch die Akteneinsicht gewonnene Wissen über die Stasi fiel. Es war nicht selten, dass mir Interviewte über Personen berichteten, die sie bespitzelt hatten, oder über einen bestimmten Vorfall, über den sie auch in ihrer Akte gelesen hatten. Diese Erzählungen vermischten ihr persönlich Erlebtes mit dem Gelesenen aus der Sicht der Stasi darauf. In diesen Fällen war es besonders schwierig, abzuwägen, welches Wissen über die Stasi sie vor und welches sie nach der Wende gewonnen hatten.

Obwohl ich die Interviewten wiederholt bat, die aus der Stasiakte erworbenen Erkenntnisse vorerst nicht zu berücksichtigen, sondern zu versuchen, sich auf die DDR-Zeit zu konzentrieren, war eine solche Aufgabe verständlicherweise leichter formuliert als umgesetzt. Die bereits oben erwähnten Motivationen und der Zeitraum für die Antragstellung zur Akteneinsicht konnten hier ein Hilfsmittel für die Sondierung des Wissens über die Stasi vor/nach der Wende sein. Interviewte, die bereits zu DDR-Zeiten zum Beispiel bestimmte Kolleg:innen verdächtigt hatten, sie für die Stasi inoffiziell auszuspionieren, waren oftmals unter den ersten Antragsteller:innen Anfang der 1990er Jahre.

Bei anderen wurde erst durch Ermutigungen aus dem Freundes- und Bekanntenkreis oder der Familie die Antragstellung in Erwägung gezogen, oder weil Interviewte im Nachgang bestimmte merkwürdige Vorfälle den Machenschaften der Stasi zuschrieben. Weiter fragte ich am Ende des Gespräches konkret nach, ob die Interviewten in ihren Stasi-Akten etwas gelesen hatten, das sie überrascht hatte. Gerade wenn die Akteneinsicht in den 1990er Jahren stattgefunden hatte, konnten sich Interviewte aufgrund der Emotionalität dieser Situation, in der man mit Verrat, oft negativer Charakterisierung der eigenen Persönlichkeit und vor allem dem staatlichen Eingriff in die Privatsphäre konfrontiert wurde, gut daran erinnern. Dadurch wurde zum Beispiel deutlicher als im vorangegangenen Gespräch, ob Verdachtsmomente, die man schon zu DDR-Zeiten gehegt hatte, bestätigt wurden oder ob man überrascht war (wie Klaus Winkler), zu lesen, wer beispielsweise als geführter IM an die Stasi berichtet hatte.

Insofern Interviewte mir die Genehmigung gaben, ihre Stasi-Akte ebenfalls einzusehen, wurde dieses Aktenmaterial berücksichtigt. Obwohl die Stasiakte zu DDR-Zeiten verfasst wurde und dadurch augenscheinlich eine authentischere Darstellung der Verhältnisse dieser Zeit anbietet als die Erinnerung der Interviewten, bedarf sie – wie alle (historischen) Dokumente – einer Quellenkritik. Wie bereits erwähnt, spiegelt dieses Aktenmaterial die Ziele des MfS wider, und daher mussten speziell IM-Berichte in Hinblick auf den »Maßnahmeplan« oder den »Operativen Vorgang«, aber auch unter der Berücksichtigung gelesen werden, dass sich »der Berichtende [...] dem Erwartungshorizont und den Interessen des MfS anzunähern suchte, und seine Arbeit deswegen und möglicherweise den Fakten widersprechend – auch aus Eitelkeit und zum Gefallen des Führungsoffiziers – zu beschönigen wusste« (Bauer, 2006, S. 24; vgl. auch Großbölting & Kittel, 2019). Ich benutzte die Stasiakte, um einerseits festzustellen, ob bestimmte Vorfälle, über die Interviewte mir erzählt hatten, auch in ihrer Akte auftauchten, und um andererseits zu analysieren, wie das MfS über diese berichtet hatte.

Personenbezogene Stasiakten konnten sich auch in den (wenigen) Fällen, in denen Abhörprotokolle über Telefonate oder persönlicher Briefverkehr der Interviewten vorhanden war, als nützlich erweisen. Ich versprach mir, aus der Art des Gesprächs- oder Schreibstils der Betroffenen Schlüsse ziehen zu können, inwieweit diese ihren Telefon- und Briefverkehr als von der Stasi überwacht vermutet hatten. Solide Schlussfolgerungen konnten allerdings nur dann erzielt werden, wenn solches Material umfangreich war und in Kombination mit den Interviews interpretiert wurde. Beispielsweise konnte ich im Falle eines damaligen Jugendpfarrers, dessen Telefonate vom MfS über fast fünf Jahre abgehört worden waren, eine erhebliche Anzahl dieser Telefon-Abhörprotokolle sichten. Der Interviewte erzählte mir, dass er von der Verwanzung seiner Wohnung zu dieser Zeit nichts geahnt hatte, allerdings immer vermutete, dass Telefonate abgehört wurden. Da er aber seine Gemeindearbeit nicht als konspirativ ansah, praktizierte er, was er als »verantwortungsvolles Reden« beschrieb. Für ihn bedeutete das, dass er offen über seine Arbeit sprach, aber Vorsicht walten ließ, wenn Dritte in Gefahr geraten konnten. In diesem Fall wird deutlich, dass eine bestimme Wahrnehmung – hier der potenziellen Telefonüberwachung – nicht automatisch auf ein bestimmtes Verhalten – wie zum Beispiel permanente Selbstzensur – zurückschließen lässt, sondern von der jeweiligen Person sowie dem bestimmten Kontext abhängig war.

Aus den Abhörprotokollen wurde deutlich, dass der damalige Jugendpfarrer allgemeinhin Telefonate offen führte, was zunächst annehmen lässt, dass er zu dieser Zeit nicht vermutete, von der Stasi überwacht zu werden. Allerdings fand ich in dieser Zeitperiode auch Mitschriften zweier Telefonate, in denen er offen mit seinen Gesprächspartnern über die Telefonüberwachung der Stasi scherzte und somit seine Vermutung, selbst abgehört zu werden – der Stasi gegenüber – signalisierte. Zum anderen las ich auch das Protokoll eines Telefonates, in dem seine Frau ihn bat, »unbedingt heute noch nach Hause zu kommen«. Als der Pfarrer nachfragte weshalb, antwortete sie nur: »Frage nicht«, und erklärte: »Das ist sehr wichtig, dass du heute noch nach Hause kommst. Ich kann dir das an dieser Stelle nicht erklären, *es geht nicht um mich.*« Die Abhörprotokolle bestätigen hier, was der Interviewte erzählte, allerdings wäre eine tiefere Interpretation – gerade wie der Interviewte über die Überwachung in der DDR-Zeit nachdachte und dementsprechend handelte – ohne das Interview nicht möglich gewesen.

Erkennbare »Wissensmuster«

In den Interviews können in der Voranalyse erste »Wissensmuster« konstatiert werden, die sich auf den Zeitpunkt, die Form des Wissens und die Art und Weise des Erwerbes von Wissen über die Stasi beziehen.

Wie bereits erwähnt, war es nicht selten, dass Interviewte verallgemeinernd erklärten, dass »jeder in der DDR wusste« oder »alle wussten«, dass die Staatssicherheit zum Beispiel Spitzel unter der Bevölkerung einsetzte, Briefe öffnete oder Telefone abhörte. Solch generalisierende Äußerungen benutzten die Interviewten etwa dann, wenn sie eine Frage, wo oder von wem dieses Wissen konkret erworben wurde, nicht beantworten konnten. Dies lag vor allem daran, dass dieses spezifische Wissen für den Großteil auf dem Hörensagen zu DDR-Zeiten beruhte und nur bedingt auf konkreter Eigenerfahrung und deshalb schwer als Erinnerung abrufbar war. Natürlich hatten ehemalige DDR-Bürger:innen durch ihre Lebenserfahrung bestimmtes Wissen über die Stasi gewonnen, aber es wäre zu verallgemeinernd, dieses Wissen in der damaligen DDR-Bevölkerung als homogen zu charakterisieren.

Zum einen verdeutlichen die Interviews den wachsenden Wissenserwerb über den Lebensverlauf hinweg. Für den Großteil in der sozialen Untersuchungsgruppe fiel die Wahrnehmung der Stasi als die eigene Bevölkerung ausspionierend auf das Jugendalter (zwischen 14 und 17 Jahren) und somit

mit dem Aufkommen politischen Bewusstseins zusammen. Einige aus dieser Gruppe hatten schon früher (abfällige) Bemerkungen aufgeschnappt, die sie aber noch nicht fassbar einordnen konnten. Zum anderen zeichnet sich aber auch deutlich ab, dass das Wissen unter der DDR-Bevölkerung über die Stasi stark variierte. Beispielsweise existierten genderspezifische Erkenntnisse in der sozialen Untersuchungsgruppe, indem Männer oft im Jugendalter durch ihre Musterung für die NVA informelles Wissen durch den Familien- oder Freundeskreis in Vorbereitung darauf oder Wissen durch Kontakt durch MfS-Anwerbung während der Musterung erlangten.

Das Wissen in dieser Gruppe differenzierte sich allerdings auch durch die Art der Arbeitstätigkeit sowie dadurch, wann und in welchem Betrieb diese ausgeübt wurde. Dies war eindeutig abhängig von der Arbeitsweise des MfS, die zu mehr oder weniger Berührungspunkten führen konnte. Obwohl das MfS anstrebte, flächendeckend zu arbeiten, ist aus der Forschung bekannt, dass auch die Hauptabteilung XVIII, die mit der Sicherung der Volkswirtschaft beauftragt war, auf bestimmte Schwerpunkte zielte. Der Fokus der Wirtschaftsüberwachung war auf Rüstung, Forschung und Entwicklung sowie Außenhandel gerichtet, und diese wurde im Laufe des Bestehens der DDR stärker ausgebaut (vgl. Gieseke, 2011). In solchen Betrieben und Kombinaten setzte das MfS eine größere Anzahl von IMs ein. Außerdem wurden Sicherheitsüberprüfungen von Kandidat:innen, die in Rüstungsbetrieben oder in der Forschung und Entwicklung tätig oder als Reisekader eingesetzt werden sollten, durchgeführt (ebd.). Erwartungsgemäß hatten Interviewte, die in solchen Betrieben tätig gewesen waren, auch mehr Berührungspunkte mit der Stasi am Arbeitsplatz gehabt und konnten daher – im Gegensatz zu Interviewten anderer Betriebe oder Bereiche – zum Beispiel von konkreten Vorfällen mit der Stasi oder aber von deren Sicherheitsüberprüfung berichten. Nicht zuletzt war aber nicht nur die Zeitperiode der Arbeitstätigkeit und in welchem Wirtschaftsbereich oder Betrieb man gearbeitet hatte ausschlaggebend, sondern auch welche Position man in der Betriebshierarchie eingenommen hatte, wie ein Interviewter, Horst Kaiser (Jg. 1942), dies recht prägnant auf den Punkt brachte:

»Naja, [das Wissen über die Stasi] [...] ist sicherlich abhängig davon, welche Position und Tätigkeit man in der DDR ausübte. Wenn ich am Band gestanden hätte, dann hätte ich möglicherweise, wenn ich keine Verwandten und Freunde im Apparat gehabt hätte, nicht viel gewusst. Ich war aber Betriebsdirektor in einer großen Firma. Natürlich wusste ich recht viel über die Staatssicherheit.«

Bestimmte »Wissensmuster« können auch im Vergleich zwischen sozialer und Kirchen-Studie identifiziert werden. Beispielsweise unterschied sich das Wissen darüber, wie man sich bei möglichen Anwerbeversuchen des MfS zu verhalten hatte, damit man sich aus solchen unversehrt herauswinden konnte. Der Großteil der Interviewpartner:innen in der sozialen Studie hatte kein Wissen darüber. Hingegen besaß die Mehrzahl in der Kirchen-Studie unter anderem auch konkretes Wissen darüber, dass das vom MfS als geheim zu haltende Kontaktaufnahmegespräch Dritten mitgeteilt werden musste, um weiteren Kontakt mit dem MfS zu vermeiden.[11] Aber auch hier gab es innerhalb der Gruppe der Theolog:innen Unterschiede, nicht nur inwieweit solches Wissen vorhanden war, sondern auch, wie spezifisch es war. Diese Differenzen ergaben sich daraus, dass dieses Wissen abhängig von der Ausbildungsstätte der Theolog:innen war: Während die Studierenden der kirchlichen Ausbildungseinrichtungen oftmals direkt von ihren Dozent:innen über diese Vorgehensweise belehrt wurden, besaßen Studierende der Theologischen Fakultäten an staatlichen Universitäten entweder kein Wissen oder aber nur vages Wissen, das sie von anderen Kommiliton:innen erworben hatten. Diese Herangehensweise, die Studierenden auf mögliche MfS-Anwerbeversuche hinzuweisen, konnte ich für das Kirchliche Oberseminar in Naumburg, eine der Hauptausbildungsstätten der ehemaligen Kirchenprovinz Sachsen, durch Recherche im Stasi-Unterlagenarchiv bestätigt finden.[12]

Konklusion

Zusammenfassend zeigt sich, dass Erinnerungen an den DDR-Alltag keinen Blick durch ein »klares Fenster« in diese Vergangenheit bieten,

---

11 Mit der Erwähnung, dass man Dritte über das Gespräch informierte, wurde man für das MfS zur Spionage untauglich (Dekonspiration). Die Denkweise des MfS war den meisten Interviewten hier aber nicht bewusst.
12 Studierende wurden schriftlich verpflichtet, dem Rektor des Oberseminars zu melden, falls sie aufgefordert wurden »heimlich Auskunft zu erteilen« (BArch, MfS, BV Hle, KD Naumburg 25, BStU000073).

dennoch stellen sie eine unverzichtbare Ressource dar, um ein nuanciertes Bild der damaligen DDR-Lebenswelten zu erlangen. Obwohl die Interviewten nach 1989 durch die Medien, den öffentlichen Diskurs und die eventuelle Stasi-Akteneinsicht in ihrer Erinnerung auf die erlebte DDR-Erfahrung beeinflusst waren, verdeutlichen ihre Narrative, wie facettenreich das Wissen über die Stasi unter der DDR-Bevölkerung war, und lassen im Vergleich aufschlussreiche »Wissensmuster« erkennen. Wie ich hoffe in diesem Beitrag demonstriert zu haben, hat sich die Kombination der Interpretation von Erinnerungen ehemaliger DDR-Bürger:innen, erzählt in Interviews, verbunden mit den Ergebnissen der Stasiforschung und zeithistorischem Archivmaterial als fruchtbarer Weg erwiesen, um die verschiedenen, miteinander verflochtenen Gedächtnisschichten zu identifizieren und im Bewusstsein der methodischen Herausforderungen die Forschungsfragen dieses Projektes auszuleuchten.

Literatur

Arnold-de Simine, S. & Radstone, S. (2013). The GDR and the Memory Debate. In A. Saunders & D. Pinefold (Hrsg.). *Remembering and rethinking the GDR: Multiple Perspectives and Plural Authenticities* (S. 19–33). London: Palgrave MacMillan.

Barth, F. (2002). An Anthropology of Knowledge. *Current Anthropology*, 43(1), 1–18.

Bauer, B. (2006). *Kontrolle und Repression: Individuelle Erfahrungen in der DDR (1971– 1989)*. Göttingen: Vandenhoeck & Ruprecht.

Berdahl, D. (1999). ›(N)Ostalgie‹ for the present: Memory, longing, and East German things. *Ethnos*, 64(2), 192–211.

Boyer, D. (2006). *Ostalgie* and the Politics of the Future in Eastern Germany. *Public Culture*, 18(2), 361–381.

BStU (2022). Rekonstruktion – Stasi – Stasi-Unterlagenarchiv. https://www.stasi-unterlagen-archiv.de/archiv/rekonstruktion/ (27.10.2022).

Engelmann, R., Halbrock, C. & Joestel, F. (2020). *Vernichtung von Stasi-Akten: Eine Untersuchung zu den Verlusten 1989/90*. Berlin: BStU.

Fulbrook, M. (2011). Histories and Memories: *Verklärung* or *Erklärung*?. In D. Clarke & U. Wölfel (Hrsg.), *Remembering the German Democratic Republic: Divided Memory in United Germany* (S. 19–33). Basingstoke: Palgrave MacMillan.

Funder, A. (2004). *Stasiland: Stories from behind the Berlin Wall*. London: Granta.

Gallinat, A. (2006). Difficult stories: Public discourse and narrative identity in Eastern Germany. *Ethnos*, 71(3), 343–366.

Gallinat, A. (2016). *Narratives in the Making: Writing the East German Past in the Democratic Present*. New York: Berghahn Books.

Gieseke, J. (2009). Die Stasi und ihre IM. In M. Sabrow (Hrsg.), *Erinnerungsorte der DDR* (S. 96–106). München: C. H. Beck.

Gieseke, J. (2011) *Die Stasi: 1945–1990*. München: Pantheon.

Großbölting, T. & Kittel, S. (2019). Welche »Wirklichkeit« und wessen »Wahrheit«? Methodische und quellenkritische Überlegungen zur Geheimdienst- und Repressionsforschung. In T. Großbölting & S. Kittel (Hrsg.), *Welche »Wirklichkeit« und wessen »Wahrheit«? Das Geheimdienstarchiv als Quelle und Medium der Wissensproduktion.* (S. 7–16). Göttingen: Vandenhoeck & Ruprecht.

Gross, M. & McGoey, L. (Hrsg.). (2015). *Routledge International Handbook of Ignorance Studies.* Abingdon: Routledge.

Hertwig, R. & Ellerbrock, D. (2022). Why people choose deliberate ignorance in times of societal transformation. *Cognition,* 229, 1–10.

Nicht, F. L. (2011). *Die »Stasi« als Erinnerungsort im vereinigten Deutschland 1990–2010.* Marburg: Tectum.

Port, A. I. (2015). The Banalities of East German Historiography. In M. Fulbrook & A. I. Port (Hrsg.), *Becoming East German: Socialist Structures and Sensibilities after Hitler* (S. 1–30). New York & Oxford: Berghahn Books.

Schultze, H. & Zachhuber, W. (1994). *Spionage gegen eine Kirchenleitung. Detlef Hammer – Stasi-Offizier im Konsistorium Magdeburg.* Magdeburg: Evangelisches Büro Sachsen-Anhalt.

Taussig, M. (1999). *Defacement: Public Secrecy and the Labor of the Negative.* Palo Alto: Stanford University Press.

von Plato, A. (2008). Interview Richtlinien. In A. Leh, A. von Plato & C. Thonfeld (Hrsg.), *Hitlers Sklaven. Lebensgeschichtliche Analysen im internationalen Vergleich* (S. 443–350). Wien: Böhlau.

Wierling, D. (2007). Die Stasi in der Erinnerung. In J. Gieseke (Hrsg.), *Staatssicherheit und Gesellschaft: Studien zum Herrschaftsalltag in der DDR* (S. 187–208). Göttingen: Vandenhoeck und Ruprecht.

Biografische Notiz

Grit Wesser, PhD, hatte Lehr- und Forschungsstellen in Sozialanthropologie an der University of Edinburgh und der Newcastle University in Großbritannien inne. Sie beschäftigt sich unter anderem mit dem Erinnern und Vergessen als Teil des Staatsdiskurses als auch der Familiengenerationendynamik. Momentan stellt sie ihre Monografie über das Verhältnis von Verwandtschaft und Staat mit Fokus auf die fortgesetzte Jugendweihepraxis in Ostdeutschland fertig.

Mittelalterliche Zeitzeugenschaft und moderne Gedächtnisforschung

Sabine Schmolinsky

Einleitung

Die Kritik der Gedächtnisforschung an Erinnerungszeugnissen von Zeitzeug:innen scheint auf den ersten Blick vor allem eine Herausforderung für die Zeitgeschichte zu sein, ist es doch ein Alleinstellungsmerkmal dieser jüngsten historischen Epoche, dass es »Mitlebende« (Hans Rothfels, 1953) gibt, die auf ihre Erinnerungen befragt werden und damit das Vergangenheitsbild um eine individuelle Erfahrungsdimension erweitern können. Spätestens seit der grundlegenden Publikation von Johannes Fried *Der Schleier der Erinnerung* im Jahr 2004 ist jedoch klar, dass sich auch Historiker:innen der Vormoderne mit der Frage nach der Bedeutung der Gedächtnisforschung für ihre Arbeit auseinandersetzen müssen. Vor allem Antike und Mittelalter, so konstatierte der Frankfurter Mediävist, seien betroffen, weil auch deren Quellenmaterial sich großenteils Erinnerungen verdanke (Fried, 2004, S. 5). Fried war einer der ersten, der die Erkenntnisse der kognitions- und neurowissenschaftlichen Gedächtnisforschung konsequent in eine kritische Analyse mittelalterlicher Quellen einband und daraus folgerte, dass neue methodische Standards entwickelt werden müssten. Der Erinnerungsforscher Jan Assmann sah in Frieds Buch einen »bahnbrechende[n] Beitrag zur kritischen Historie« und ein »neues interdisziplinäres Paradigma« (Assmann, 2004).

Frieds Studie hat allerdings auch Widerspruch hervorgerufen. Denn die neuen methodischen Ansprüche, die Fried angesichts der modernen Kognitions- und Neurowissenschaft entwickelte, ließen sich für lange zurückliegende Epochen aufgrund fehlender Informationen noch weniger als für neuere Epochen umsetzen. Sie zielten unter anderem darauf, die Phase der Kindheit zu pointieren, in der Erinnerungsweisen eingeübt würden (vgl. in thesenhafter Weise am Ende des Buchs von Fried, 2004, S. 391–393).

Marcel Müllerburg fügte in seiner Rezension des Buchs hinzu, Fried falle mit dieser Fokussierung »hinter die in seiner Studie bereits gewonnene Einsicht zurück, dass Erinnerung ein Akt ist, der in der Gegenwart stattfindet und dessen Bedeutung und Form vom gegenwärtigen Erleben des sich erinnernden Individuums mitbestimmt werden« (Müllerburg, 2005). Um gedächtnisbedingte Überformungen herauszuarbeiten, müsse man die »historischen Bedingungen« analysieren, »unter denen die Menschen sich erinnern« (ebd.). Dies allerdings sei keine neue Herangehensweise, sondern entspreche etablierten diskursanalytischen Techniken. So sieht Müllerburg am Ende »wenig mehr als die grundlegende Skepsis gegen die Quellen« (ebd.); neue quellenkritische Werkzeuge würden nicht zur Verfügung gestellt. Die quellenkritische Methodendebatte um die »Gedächtniskritik« beziehungsweise »Memorik« und die von Fried geforderte Entwicklung einer »neurokulturelle[n] Geschichtswissenschaft« (Fried, 2004, passim, S. 393) bildete einen Schwerpunkt der folgenden Forschungsentwicklung. So hat Fried, ausgehend von seinen neuen Ansätzen zur Quellenkritik, unter anderem eine Neuinterpretation des »Gang[s] nach Canossa« vorgeschlagen, über die eine jahrelange Forschungskontroverse entbrannte (Fried, 2012; vgl. Dendorfer, 2012).

Methodische Anregungen bietet die Beschäftigung mit der modernen Gedächtnisforschung aber nicht nur im Bereich der »klassischen« Quellenkritik oder bei der Frage, wie mittelalterliche Quellen heute auf ihre Validität geprüft werden können und müssen, sondern auch in Bezug auf epistemologische Fragen. Die Forschung bezieht dabei mit ein, welche Bedeutung die Behauptung von Augenzeugenschaft für die mittelalterliche Historiografie hatte und welche Zuschreibungen damit verbunden waren. Diese Fragen ordnen sich in das Forschungsfeld der Wissens- und Wissenschaftsgeschichte ein, in dem untersucht wird, wie in der Vergangenheit Wissensbestände für glaubhaft und »wahr« erklärt wurden (vgl. z. B. die Beiträge in Drews & Schlie, 2011).

In diesem Sinn fragt der Beitrag nach der Wertschätzung von Augenzeugenschaft in mittelalterlichen historiografischen Quellen und wie diese mit schriftlich überlieferten Quellen korreliert worden ist. Dazu werden Prologe und ähnliche einführende Erläuterungen mittelalterlicher Autoren herangezogen. Im Licht der zeitgenössischen Verwendungsformen von Augenzeugenschaft lassen sich dann die theoretischen Überlegungen von Fried erneut in den Blick nehmen und diskutieren. Sechs Thesen beschließen den Argumentationsgang.

Augenzeugenschaft in spätantiken und mittelalterlichen Konzepten

Nehmen mittelalterliche Geschichtsschreibende explizit Bezug auf ihre Augen- beziehungsweise Zeitzeugenschaft? Wie qualifizieren und kategorisieren sie die ihnen zur Verfügung gelangenden zeitgenössischen Informationen? Äußern sie sich über ihre eigenen Gedächtnisinhalte oder markieren sie, wo sie sie einbeziehen? Kurz: wie hierarchisieren mittelalterliche Geschichtsschreibende ihre Quellen, die der von ihnen zu schreibenden Geschichte die größtmögliche Glaubwürdigkeit verleihen sollen? Impliziter Ausgangspunkt ist dabei das historiografische Postulat einer möglichst großen Übereinstimmung zwischen Bericht und vergangenen Sachverhalten, der Anspruch auf Wahrhaftigkeit des Mitgeteilten. Dieser Anspruch durchzieht die Vorreden mittelalterlicher historiografischer Schriften und kann auch dann noch rhetorisch aufrechterhalten sein, wenn Verfälschungen/Veränderungen im Werk vorgenommen worden sind.

Die elementare Bedeutung der Zeit- und Augenzeugenschaft zeigt sich bei Isidor von Sevilla (um 560?–636) in dem geschichtswissenschaftlich berühmten Abschnitt in seiner Enzyklopädie *Etymologiae* I, 41 »De historia«, in dem er im Anschluss an seine kanonisch gewordene Definition der Geschichte als Erzählung über Geschehenes – im Gegensatz zur unmittelbar zuvor behandelten »fabula« über Erdichtetes (I, 40) – fortfährt:

> »Bei den Alten nämlich schrieb niemand Historie außer demjenigen, der dabei gewesen war (nisi is qui interfuisset), und das, was zu beschreiben war, gesehen hatte. Besser nämlich erfassen wir mit den Augen, was geschieht, als was wir durch das Gehör einsammeln. 2. Was nämlich gesehen wird, wird ohne Unwahrheit vorgebracht.«[1]

Der antiken Tradition folgend, sollen also nur diejenigen vergangene Ereignisse aufschreiben, die selbst dabei gewesen sind. Der am besten legitimierte und glaubwürdigste Historiograf ist der Augenzeuge. Ihm gebührt der Vorrang vor dem Zeitzeugen, der aus dem Hörensagen schöpfen muss

---

1 Isidorus Hispalensis, 1911, zit. n. San Isidoro de Sevilla, 1993, S. 358: 41. De historia: »Apud veteres enim nemo conscribebat historiam, nisi is qui interfuisset, et ea quae conscribenda essent vidisset. Melius enim oculis quae fiunt deprehendimus, quam quae auditione colligimus. 2. Quae enim videntur, sine mendacio proferuntur.«

(dahinter steht der Verdacht der *fama*, des Gerüchts, das trügerisch sein kann[2]). Der Augenzeuge hingegen vermag ohne Verfälschung durch Übertragung zu berichten (»sine mendacio«), und dies ist wünschenswert bei einem Historiografen – ein Modell, in dem sowohl Darstellungsabsichten des Geschichtsschreibenden als auch mögliche Probleme seiner Perzeption außer Betracht bleiben. Zu den Grundlagen dieser Wertschätzung des Augenzeugen zählt die antike, überkommene Bevorzugung des Sehsinns vor den anderen Sinnen, zum Beispiel mit Cicero in seinem Werk *De oratore* (II, 357, 1986, S. 434) bezeichnet als »der schärfste unter allen unseren Sinnen«[3], die sich beispielsweise im öfter überlieferten Dictum »Ein Augenzeuge gilt mehr als zehn Ohrenzeugen« verdichtete.[4]

In *Etymologiae* I, 44,4 ordnet Isidor seine Auffassung, dass nur derjenige Historiograf sein könne, der dabei gewesen sei, den beiden grundlegenden historiografischen Genera »Historia« und »Annalen« zu:

> »4. Die Historie hingegen handelt von vielen Jahren oder Zeitaltern; aufgrund ihrer Gründlichkeit werden die jährlichen Notizen in Bücher überführt. Zwischen Historie und Annalen aber besteht der Unterschied, dass die Historie von den Zeiten handelt, die wir sehen, die Annalen jedoch handeln von den Jahren, die unser Zeitalter nicht kennt« (San Isidoro de Sevilla, 1993, S. 358/360, 44).[5]

Der Historiograf bearbeitet in der »Historia« den Zeitraum, den er selbst erlebt hat. Die »jährlichen Notizen«, die er über außerhalb des eigenen Zeitalters liegende Jahre vorfindet, werden »in Bücher überführt« (Scholz, 1994, S. 70). Außer Betracht bleibt die zeitliche Differenz zwischen der Wahrnehmung und Aufzeichnung in zurückliegenden Zeiten

---

2   Goetz, 1999, S. 153: Distanzierung durch »ut fertur« (man sagt) oder »fama est« (es verlautet).
3   »[...] ea maxime animis effingi nostris, quae essent a sensu tradita atque impressa; acerrimum autem ex omnibus nostris sensibus esse sensum videndi; qua re facillime animo teneri posse ea, quae perciperentur auribus aut cogitatione, si etiam commendatione oculorum animis traderentur; [...].«
4   Plautus, 2001, II.6, V. 489: »Pluris est oculatus testis unus quam auriti decem«.
5   San Isidoro de Sevilla, 1993, S. 358/360, 44, De generibus historiae: »4. Historia autem multorum annorum vel temporum est, cuius diligentia annui commentarii in libris delati sunt. Inter historiam autem et annales hoc interest, quod historia est eorum temporum quae vidimus, annales vero sunt eorum annorum quos aetas nostra non novit.«

und der späteren Verarbeitung mit ihren Folgen für die Erinnerung – oder gilt sie als hinreichend überbrückt durch die Schrift?

Isidors Begriffsbestimmungen eingehender zu betrachten, hat seine Begründung in der großen Bedeutung und reichen Rezeption der *Etymologiae* im gesamten Mittelalter und darüber hinaus. Etwa 460 Jahre früher hatte jedoch bereits Aulus Gellius (geboren um 130, mittelalterlich meist irrig Agellius genannt) im 18. Kapitel des fünften Buchs seines um 170 entstandenen Miszellanwerks *Noctes Atticae* die verbreitete Auffassung erwähnt, dass Verfasser einer »Historia« derjenige sei, der dabei gewesen sei: »interfuerit«. Zu seiner Zeit sei man allerdings gewohnt, meint Gellius, »Annales« als eine vollständige Teilmenge von »Historiae« aufzufassen (Aulus Gellius, 2004 [1968], S. 211f.). So ließ sich also mit der bei Gellius genannten Tradition der teilnehmende Zeitzeuge als Verfasser beider Kategorien von Geschichtsschreibung, Historia und Annalen, verstehen. Allerdings begann nach modernem Wissensstand die Gruppe der ersten sieben Bücher der *Noctes Atticae* erst im 12. Jahrhundert zu zirkulieren, soweit dies erhaltene Handschriften und Zitate zeigen. Wie das erwähnte Kapitel V, 18 daran beteiligt war, ist unbekannt, zumal auch die zeitgleich einsetzende Überlieferung von Exzerpten aus Gellius' Werk in zwei Anthologien sowie in einigen Florilegien nicht aufgeschlüsselt worden ist (Brunhölzl, 1989, Sp. 1205f.).[6]

Das Argument vom »Sehen« in »Historia« findet sich auch im *Dialogus super auctores*, den Konrad, Lehrer im einflussreichen Reformkloster Hirsau (ca. 1070–ca. 1150?) in der ersten Hälfte des 12. Jahrhunderts (wohl nach 1124/1125) verfasst hat. Der »historiografus« wird dort als ein »Schreiber gesehenen Geschehens« (»rei visae scriptor«) bezeichnet, der dem Kontext zufolge wahrscheinlich selbst als der Augenzeuge aufzufassen ist (Konrad von Hirsau, 1970, S. 75, Z. 135–140[7]; vgl. Goetz, 1985, S. 180).

---

6   Zur Rezeption von Gellius' *Noctes Atticae* vgl. Zedelmaier, 1992, passim.

7   »(M[agister]) Accipe: auctor ab augendo dicitur, eo quod stilo suo rerum gesta vel priorum dicta vel docmata adaugeat. Historia est res visa, res gesta: *historin* enim grece, latine visio dicitur, unde historiografus rei visae scriptor dicitur. Porro poeta fictor vel formator dicitur, eo quod vel pro veris falsa dicat vel falsis interdum vera commisceat.« Das Werk ist in einer geringen Zahl von Handschriften überliefert; als Autor ist Konrad erst durch Johannes Trithemius' (1462–1516) 1494 im Druck erschienenes Werk *De scriptoribus ecclesiasticis* ins Licht einer gelehrten Öffentlichkeit getreten (vgl. Conradus Hirsaugiensis, 2024.).

»Is qui interfuit«, derjenige, der dabei gewesen ist, lässt sich also aus rhetorisch-grammatischen Traditionen, die Geschichtserzählung betreffen, als ein wichtiges Kriterium für mittelalterliche Reflexionen über historiografische Glaubwürdigkeit ableiten. Dabei ist nicht zu vergessen, dass sowohl Gellius als auch Isidor oder Konrad – und viele andere durch die moderne Mediävistik erschlossene und interpretierte Autoren – nichts über die Differenz zwischen Berichtszeit und Abfassungszeit und über die Begrenztheit und Wandelbarkeit des menschlichen Erinnerungsvermögens sagen. Erklärlich mag dies insofern sein, als die Beschaffenheit und Ausbildung memorialer Fähigkeiten nicht in diesen Zusammenhängen zur Debatte stand. Memoria, verstanden als Gedächtnisleistung, war Gegenstand nicht die Retrospektion betreffender, sondern prospektiver, zum Nutzen für Lernende und Redende angelegter Memorialtechniken, wie dies Mary J. Carruthers gezeigt hat (Carruthers, 1990, S. 8).

Augenzeugenschaft in historiografischen Werken

Im Folgenden sollen exemplarisch einige historiografische Schriften auf das Muster des teilnehmenden Historiografen hin untersucht werden. Um bei einer spätantiken, für die mittelalterliche Geschichtstradition bedeutsamen Kirchengeschichte einzusetzen: Der Bischof und hochgelehrte Theologe Eusebios von Kaisareia (ca. 260/264–ca. 339/340) unternahm es um die Wende zwischen 3. und 4. Jahrhundert, die Jahre der »successiones« seit Jesus Christus und den Aposteln bis zu seiner Gegenwart historiografisch zu beschreiben.[8] Sie füllten die Bücher 1–7 seines Werks, wobei er die »historia« mittels oft längerer Zitate aus Schriften älterer Autoren gestaltete. Mit Beginn des achten Buches war er in seiner Zeit angelangt, wie er eingangs vermerkte: Er halte es für »eine unserer dringlichsten Pflichten, in diesem achten Buche die Ereignisse unserer Zeit, die eine getreue Darstellung verdienen, der Nachwelt zur Kenntnis zu bringen«.[9] Nur zeitge-

---

8   Nach der lateinischen Übersetzung des Rufinus von Aquileia (um 345–411/412); Eusebius von Caesarea, 1999, I1,1, Teil 1, S. 7, Z. 1–2; und VII 32,32, Teil 2, S. 731, Z. 16–18.
9   Eusebius von Caesarea, 1932, S. 371–372. Der Übersetzer, der katholische Priester Haeuser (1876–1960), war von Beginn seiner Laufbahn an scharf antijüdisch eingestellt und wurde ein glühender Nationalsozialist und Hitler-Anhänger. Es muss spätere Eingriffe seitens eines der beiden Herausgeber der BKV, Johannes Zellinger (1880–1958), gegeben haben; dennoch liegt bis heute keine neue deutsche Übersetzung der Kirchengeschichte

nössische Quellen finden sich zitiert, etwa ein Ausschnitt aus einem Brief über die Leiden der Märtyrer oder ein kaiserliches Edikt.[10] Die Glaubwürdigkeit des erzählenden Historiografen resultiert implizit aus seiner Zeitgenossenschaft, ohne dass er sie explizit thematisierte.

Etwa vier Jahrhunderte später verfasste der angelsächsische Gelehrte Beda Venerabilis (673/674–735) eine Kirchengeschichte des englischen Volkes. Er stellte dieser 731 abgeschlossenen *Historia ecclesiastica gentis Anglorum* einen Brief an Ceolwulf, seit 729 König von Northumbrien, voran, in dem er seine Quellen ausführlich offenlegte, um etwa aufkommende Zweifel seiner Zuhörer- und Leserschaft an seinem Geschichtsbericht zu zerstreuen. Zwar, so lässt sich zusammenfassen, hatte Beda seine Darlegungen hauptsächlich aus hier und da gesammelten älteren Schriften geschöpft, aber an erster Stelle nennt er als autoritative Quelle den Abt Albinus des Klosters St. Peter und Paul bei Canterbury, der seine Kenntnisse sowohl aus schriftlichen Dokumenten als auch aus »seniorum traditione«, der mündlichen Überlieferung älterer Menschen, bezogen habe (Beda Venerabilis, 1969, S. 2, 4; Zitat S. 4). Albinus habe Nothelm, damals noch Priester der Kirche in London, das, was erinnerungswürdig erschienen sei, schriftlich oder zum mündlichen Bericht an Beda anvertraut. Gleichermaßen nahm Beda Briefe Papst Gregors I. und anderer Päpste, die Nothelm aus Rom mitgebracht hatte, in seine *Historia* auf. Die Beda aus den verschiedenen angelsächsischen Königreichen zugeflossenen Informationen waren oft schriftlicher Natur, aber entstammten auch mündlich übermittelter, lokal-regionaler Erinnerung. In seiner eigenen »prouincia« Northumbrien kannte Beda selbst sich aus, und die Menge seiner vertrauenswürdigen Zeugen war nach seiner eigenen Aussage unzählbar (ebd., S. 4, 6).

Im Sinn einer gedächtniskritischen Geschichtsforschung, wie Johannes Fried sie vorgeschlagen hat, ist Bedas Verfahren jedoch wenig vertrauenerweckend, vielmehr geradezu Misstrauen erregend und Anlass, seine Kirchengeschichte zu guten Teilen grundsätzlich in Zweifel zu ziehen: Mündliche, unter Umständen mehrfach übermittelte Quellen erscheinen

---

des Eusebius vor. Vgl. Reinhold Lenski, Philipp Haeuser (1876–1960). Pfarrer und Kämpfer für den Nationalsozialismus. Erstellt: 4. Oktober 2004, URL: https://www.zukunft-braucht-erinnerung.de/philipp-haeuser/ (06.01.2024).

10 Eusebius von Caesarea, 1932, Teil 2, VIII10,1–11, S. 759, 761, 763, 765; VIII17,1–11, S. 791, 793, 795; VIIII10, 6–11, S. 841, 843, 845.

in gleicher Validität neben schriftlichen, und diese sind noch dazu meist keine Überreste. Dies ist allerdings bereits der herkömmlichen Quellenkritik nicht verborgen geblieben, die gegebenenfalls singulär überlieferte Angaben als solche vermerkt. Doch seien zunächst weiter die Spuren derer, die dabei waren, verfolgt.

Bei Einhart (um 770–840), dem zur Zeit sich ändernder kultureller und politischer Bedingungen unter Ludwig dem Frommen in erster Linie an der Schaffung eines zutreffenden Bildes des ehemaligen Kaisers Karl gelegen war, findet sich in seiner Praefatio zur *Vita Karoli* die Formel des *interfuisse* wieder:

> »[...] so habe ich dennoch vom Schreiben mich nicht derart [durch widrige zeitgenössische Auffassungen über Literatur] abhalten lassen zu dürfen geglaubt, zumal mir bewusst war, dass niemand die Dinge wahrhaftiger als ich schildern kann, bei denen ich selbst dabei gewesen bin (›quibus ipse interfui‹) und die ich als Anwesender durch, wie man sagt, Augenzeugenschaft glaubwürdig erfahren habe (›oculata fide cognovi‹); auch konnte ich nicht sicher wissen, ob sie von einem anderen aufgeschrieben würden oder nicht.«[11]

Bei seiner »Gedächtnisausgabe« der Karlsvita nach Einharts Tod, wohl zwischen 840 und 842 in Aachen, hat Walahfrid Strabo (808/809–849) das Argument in seinem Prolog wiederholt: Die Glaubwürdigkeit unterstrich, dass der Autor bei fast allem dabei gewesen war (»interfuerit«).[12]

Für den burgundischen Mönch Rodulfus Glaber (gestorben wohl 1047) war offensichtlich Zeitgenossenschaft ein selbstverständliches Movens für Geschichtsschreibung, wie die ersten Sätze seiner *Historiarum libri quinque* erkennen lassen.[13] Ähnlich wie er meinte Wilhelm, Bibliothekar im

---

11 Einhardus, 1911, S. 1, Z. 18–22: »[...], tamen ab huiuscemodi scriptione non existimavi temperandum, quando mihi conscius eram nullum ea veracius quam me scribere posse, quibus ipse interfui, quaeque praesens oculata, ut dicunt, fide cognovi et, utrum ab alio scriberentur necne, liquido scire non potui.« Vgl. Tischler, 2001, Teil 1, S. 196–200, bes. S. 199–200.

12 Einhardus, 1911, S. XXVIII: »[...] et purissimae veritatis, utpote qui his paene omnibus interfuerit, testimonio roborasse«. Vgl. Tischler, 2001, S. 368–370.

13 Rodulfus Glaber, 1989, S. 2: »[...] Iustissima studiosorum fratrum querimonia interdumque propria saepius permotus, cur diebus nostri temporis non quispiam existeret, qui futuris post nos multiplicia haec quae uidentur fieri tam in ecclesiis Dei quam in ple-

Kloster Malmesbury (ca. 1090–1143), dass seit Beda niemand über sich und seine Zeiten einen Bericht hinterlassen habe, eine Schmach, die er, Wilhelm, nun von sich und seinen Zeitgenossen zu nehmen gedenke, wie er im Prolog zum dritten Buch seiner von Oktober 1140 bis Anfang 1143 verfassten *Historia novella* bemerkte, einer englischen Zeitgeschichte für 1126 bis Ende 1142, die stets zusammen mit Wilhelms *Gesta regum Anglorum* überliefert erscheint.[14] Ognibene de Adam aus Parma (1221–wohl Ende 1288/1289), als Franziskaner Salimbene, schrieb in seinen späteren Lebensjahren eine *Cronica*, die etwa zur Hälfte, für 1168 bis 1287 – im Autograf –, erhalten ist (Salimbene de Adam, 1998, S. XXXV; vgl. Salimbene de Adam, 2022; Salimbene de Adam, Cronica, 2024) und die Geschichte und vielerlei Geschichten und Wissenswertes enthielt, wie dies ein mehrseitig Gebildeter, der als junger Minoritenbruder in Italien und Frankreich oft und weit gereist war, zusammenführen konnte. Er ist ein Zeitzeuge, der sich und seine Erfahrungen gern und häufig in sein Werk einbrachte. Zahlreich finden sich stereotype Bemerkungen der Art »ut vidi oculis meis«, und darüber hinaus war er bemüht, nur wirklich glaubwürdige Augenzeugenaussagen zu übernehmen. Ein Beispiel: Die Zahl der Gefangenen und Toten nach dem Sieg Genuas über Pisa in der großen Seeschlacht bei der Insel Meloria gegenüber Portopisano am 6. August 1284 wollte der Chronist aufgrund unterschiedlicher Angaben nicht niederschreiben, und auch die brieflich vom Erzbischof von Pisa dem Bischof von Bologna mitgeteilte Zahl übernahm er nicht, denn er erwartete Mitbrüder aus Genua und aus Pisa, die eine sichere Zahl besser angeben können sollten.[15]

Weitere Beispiele (auch) Zeitgeschichte schreibender mittelalterlicher

---

bibus minime abdenda qualicumque stili pernotatione mandaret, […], et quoniam in spatio fere ducentorum annorum nemo ista appetens extitit, id est post Bedam, Britanniae presbiterum, seu Italiae Paulum, qui historialiter quippiam posteris scriptum misisset; […].«

14 William of Malmesbury, 1998, S. 80: »Itaque quia moderni non mediocriter et merito reprehendunt predecessores nostros, qui nec sui nec suorum post Bedam ullam reliquerunt memoriam, ego, qui a nobis hanc proposui summouere infamiam, debeo apud lectores bonam, si recte iudicabunt, pacisci gratiam.«

15 Salimbene de Adam, 1999, 779, 22–28, S. 806: »Numerum captivorum et interfectorum ex utraque civitate scribere nolui, quia diversimode referebatur. Verumtamen archiepiscopus Pisanus episcopo Bononiensi, cuius frater germanus est, certum numerum in suis litteris designavit, quem similiter scribere nolui, quia expectabam fratres Minores de Ianua et de Pisis qui michi certum numerum melius declararent.«

Historiografen ließen sich beibringen, Äußerungen über ihr Problembewusstsein angesichts ihrer Quellen zusammenstellen. Ihr prinzipielles Vertrauen in die Relation von »interfuisse«, »gesehen haben«, und potenzieller Wahrheitsfähigkeit zeigt sich noch ex negativo, wenn etwa ein Peter von Dusburg eingangs seiner 1326 vollendeten *Chronik des Preussenlandes* sich vor allem deswegen als ungenügenden Chronisten einschätzt, weil die zu schildernden Ereignisse schon fast dem Gedächtnis der jetzt lebenden Menschen entschwunden seien; wenig habe er selbst gesehen, anderes von einstigen Augenzeugen gehört, das Übrige aus glaubwürdigen Berichten übernommen.[16] Ex negativo gilt auch, wenn der Weltgeistliche Wigand Gerstenberg von Frankenberg (1457–1522) in seiner ab 1493 verfassten *Landeschronik von Thüringen und Hessen bis 1247 und von Hessen ab 1247* sich mittels antiker und patristischer Beispiele rechtfertigt, vergangene Geschichte zu schreiben, da doch niemand mehr lebe, der sie gesehen und erlebt habe.[17] Allerdings tut er dies mit den Worten des karolingischen Gelehrten Servatus Lupus, Abt von Ferrières (um 805–nicht vor 862), die dieser 836 im Prolog seiner Vita über den heiligen Wikbert (vor 670–vermutl. 732/738), einen angelsächsischen Missionar aus dem Umfeld des Bonifatius, verwendet hatte. Wigand Gerstenbergs Auseinandersetzung mit dem Argument des teilnehmenden Historiografen entpuppt sich so als eine gelehrte Wiederbelebung.

---

16 Peter von Dusburg, 1984, S. 34: »[…] tercio de bellis et aliis, que gesta sunt in dicta terra, quorum pauca, que vidi, alia, que audivi ab his, qui viderunt et interfuerunt, cetera, que relacione veridica intellexi. […]. Sed quia insufficientem me ad hoc negocium consummandum recognosco, maxime pro eo, quod huiusmodi factum pene iam a memoria hominum nunc vivencium sit elapsum, […].«

17 Wigand Gerstenberg von Frankenberg, 1989, S. 2: »Ob nun iemand dis vornemen von vergangenen solchen alten geschichten, vor vielen jaren vorgangen, frevelichen und spotlichen bedeuchte, sintemal niemand itzt im leben, der die geschichte gesehen oder herlebet hette, wen das bedeuchte, der sol gedencken, das die klugen philosophi Salustius Crispus und Titus Livius und derselben noch mehre viel dinges geschrieben, das sie nicht gesehen haben und nicht erlebet, sondern vor iren zeiten viel jare geschehen sind, aber solches haben sie von warhafftigen leuten gehöret oder in glaublichen schrifften gelesen; auch sol er gedencken an diejenige, die unsers glaubens und christenleute gewest seyn, als sanct Hieronimus, der da schreibet in vitis Patrum von des ersten einsidels, von sanct Paulus leben, das er nicht gesehen hat, sondern gar ferne jare vor ime gewest ist, darzu sanct Ambrosius, der da schreibet die passion von der heiligen jungfrauen Agnes, der sie auch nicht gesehen hat, sondern auch vor ime geschehen war. Und dergleichen findet man noch viel mehr, die geschrieben haben aus dem munde der frommen warhafftigen leute oder aus glaubhafftigen schrifften.«

Mittelalterliche Augenzeugenschaft und Erinnerungskritik

Den Werken dieser und anderer mittelalterlicher Historiografen ist grundsätzlich mit Verdacht zu begegnen, folgt man den Maximen einer »historischen«, näherhin »neurokulturell orientierten Memorik«, wie sie Johannes Fried entworfen hat. Dieser von ihm so benannte »Anfangsverdacht gegen Erinnerungszeugnisse« habe überall da einzusetzen, wo das menschliche Gedächtnis eine Durchgangsstation zwischen vergangenem Geschehen und schriftlicher Aufzeichnung bilde. Grundlage dieses Misstrauens ist ein Komplex neurowissenschaftlicher und kognitionspsychologischer Erkenntnisse, denen zufolge das menschliche Gehirn – genetisch bedingt – imstande ist, aufgrund seiner neuronalen Funktionsweise Gedächtnisinhalte zu verformen, mithin zu manipulieren, ohne dass diese Vorgänge ins Bewusstsein treten und also rationaler Kontrolle zugänglich seien. Methodologisch leitet Fried daraus eine Umkehr der Beweislast ab: »Alles kann falsch sein; so muß prinzipiell alles als falsch betrachtet werden« (Fried, 2004, S. 369). Aufgabe der Quellenkritik sei daher eine erinnerungskritische Prüfung mindestens der erzählenden Quellen, ohne dass angenommen werden dürfe, dass Erinnerungskritik »die ganze Wirklichkeit erfassen oder ›wiederherstellen‹« könne (ebd., S. 372). Um Spuren der modulierenden Tätigkeit des Gehirns aufdecken zu können, seien Kenntnisse der Verformungstypen, wie zum Beispiel Teleskopie, Überschreibung oder Inversion vonnöten. In jedem einzelnen Fall verlange eine gedächtniskritische Analyse das Vorhandensein vierer Erinnerungstypen: 1. der Erinnerung, 2. der Gegenerinnerung(en) aller anderen beteiligten Parteien, 3. der Parallelerinnerungen der übrigen Beteiligten und 4. neutraler Kontrollzeugnisse. »Fehlt einer dieser Erinnerungstypen, ist keine Gedächtnisleistung abschließend zu interpretieren« (ebd., S. 378) – und dies ist durchaus im Sinn einer geschichtswissenschaftlich validen Aussage zu verstehen. Denn: »Kritik, Kontrolle und Rückführung der Verformungen auf eine ursprüngliche Wahrnehmung und wirkliche Sachverhalte ist das vordringlichste Ziel der geschichtswissenschaftlichen Memorik« (ebd., S. 380). Intentionalität, die Kategorie der *causa scribendi* rücken in den Hintergrund beiläufiger Erwähnung. Dass historische Evidenz ein Produkt von Aushandlung ist, in der Historiograf:innen bis auf den heutigen Tag festlegen, bei welchem Grad und welcher Qualität von Bezeugung durch schriftliche und mündliche Quellen sich historische Glaubwürdigkeit einstellt, hat keinen Ort in einem Modell, in dem trotz allen Bewusstseins über Konstruktivität die

Gewinnung von – vergangener – Wirklichkeit nach einem binären Modus: Ist es so gewesen oder ist es nicht so gewesen? erfolgt. Anderenfalls hätten die irrlichternden Verformungsfähigkeiten des menschlichen Hirns nicht ein solches Beunruhigungs- und Gefahrenpotenzial an sich, wie es Frieds Theorie einer historischen Memorik durchzieht.

Ein Schluss in sechs Thesen

1. Zeitzeugenschaft, näherhin Augenzeugenschaft – »qui interfuit« – bildet in der mittelalterlichen Geschichtsschreibung eine aus der Antike überkommene Kategorie, die die Historiografie, unterschieden von Chronografie, fundierte. Sie schloss nicht aus, über weiter zurückliegende Zeiten, gegebenenfalls in universalhistorischer Perspektive, zu berichten, da dies im Modus des Zitats oder der zitierenden Adaptation vorhergehender Schriften möglich war.
2. Die Zeitzeugenschaft der Historiograf:innen oder die ihrer Informant:innen war insbesondere geeignet, den den geschichtlichen Schriften allgegenwärtig unterliegenden Anspruch auf Wahrheit des Mitgeteilten und also Glaubwürdigkeit der Mitteilenden zu stützen. Da auch mittelalterlichen Autor:innen nicht verborgen war, dass sich mit dem menschlichen Erinnerungsvermögen Probleme verbanden, wählten sie Strategien der Verstärkung der Wahrhaftigkeit ihrer lebenden Quellen: Diese galten als in höchstem Maße vertrauenswürdig und womöglich durch ihr Alter befähigt, sich an weiter Zurückliegendes zu erinnern und ihre Glaubwürdigkeit schon vielfach unter Beweis gestellt zu haben. Zudem konnten sie in großer Zahl zusammengeführt worden sein und also zusätzlich durch die Quantität ihres Auftretens bezeugend und überzeugend wirken.
3. Das Moment der Mündlichkeit, das durch den Bezug auf Zeit- und Augenzeugenschaft in die historiografische Schrift gelangte, sollte weniger als ein Beleg für die Oralität der mittelalterlichen Gesellschaft aufgefasst werden denn als ein Prinzip schriftlicher, rhetorikgestützter Tradition, aus dieser entnommen und in solche führend. Vergleichend zu untersuchen wäre beispielsweise seine Verankerung im Recht und dessen Verfahren.
4. Die historiografische Wertschätzung von Zeitzeugenschaft rekurriert auf ein Modell der Wertschätzung sinnlicher, insbesondere visueller

Wahrnehmung, das ebenfalls aus antiken Autoren tradiert ist und wird. Die Bedeutung von Augenzeugenschaft in der christlichen Religion und Religiosität konnte diesen Aspekt nur verstärken. Die modernen Kognitionswissenschaften bieten experimentell gewonnene Forschungsergebnisse, die auf die Relevanz von Sinnes-, und insbesondere visuellen Eindrücken bei der Formierung und Enkodierung von Gedächtnisinhalten verweisen.

5. Ist also das Gedächtnis des mittelalterlichen Historiografen: sein eigenes, das seiner Zeug:innen und im übertragenen Sinn das, das er oder sie durch die Schrift stiftet, durch »Gedächtniskritik« zu reparieren? Die mittelalterlichen Antworten aus der Praxis zeigen, dass durch die Kombination mehrerer Verfahren eine Annäherung an die größtmögliche Menge Richtigkeit, Zutreffendsein, bezüglich vergangenen Geschehens gesucht wurde. Diese waren eigener Augenschein, Hörensagen und schriftlich vorliegende Überlieferung. Die menschliche Gedächtnisfähigkeit stand eher als eine moralische Kategorie denn als eine physiologisch begründete zur Debatte, da sie für eine Sache der persönlich ausgeübten und auszuübenden Wahrhaftigkeit gehalten wurde. Die vorgeschlagene geschichtswissenschaftliche Gedächtniskritik hingegen beruht auf der – kognitionswissenschaftlich wohlbegründeten – These, dass den Menschen ihre Fähigkeit zur Wahrhaftigkeit abzusprechen sei, da ihre biologisch-physiologische Konstitution sie unhintergehbar daran hindere, sie zu haben und auszuüben. Vorausgesetzt wird, dass sich an den – nach gegenwärtigem wissenschaftlichem Verständnis – neuronal bedingten Funktionsweisen des menschlichen Gehirns für den Homo sapiens im Lauf seiner Entwicklung kaum etwas geändert habe, zumindest nicht innerhalb der Zeitspanne, in der er uns erhaltene, schriftliche Aufzeichnungen hinterlassen hat und hinterlässt. Das mag angesichts der evolutionsgeschichtlich minimalen Phase seiner Existenz zutreffen. Dennoch kann daraus nicht auf eine historische Invarianz des Erinnerungsvermögens geschlossen werden. Dies ließe sich allgemein beziehungsweise vergleichsweise mit Erkenntnissen der Körpergeschichte über die sozio-kulturelle Konstruktivität historischer Körper begründen. Es lässt sich jedoch auch kognitionswissenschaftlich herleiten, wenn man nicht reduktionistischen Theorien lauscht. Das menschliche Erinnerungsvermögen wäre also als kulturell konfiguriert zu konzipieren. Zudem wären sonst Techniken, die kultu-

rellem Wandel unterliegen, nie jeweils erfolgreich gewesen: Lernen hätte nicht mit verschiedenen Methoden in unterschiedlichen historischen Epochen zu Erfolgen führen können; bestimmte Memorialtechniken wären nicht nur zeitweise, sondern stets und unverändert für hinreichend erfolgreich gehalten worden. Daher lässt sich nicht ohne Weiteres – und wenn nur implizit – von einer substanziellen Analogie mittelalterlicher Gedächtnisleistungen zu uns gegenwärtigen ausgehen, zumal wenn man die mediävistischerseits angestellten Beobachtungen über die Ausbildung und Prägung der menschlichen Memorialfähigkeiten in mittelalterlichen Zeiten mit einbezieht. Es ließe sich einwenden, dass mittelalterliche Historiograf:innen und ihre Zeugen und Zeuginnen eben nicht mit durch Lernen systematisch abgelegten Gedächtnisinhalten befasst waren. Am Argument der auch kulturellen Formiertheit des Gedächtnisses ändert das nichts.

6. Dennoch könnten die für die Gedächtniskritik ermittelten, neuronal bedingten Fehlertypen durchaus auch historisch zutreffend sein. Aufgrund der physiologischen Grundausstattung menschlicher Gehirne dürften sie es sogar sein. In der historischen Distanz stellt sich jedoch die praktische Frage nach der Analyse und Kategorisierung der Fehler. Die ihnen anhaftenden, bewussten Strategien von Aussage und Überzeugung, die dahinterliegenden Muster von Vorstellungen und Werthaltungen, wie bewusst auch immer sie sein mögen, wollen erschlossen sein, ehe an eine Typologisierung der noch tiefer liegenden, unbewussten Verzerrungen des Gewesenen auch nur zu denken ist. Eine Gedächtniskritik jenseits der Quellen- und Textkritik läuft daher Gefahr, Einbußen an wissenschaftlicher Validität zu erleiden, da sie kaum Sicherheit über ihren Gegenstand erreichen kann: Analysiert sie gerade intendierte Quellenformierungen, welchen Kontextes auch immer, oder wirkliche Gedächtnisfehler? Der Schleier des mittelalterlichen Gedächtnisses beim Wort genommen ist also durch Gedächtniskritik kaum zu lüften. Aber er besteht zu großen Teilen aus Texten, und für den Umgang mit *textus* und *texere* hat die Geschichtswissenschaft – und nicht nur sie – zahlreiche Mittel parat (vgl. die Beiträge in Kuchenbuch & Kleine, 2006). Sie wird die mittelalterlichen Historiografen und Historiografinnen nicht aus dem Geflecht der *causae scribendi*, Muster, Stereotype, Rezipierendenwünsche, lebensweltlichen Umstände und weiter vorstellbaren Kontexte entlassen, das dichtgewebt

vor den unverantworteten, weil nicht verantwortbaren, Verzerrungen auch ihrer biologisch unzuverlässigen Gedächtnisse gelegen hat.

Literatur

Assmann, J. (2004, 6. Oktober). Von Haus aus unzuverlässig. Johannes Fried erklärt das Erinnerungsvermögen aus einem Wechselspiel von Kultur und Gehirn. *Frankfurter Rundschau* (Literaturbeilage), 14; zit. nach Rezensionsnotiz in Perlentaucher.de. https://www.perlentaucher.de/buch/johannes-fried/der-schleier-der-erinnerung.html (02.08.2024).
Aulus Gellius (2004 [1968]). *Noctes Atticae*. Hrsg. von P. K. Marshall (Scriptorum Classicorum Bibliotheca Oxoniensis), Bd. 1. Oxford: Oxford University Press.
Brunhölzl, F. (1989). Gellius (Aulus G.) im Mittelalter. In *Lexikon des Mittelalters* 4 (Sp. 1205–1206). München, Zürich: Artemis Verlag.
Carruthers, M. J. (1990). *The Book of Memory. A Study of Memory in Medieval Culture* (Cambridge Studies in Medieval Literature, 10). Cambridge u. a.: Cambridge University Press.
Beda Venerabilis (1969). Bede's Ecclesiastical History of the English People. Hrsg. von B. Colgrave & R. A. B. Mynors (Oxford Medieval Texts). Oxford: Clarendon Press.
Conradus Hirsaugiensis (2024). *Dialogus super auctores sive Didascalon*. In Geschichtsquellen des deutschen Mittelalters. https://www.geschichtsquellen.de/werk/1274 (Bearbeitungsstand: 12.04.2024) (27.08.2024).
Dendorfer, J. (2013). Canossa – keine Wende? Mehrfachbesprechung von Johannes Fried: Canossa. Entlarvung einer Legende. Eine Streitschrift, Berlin 2012. Einführung. *sehepunkte, 13*(1) [15.01.2013]. https://www.sehepunkte.de/2013/01/forum/canossa-keine-wende-brmehrfachbesprechung-von-johannes-fried-canossa-entlarvung-einer-legende-eine-streitschrift-berlin-2012-163/ (06.01.2024).
Drews, W. & Schlie, H. (Hrsg.). (2011). *Zeugnis und Zeugenschaft. Perspektiven aus der Vormoderne*. München: Wilhelm Fink Verlag.
Einhardus (1911). *Vita Karoli Magni*. Hrsg. von O. Holder-Egger (Monumenta Germaniae Historica. Scriptores rerum Germanicarum in usum scholarum separatim editi, Bd. [25]) (6. Aufl.). Hannover, Leipzig: Hahnsche Buchhandlung.
Eusebius von Caesarea (1932). *Kirchengeschichte*. Aus dem Griech. übers. von Philipp Haeuser (Bibliothek der Kirchenväter, 2. Reihe, Bd. 1: Ausgewählte Schriften, Bd. 2). München: Verlag Josef Kösel & Friedrich Pustet.
Eusebius von Caesarea (1999). *Eusebius Werke, Zweiter Band, Erster Teil: Die Kirchengeschichte*. Hrsg. von Eduard Schwartz und Theodor Mommsen (2., unveränd. Aufl. von Friedhelm Winkelmann) (Die griechischen christlichen Schriftsteller der ersten Jahrhunderte, Neue Folge, Bd. 6,1, 1. und 2. Teil). Berlin: Akademie Verlag (Nachdruck).
Fried, J. (2004). *Der Schleier der Erinnerung. Grundzüge einer historischen Memorik*. München: C. H. Beck.
Fried, J. (2012). *Canossa: Entlarvung einer Legende. Eine Streitschrift*. Berlin: Akademie Verlag.

Goetz, H.-W. (1985). Die »Geschichte« im Wissenschaftssystem des Mittelalters. In F.-J. Schmale (Hrsg.), *Funktion und Formen mittelalterlicher Geschichtsschreibung. Eine Einführung* (Die Geschichtswissenschaft) (S. 165–213). Darmstadt: Wissenschaftliche Buchgesellschaft.

Goetz, H.-W. (1999). *Geschichtsschreibung und Geschichtsbewußtsein im hohen Mittelalter* (Orbis mediaevalis. Vorstellungswelten des Mittelalters, Bd. 1). Berlin: Akademie Verlag.

Isidorus Hispalensis (1911). *Isidori Hispalensis episcopi Etymologiarum sive Originum libri XX*. Hrsg. von Wallace M. Lindsay (Scriptorum Classicorum Bibliotheca Oxoniensis). 2 Bde. Oxford: Clarendon Press; zit. nach San Isidoro de Sevilla (1993). *Etimologías. Edicion bilingüe*. Hrsg. von Jose Oroz Reta und Manuel-A. Marcos Casquero, Bd. 1 (Biblioteca de Autores Cristianos 433) (2. Aufl.). Madrid: La Editorial Católica.

Konrad von Hirsau (1970). Dialogus super Auctores. In *Accessus ad auctores. Bernard d'Utrecht. Conrad d'Hirsau: Dialogus super Auctores. Édition critique entièrement revue et augmentée*. Hrsg. von R.B.C. Huygens (S. 71–131). Leiden: E.J. Brill.

Kuchenbuch, L. & Kleine, U. (Hrsg.). (2006). *›Textus‹ im Mittelalter. Komponenten und Situationen des Wortgebrauchs im schriftsemantischen Feld* (Veröffentlichungen des Max-Planck-Instituts für Geschichte, Bd. 216). Göttingen: Vandenhoeck & Ruprecht.

Lenski, R. (2004, 4. Oktober). Philipp Haeuser (1876–1960). Pfarrer und Kämpfer für den Nationalsozialismus. https://www.zukunft-braucht-erinnerung.de/philipp-haeuser/ (06.01.2024).

Marcus Tullius Cicero (1986). *De oratore*. Übers. und hrsg. von Harald Merklin (2., durchges. und bibliogr. erg. Aufl., Nachdr.). Stuttgart: Reclam.

Müllerburg, M. (2005). Rezension zu: Fried, Johannes: Der Schleier der Erinnerung. Grundzüge einer historischen Memorik. München 2004. *H-Soz-Kult*, 16.03.2005, www.hsozkult.de/publicationreview/id/reb-6860 (06.01.2024).

Peter von Dusburg (1984). *Chronik des Preussenlandes*. Übers. und erl. von K. Scholz & D. Wojtecki (Ausgewählte Quellen zur deutschen Geschichte des Mittelalters. Freiherr vom Stein-Gedächtnisausgabe, Bd. 25). Darmstadt: Wissenschaftliche Buchgesellschaft.

Plautus (2001). *Truculentus*. Hrsg., übers. und komm. von Walter Hofmann (Texte zur Forschung, Bd. 78), Darmstadt: Wissenschaftliche Buchgesellschaft.

Rodulfus Glaber (1989). *Historiarum libri quinque*. Hrsg. und übers. von J. France (Oxford Medieval Texts). Oxford: Clarendon Press.

Rothfels, H. (1953). Zeitgeschichte als Aufgabe. *Vierteljahrshefte für Zeitgeschichte, 1*, 1–8.

Salimbene de Adam (1998). *Cronica*, Bd. 1 a. *1168–1249*. Hrsg. von G. Scalia (Corpus Christianorum Continuatio Mediaeualis, Bd. 125). Turnhout: Brepols.

Salimbene de Adam (1999). *Cronica*, Bd. 2 a. *1250–1287* (Corpus Christianorum Continuatio Mediaeualis, Bd. 125 A). Hrsg. von G. Scalia. Turnhout: Brepols.

Salimbene de Adam (2022). In *Geschichtsquellen des deutschen Mittelalters* https://www.geschichtsquellen.de/autor/4680 (Bearbeitungsstand: 01.09.2022) (06.01.2024).

Salimbene de Adam, Cronica (2024). In Geschichtsquellen des deutschen Mittelalters. https://www.geschichtsquellen.de/werk/4281 (Bearbeitungsstand: 22.08.2024) (27.08.2024).

Scholz, U.W. (1994). Annales und Historia(e). *Hermes, 122*, 64–79.

Tischler, M.M. (2001). *Einharts Vita Karoli. Studien zur Entstehung, Überlieferung und*

Rezeption (Monumenta Germaniae Historica. Schriften, Bd. 48, 1-2). Hannover: Harrassowitz Verlag.

Wigand Gerstenberg von Frankenberg (1989). *Die Chroniken des Wigand Gerstenberg von Frankenberg*. Bearb. von H. Diemar (Veröffentlichungen der Historischen Kommission für Hessen 7. Chroniken von Hessen und Waldeck, Bd. 1) (2. unveränd. Aufl.). Marburg: Elwert.

William of Malmesbury (1998). *Historia novella. The Contemporary History*. Hrsg. von E. King, übers. von K. R. Potter (Oxford Medieval Texts). Oxford: Oxford University Press.

Zedelmaier, H. (1992). *Bibliotheca universalis und Bibliotheca selecta. Das Problem der Ordnung des gelehrten Wissens in der frühen Neuzeit* (Beihefte zum Archiv für Kulturgeschichte, Bd. 33). Köln, Weimar, Wien: Böhlau.

Biografische Notiz

Sabine Schmolinsky, Prof. Dr. phil., ist seit 2009 Professorin für Mittelalterliche Geschichte an der Universität Erfurt. Davor hat sie als Germanistin an der Ludwig-Maximilians-Universität München und als Historikerin an der Helmut-Schmidt-Universität/Universität der Bundeswehr Hamburg geforscht und gelehrt. Zu ihren Forschungsschwerpunkten zählen Selbstzeugnisforschung, die Kulturgeschichte religiöser Lebensformen, Geschlechtergeschichte, Fragen der Konzeptualisierung von »Mittelalter« und »Mediävistik«.

TEIL II
Oral-History-Interpretationswerkstatt

Gedächtnisspuren

Oral-History-Interpretationswerkstatt
Einführung

Agnès Arp

»Oral History« bedeutet wörtlich übersetzt »mündliche Geschichte«. An diesen beiden Begriffen scheiden sich seit den 1960er Jahren die Geister, als die Oral-History-Bewegung über die USA und mit dezidierten soziologischen Traditionen in vielen europäischen Ländern ankam und sich national jeweils mit unterschiedlichen Prägungen weiterentwickelte (Arp et al., 2019).

> »Wer die Bezeichnung ›Oral History‹ vorzieht, möchte vor allem den Unterschied zur traditionellen historischen Disziplin unterstreichen. [...] Diese Position schwankt zwischen der Absicht, die eigene Besonderheit zu betonen, und dem Risiko, scharfe Grenzen zu ziehen und oft unnötige Barrieren zwischen den Disziplinen zu errichten« (Musso, 2013, S. 204).

Die Oral History hat ihre Wurzeln in der Anthropologie, der Ethnologie sowie in der Soziologie und entwickelte bis in die 2010er Jahre eine eigene Forschungsmethode, die – anders als eine eigene Disziplin es tut – Wissenschaftler:innen unterschiedlicher Denkrichtungen und Prägungen zusammenbringt. Luisa Passerini nannte im Interview die Besonderheiten der einzelnen Disziplinen und betonte ergänzend dazu zu Recht: »Der Wille, zwischen den Disziplinen klare Grenzen abzustecken, Pflöcke einzuschlagen? Nein, es ist keine Absicht, Bereiche abzustecken, es gibt ein Erbe, das nicht verloren gehen darf, und das Erbe unterscheidet sich von Disziplin zu Disziplin« (ebd., S. 200). Die Oral History pflegt diese methodische Offenheit seit Jahren und ist heute in Deutschland eine anerkannte Methode innerhalb der Geschichtswissenschaften.

Wer sich mit Oral History beschäftigt, befindet sich in einer immer wiederkehrenden Auseinandersetzung mit der Glaubwürdigkeit mündlicher Quellen und den darin enthaltenen Erinnerung(en), die eine Beschäftigung mit dem Verhältnis von Erlebnis, Erinnerung und Erzählung und mit den jeweiligen erzählerischen Intentionen der Interviewten erfordert. Zudem obliegt es den Forschenden, dem nachzugehen, was die Interviewten selbst erinnern beziehungsweise eben nicht erinnern oder nicht erzählen, und dem, was diese sich im Nachhinein an Wissen (»Pseudoerinnerung«, vgl. Loftus, 1997) angeeignet haben. Erinnerungen sind keine konstanten und unveränderliche Abbilder von Erlebnissen oder Erfahrungen aus der Vergangenheit, sondern werden über die Zeit hinweg anhand unterschiedlicher Einflüsse verändert und geprägt. Auch durch die Weitergabe von Erinnerungen innerhalb unterschiedlicher Konstellationen beispielsweise im mündlichen Dialog/Interview werden Erinnerungen transportiert und gegebenenfalls verändert. Hierbei unterliegen sie unterschiedlichen Einflüssen: Der Kontext des Interviews (Momentaufnahme, Situation, Interaktion, Stimmung etc.) beeinflusst die Erinnerungsarbeit, die immer wieder auf eine Rekonstruktion hinsteuert und zu möglichen Verzerrungen führt. Indem wir ein Ereignis mit vorher vorhandenen Informationen im Nachhinein neu bewerten, entstehen »Rückschaufehler« (von der Beck et al., 2019). In der Oral History versuchen wir, unterschiedliche Erfahrungsaspekte im Interview abzufragen und dafür alle Lebensbereiche der Person anzusprechen. Mit einem »Gedächtnisspurenwechsel«[1] (vgl. Settele & Nolte, 2017, S. 125) gelangt man in lebensgeschichtlichen Interviews zu emotionalen Erfahrungen, die nicht zum Erzählen gekommen wären, wenn die interviewte Person ihrem eigenen Skript gefolgt wäre. Dabei werden die sogenannten episodischen, semantischen und prozeduralen Gedächtnisse abgefragt (vgl. Erll, 2017, S. 80f.) und willkürliche und unwillkürliche Assoziationen hervorgerufen.

Als »Erinnerungsinterviews« unterscheiden sich die historischen Interviews von soziologisch geprägten narrativen Interviews, aber auch von Zeugenaussagen bei Gericht und von psychoanalytischen Gesprächen. Lutz Niethammer schreibt hierzu:

> »Während der Vergleich mit dem Setting der Psychoanalyse zunächst vor allem darüber belehrt, was ein Erinnerungsinterview nicht ist (keine Therapie, keine Exploration der lebensgeschichtlichen Frühprägung, kein Durch-

---

1 Mit dem Begriff »Gedächtnisspur« werden Engramme im Gehirn bezeichnet (siehe dazu Erll, S. 79–82).

arbeiten individueller Verdrängungen usw.), und insofern Erwartungen an seinen Beitrag zur Aufklärung des ›subjektiven Faktors‹ zu dämpfen geeignet ist, lassen sich doch auch gemeinsame Dimensionen erkennen. Eine betrifft die Zulassung aufbrechender Erinnerungen und ihre assoziative Vernetzung, wenn das Subjekt sich der Komplexität seiner Lebensgeschichte nähert und durch den selbstempfundenen Zwang zur Erläuterung seiner Erinnerungen im Gespräch auch Vergessenes wieder aktiviert. Das erfordert ein Gegenüber, das nicht einen Erwartungshorizont aufreißt und kein Schema vorgibt, das nicht alles schon zu wissen meint und durch Fragen die Belege strukturiert und abruft, sondern auch Umwege mitgeht, neugierig zuhört, sorgfältig auch die Nebenhandlungen beobachtet und seine Wahrnehmungen und Irritationen mitteilt, damit der Erzähler eine Chance bekommt, zu entscheiden, ob er z. B. verlorene Gesprächsfäden wieder aufnehmen, Ausgespartes füllen oder naheliegende Deutungen entkräften kann und will. Diese Mischung aus verhaltener Zuwendung und wahrnehmender Distanz des Zuhörers, die Lebensgeschichten interessant macht, setzt freilich voraus, dass es dem Interviewer im Gegensatz zum üblichen Setting eines Interviews gelingt, die Initiative ein Stück weit dem Befragten zuzuschieben, und dass seine Wahrnehmungsfähigkeit und Mitmenschlichkeit an der eigenen Lebensgeschichte geschult ist« (vgl. Niethammer, 1985, S. 399f.).

Innerhalb der BMBF-Forschungsverbünde »Diktaturerfahrung und Transformation« und »Seelenarbeit im Sozialismus« wurden während der Förderlaufzeit zahlreiche, meist biografisch angelegte Interviews von Kolleg:innen unterschiedlicher Disziplinen – jedoch unter einer historischen Fragestellung – geführt. Wie es aber so oft der Fall ist, kommen Interviewer:innen im Bereich der Geschichtswissenschaften selten mit dem Ziel zusammen, ihre selbst erhobene Quelle methodisch zu besprechen oder kritisch zu deuten. Diese Gelegenheit wollte ich anlässlich des gemeinsamen zweitägigen Workshops der beiden Forschungsverbünde Kolleg:innen verschiedener Teilprojekte inklusive dem Forschungsverbund »Landschaften der Verfolgung« anbieten. Damit sollte der Fokus stärker auf laufende Interviewprojekte als auf fertige, interviewbasierte Ergebnisse gelegt werden, um erstens auf die Wichtigkeit eines professionellen Austauschs während der Interviewphase aufmerksam zu machen und zweitens auf ein Desiderat zu lenken, das innerhalb der Geschichtswissenschaften/neuesten Geschichte immer noch herrscht, nämlich die mangelnde Routine im methodischen Dialog über das eigene Interviewmaterial.² Nur selten erhält die Erhebungs- und Auswertungsmethode unter Historiker:innen eine zentrale Stellung, über die ein gegenseitiger Austausch stattfindet. Dies ist nicht zuletzt deshalb der Fall, weil die Oral-History-Methode noch nicht (ausreichend?) in der universitären Lehre innerhalb des Geschichtsstudiums verankert ist – eine Situation, die wir allerdings an der Oral-History-Forschungsstelle zur ostdeutschen Erfahrung (OHF) ändern möchten.³

An der OHF bieten wir seit September 2022 im zweimonatigen Rhythmus Forschenden die Möglichkeit, eigenes Interviewmaterial (max. 10 Minuten aus einem einzigen Interview, das mit Transkript und Metadaten für die Teilnehmenden vorbereitet wird) mit anderen Gleichgesinnten aus verschiedenen Disziplinen im Rahmen eines zweistündigen Kolloquiums meist online und in einem geschützten Rahmen zu besprechen.⁴ Dabei gehen die Teilnehmer:innen auf das eingebrachte Material vertieft ein und bringen ihre eigenen Impulse, Gedanken und Beobachtungen in Bezug zu ihrem fachlichen Hintergrund und im Rahmen des jeweiligen methodischen Zugangs in die gemeinsame Interpretation des Erzählten ein. So werden neue Aspekte der Quelle beleuchtet, indem ein Raum für Vielschichtigkeit, Widersprüche und Nuancen entfaltet wird. Diese Zusammenarbeit bietet für die Forschenden sowohl ein produktives Nachdenken und neue reflektorische Zugänge als auch die Möglichkeit, die Qualitätssicherung von Verstehensprozessen zu dokumentieren (vgl. Reichertz, 2013). Eine fundierte Erfahrung mit qualitativen Auswertungsmethoden wird unter den Teilnehmenden nicht vorausgesetzt, vielmehr wird über den

---

2   Anmerken möchte ich an der Stelle, dass diese Situation innerhalb der qualitativen sozialwissenschaftlichen Forschung auch zu beobachten ist, wenngleich mit weniger Brisanz. Zum Thema der Integration qualitativer Methoden in die universitäre Lehre und der Zunahme von Methodenzentren in Deutschland siehe den informativen Artikel von Fiona Kalkstein und Günter Mey (2021).
3   Unser Ziel es ist, eine zertifizierte Lehre der Oral History zu etablieren. Im Mittelpunkt der Oral-History-Forschungsstelle an der Universität Erfurt steht die »ostdeutsche Erfahrung«. Im Internet finden sich nähere Informationen dazu auf den Seiten der Professur für Neuere und Zeitgeschichte und Geschichtsdidaktik der Universität Erfurt (https://www.uni-erfurt.de/philosophische-fakultaet/seminare-professuren/historisches-seminar/professuren/neuere-und-zeitgeschichte-und-geschichtsdidaktik [26.03.2024]).
4   Siehe die Rubrik »Wissenschaftlicher Austausch« (https://www.uni-erfurt.de/philosophische-fakultaet/seminare-professuren/historisches-seminar/professuren/neuere-und-zeitgeschichte-und-geschichtsdidaktik/oral-history-forschungsstelle/wissenschaftlicher-austausch [26.03.2024]).

Zugang hilfestellender Fragen eine Diskussion angeregt, die einige Besonderheiten des Falles herauszustellen vermag. Dabei gehen wir bestimmte Schritte durch, hören uns die Auszüge intensiv an und machen uns dazu Notizen. Was hören wir? Welche Fragen entstehen? Was löst das Hören bei uns aus? Welche Themen kehren im Laufe des Interviews immer wieder? Welche Themen werden eher vermieden? An welchen Stellen beschreibt die interviewte Person ihre Erfahrungen besonders ausführlich und detailreich? Irritieren manche Formulierungen in ihrer Erzählung? Wie ordnet die interviewte Person ihre Erfahrungen ein? Welche Aspekte scheinen ihr relevant, welche weniger? Das gemeinsame Interpretieren in der Gruppe wurde als bewährter Austausch in der qualitativen Forschung maßgeblich von Anselm Strauss, einem der Hauptvertreter der Grounded Theory, geprägt (vgl. Riemann, 2005). Zentral dabei bleibt das Gebot, einen Raum der reflexiven Offenheit und des gegenseitigen Vertrauens zu gewährleisten (vgl. Niermann, 2016).

Die drei folgenden Interviewauszüge wurden in der Geschichtswerkstatt im Rahmen des Workshops »Erinnern und Vergessen« vorgestellt und gemeinschaftlich interpretiert. Hierbei wurde auf eine einheitliche Aufbereitung des Materials geachtet, wobei die Metadaten des Interviews mitberücksichtigt wurden. Sie enthalten Informationen zum Forschungsinteresse, zur Fragestellung innerhalb des jeweiligen wissenschaftlichen Projekts, zum Zugang bezüglich der Interviewpartner:innen und ein Statement zur Selbstreflektion als Interviewer:in (Eindrücke, Gedanken zum Interview), das einen Einstieg in das Material und eine Begründung für die Auswahl liefert. Ebenfalls wurde eine Kurzbiografie der Interviewpartner:innen und die Verortung des Analysematerials bezüglich des Gesamtumfangs der Analysequellen geliefert. Schließlich wurden anhand der Interviewauswahl erste Interpretationsstränge angeboten und besonders Unverständnisse, Irritationen, Widersprüche etc. problematisiert und zur offenen Deutungsarbeit angeboten.

Carsta Langner, Politikwissenschaftlerin und Historikerin an der FSU Jena, geht mit ihrem themenzentrierten, teil-narrativen Interview auf Diskriminierungserfahrungen einer in die DDR immigrierten Frau aus der Mongolei ein (Forschungsprojekt: »Solidarität und Gewalt. Migrantische Erfahrungen und migrationspolitisches Engagement«). Ihre Auswertungsarbeit fängt mit ihren Fieldnotes an. Für ihre methodischen Überlegungen bedient sie sich sowohl bei der rekonstruktiven Fallanalyse von Gabriele Rosenthal als auch bei der qualitativen Inhaltsanalyse von Philipp Mayring.

Ihre Interviews verortet sie dabei als ergänzendes Material zu den Archivquellen.

Hariet Kirschner, Soziologin am Universitätsklinikum Jena, stellt uns eine Textsequenz vor. Sie untersucht anhand von lebensgeschichtlichen Interviews die Berufsbiografien der Psychotherapeut:innen in der DDR unter professionssoziologischem und medizinhistorischem Forschungsinteresse (Kirschner et al., 2024). Sie wertet ihre Interviews mit der Grounded Theory aus. Für einen ersten Einstieg in die Interpretation wurden im Plenum folgende Fragen formuliert: Welchen Gesamteindruck hinterlässt die vorgestellte Textstelle? Welchen Eindruck erhält man von der Interviewten? Wo stellen sich Brüche oder Uneindeutigkeiten in der Erzählung dar? Auf welche Themen fokussiert die Interviewte in ihrer Beschreibung? Welche Themen werden ausgelassen?

Schließlich geht Marie Busch, Psychologin in Halle, in ihrem Beitrag auf die Lebensgeschichte einer Psychotherapiepatientin in der DDR ein. Ihre Falluntersuchung fokussiert auf die Bedeutung der intendiert-dynamischen Gruppenpsychotherapie (IDG) (Karkossa et al., 2023) in der Biografie einer ehemaligen Psychotherapiepatientin, die sich vor 1989/90 mehrmals in psychotherapeutische Behandlungen nach IDG-Konzept begab. Es wird zum einen nach den lebensgeschichtlichen Voraussetzungen gefragt, die zu der Inanspruchnahme der IDG führten, zum anderen nach der Funktion der IDG im biografischen Gesamtzusammenhang. Zur Beantwortung beider Forschungsfragen wurde eine biografische Fallrekonstruktion nach Gabriele Rosenthal auf Grundlage eines lebensgeschichtlichen Interviews durchgeführt.

Literatur

Arp, A., Leo, A. & Maubach, F. (Hrsg.). (2019). *Giving a voice to the Oppressed? The International Oral History Association as an academic network and political movement*. De Gruyter Oldenbourg. [Deutsch: Leo, A. & Maubach, F. (Hrsg.). (2013). *Den Unterdrückten eine Stimme geben? Die International Oral History Association zwischen politischer Bewegung und wissenschaftlichem Netzwerk*. Wallstein Verlag.]

Erll, A. (2017). *Kollektives Gedächtnis und Erinnerungskulturen. Eine Einführung* (3. Aufl.). J. B. Metzler.

Kalkstein, F. & Mey, G. (2021). Methoden im Zentrum! Methoden ins Zentrum? Potenziale und Grenzen universitärer Methodenzentren für die Erweiterung der qualitativen Methodenausbildung. *Forum Qualitative Sozialforschung/Forum: Qualitative Social Research*, 22(2), Art. 26. https://doi.org/10.17169/fqs-22.2.3736

Karkossa, J., Bauer, M. & Strauß, B. (2023). Die Sektion für Dynamische Gruppenpsychotherapie der Gesellschaft für Ärztliche Psychotherapie der DDR – Eine Qualitative Inhaltsanalyse der Arbeitstagungen und Symposien im Zeitraum von 1969–1990. *Gruppenpsychotherapie und Gruppendynamik, 59*(2), 87–103. https://doi.org/10.13109/grup.2023.59.2.87

Kirschner, H., Bauer, M., Arp, A., Kaufmann, T., Paripovic, G. & Strauß, B. (2024). Die Bedeutung der Bildungsbiografie für das professionelle Selbstverständnis von DDR-Psychotherapeut:innen. *Psychotherapie – Psychosomatik – Medizinische Psychologie, 74*(1), 25–34. https://doi.org/10.1055/a-2108-4445

Loftus, E. (1997). Creating False Memories. *Scientific American, 277*(3), 70–75.

Musso, S. (2013). Die IOHA als interdisziplinäres Laboratorium. In A. Leo & F. Maubach (Hrsg.), *Den Unterdrückten eine Stimme geben? Die International Oral History Association zwischen politischer Bewegung und wissenschaftlichem Netzwerk* (S. 195–239). Wallstein Verlag.

Niermann, D. (2016). Interpretationswerkstätten. QUASUS. Qualitatives Methodenportal zur Qualitativen Sozial-, Unterrichts- und Schulforschung. https://www.ph-freiburg.de/quasus/wer-kann-mir-helfen/interpretationswerkstaetten.html (10.03.2024).

Niethammer, L. (1985). Fragen – Antworten – Fragen. Methodische Erfahrungen und Erwägungen zur Oral History. In L. Niethammer & A. v. Plato (Hrsg.), *»Wir kriegen jetzt andere Zeiten«. Auf der Suche nach der Erfahrung des Volkes in nachfaschistischen Ländern* (= Lebensgeschichte und Sozialkultur im Ruhrgebiet 1930 bis 1960, Bd. 3) (S. 392–445). Verlag J.H.W. Dietz.

Settele, V. & Nolte, P. (2017). Oral History in der deutschen Zeitgeschichte. Lutz Niethammer im Gespräch. *Geschichte und Gesellschaft, 43*(1), 110–145.

Reichertz, J. (2013). *Gemeinsam interpretieren. Die Gruppeninterpretation als kommunikativer Prozess.* Springer VS.

Riemann, G. (2005). Zur Bedeutung von Forschungswerkstätten in der Tradition von Anselm Strauss. Mittagsvorlesung, 1. Berliner Methodentreffen Qualitative Forschung, 24.–25. Juni 2005. https://berliner-methodentreffen.de/wp-content/uploads/2020/07/riemann_2005.pdf (16.03.2024).

von der Beck, I., Cress, U. & Oeberst, A. (2019). Is there hindsight bias without real hindsight? Conjectures are sufficient to elicit hindsight bias. *Journal of Experimental Psychology: Applied, 25*(1), 88–99.

Biografische Notiz

Agnès Arp, Dr. phil., studierte Philosophie, Deutschen Studien und Geschichte in Paris, Berlin und Jena. 2006 promovierte sie mit einem Oral-History-Forschungsprojekt über die Lebensläufe der Privatunternehmer in der DDR bei Lutz Niethammer. Ihre Forschungsthemen sind Oral History, Narrative Medizin, die deutsche neueste Geschichte und die Auswirkungen der Transformation auf das Leben der Ostdeutschen in den neuen Bundesländern. Aktuell arbeitet sie an der Universität Erfurt, an der sie seit 2021 die Oral-History-Forschungsstelle zur ostdeutschen Erfahrung aufbaut.

»Es ist nur vorläufig, es ist nicht deine Heimat«

Über migrantische Erfahrungen im ostdeutschen Umbruch und die Herausforderung, »Differenz« zu denken

Carsta Langner

Im Jahr 2015 diagnostizierte die Leipziger Historikerin Maren Möhring, die Perspektive der in Ostdeutschland lebenden Migrant:innen sei in der Migrationsforschung eine »symptomatische Leerstelle« (Möhring, 2015, S. 406). Seither sind zahlreiche universitäre und außeruniversitäre Forschungsprojekte auf den Weg gebracht worden, die diese Lücke zu schließen versuchen. Auch das 2019 begonnene Forschungsprojekt Solidarität und Gewalt fokussiert auf migrantische Erfahrungen und migrationspolitisches Engagement, wenn es danach fragt, wie Migrant:innen in Ostdeutschland den Umbruch wahrnahmen und welche Erfahrungen zu einem migrationspolitischen und rassismuskritischen Engagement führten – auch gemeinsam mit Ostdeutschen. Angelehnt an den aktuellen zeithistorischen Forschungsstand beschreibt das Projekt den ostdeutschen Umbruch aus einer zäsurübergreifenden Langzeitperspektive, welche die 1970er bis 2000er Jahre umfasst.

Es basiert auf einer breiten Quellengrundlage, zu der sowohl staatliche als auch nicht-staatliche Unterlagen gehören; zudem werden auch Ego-Dokumente wie Briefe oder als Eingaben formulierte Bürgerpost, Fotografien und dokumentarische Filme einbezogen. Eigene Oral-History-Interviews waren zunächst nicht geplant; vielmehr sollten die individuellen Erfahrungen über Sekundäranalysen sozialwissenschaftlicher Interviews der 1990er Jahre einbezogen werden. Erst im Verlauf des Forschungsprozesses selbst fiel die Entscheidung, doch Interviews zu führen, die mittels eines standardisierten Leitfadens sowohl erzählgenerierend wirken als auch spezifische Themenkomplexe wie den politischen Umbruch oder rassistische Gewalterfahrungen beleuchten. Dies war zum einen der Erkenntnis geschuldet, dass Migrant:innen in den bisherigen historischen Studien zum Thema nur selten selbst zu Worten kamen; zum anderen aber auch mit den Forschungsfragen verbunden, die mit dem bisher zugänglichen Archivmaterial nur schwer zu beantworten sind.

Der folgende Beitrag verschriftlicht erste Erkenntnisse, aber auch mit der Methode verbundene Herausforderungen, indem ein ausgewähltes Interview tiefergehend analysiert und interpretiert wird.

Dazu stellt der Beitrag zunächst den Zugang zur Interviewpartnerin dar; anschließend werden ausgewählte Sequenzen inhaltlich ins Verhältnis sowohl zum bisherigen Forschungsstand als auch zu aus diesem abgeleiteten Forschungsdesideraten gesetzt. Abschließend diskutiert der Text die Schwierigkeit, Differenz – in diesem konkreten Fall innerhalb der (post-)sozialistischen Umbruchsgesellschaft in Ostdeutschland – zu erforschen. Bewusst wechselt der Beitrag auch in die Ich-Perspektive der Forscherin und Autorin, um das Wechselspiel zwischen erkennendem Subjekt und zu erforschendem Objekt deutlich zu machen. Dabei wird versucht, deutlich zu machen, dass sowohl die Forscherin als auch das »zu erforschende Gegenüber« jeweils Objekt-und-Subjekt gleichzeitig sind, indem die erzählte Lebensgeschichte von der Interviewerin beeinflusst wird und die Forscherin im Erkenntnisprozess selbst nicht statisch bleibt.

Wie man den Zugang zu Interviewpersonen erhält und ihn sich gleichzeitig versperren kann

Oral-History-Interviews sind als historisches Quellenmaterial durchaus umstritten. Vor allem auf den gegenwartsbezogenen Konstruktionscharakter der Erinnerung hat die bisherige Forschung bereits ausführlich hingewiesen (vgl. wegweisend Rosenthal, 1995). Historiker:innen greifen daher auch zunehmend auf zeitgenössisch erhobene Interviews zurück, um diese sekundäranalytisch produktiv zu machen (vgl. u. a. Böick, 2018; Brückweh, 2019; Villinger, 2022). Migrantische Erfahrungen erhielten im Verlauf des politischen Systemwechsels nur selten die Aufmerksamkeit von Forscher:innen. Zwar war rechte Gewalt seit den beginnenden 1990er Jahren ein omnipräsentes Thema, aber die Betroffenengruppen standen nur selten im Fokus gesellschaftlichen und wissenschaftlichen Interesses.

Zu einigen Wissenschaftler:innen, die bereits zeitgenössische Interviews mit Menschen mit migrantischen Erfahrungen geführt hatten, habe ich im Rahmen meiner eigenen, auf sekundäranalytische Auswertung zielenden Fragen Kontakt aufgenommen. Leider war das – oft in engagierten Einzelprojekten – erzeugte Interviewmaterial meist nicht mehr vorhanden: Die Forscher:innen hatten es zum Teil kurz vor Renteneintritt mit dem

Räumen des Büros vernichtet oder konnten es nicht mehr auffinden. Einige hatten auch Bedenken, dass sie die aktuellen Datenschutzkonzepte und gesetzliche Regelungen bei Weiterleitung des Rohmaterials nicht einhalten könnten. Sozialwissenschaftliche Interviews – vor allem jene abseits großer Forschungsgruppen – wurden zu Beginn der 1990er Jahre häufig entweder ohne heute gängige Datenschutzkonzeptionen oder mit dem Versprechen an die Interviewten, dass die Gespräche nur für das eigene Forschungsprojekt in anonymisierter Form genutzt werden würden, durchgeführt (vgl. u. a. Montau, 1996, S. 39).

Gleichzeitig verdeutlichte die Auseinandersetzung mit dem aktuellen Forschungsstand, dass lebensgeschichtliche Interviews mit Migrant:innen in den Fragestellungen mehrheitlich durch zwei Aspekte charakterisiert sind: Die Geschichte der Migrant:innen beginnt meist mit dem Betreten deutschen Bodens aus weit entlegenen Ländern, »as if out of nowhere« (Schenck, 2016, S. 205). Sozialisationserfahrungen werden kaum in Gänze erfasst. Ferner sind Interviewprojekte häufig durch die Erkenntnisinteressen der deutschen Wissenschaftler:innen und Gesellschaft geprägt. So fokussieren einige Interviewprojekte auf spezifische Themen wie zum Beispiel die Erfahrungen mit Rassismus und rechter Gewalt oder auf den politischen Umbruch 1989 (vgl. u. a. https:// schwindelig.org/ [26.06.2024]). Studien, die Migrationserfahrungen in Ostdeutschland mittels der ganzen Lebensgeschichten darstellen, sind bisher äußerst selten (Ausnahmen bilden vor allem die Studien von Marcia C. Schenck). So wurde in meinem Projekt deutlich, dass abseits der Analyse archivalischer Quellen anhand eines kleinen Samples die ganze Lebensgeschichte erfragt werden sollte – und gleichzeitig Fragen nach Rassismus und Erfahrungen im ostdeutschen Umbruch Raum gegeben werden müsste.

Bereits der Zugang zu möglichen Interviewpartner:innen gestaltete sich jedoch schwieriger als geplant. Im Jahr 2020 sollte ein solcher Zugang über die ehemalige »Ausländerbeauftragte« einer größeren Stadt Thüringens ermöglicht werden; ein Vorgehen, das sich später als äußerst ambivalent herausstellen sollte: Zwar hatte die städtische Ausländerbeauftragte noch guten Kontakt zu in der Stadt lebenden Menschen, für die sie, wie im Falle von Tuya Dandar[1], auf deren Lebensgeschichte im Weiteren eingegangen

---

1 Das Interview wurde am 23. Juli 2021 geführt. Die Interviewpartnerin hat sich zur Zitation ihres Interviews schriftlich bereit erklärt, aber gegen die Nennung ihres Namens.

wird, eine wichtige Ombudsfunktion eingenommen hatte. Jedoch war dieses städtische Amt bei anderen Migrant:innen durchaus umstritten. Es wurde vor allem als eine Institution zur Durchsetzung deutschen Rechts angesehen, welche die Interessen der Migrant:innen in der Stadt aus deren Perspektive nicht hinreichend vertrat.

Da die damalige Ausländerbeauftragte bereits in den Ruhestand gegangen und ihre berufliche E-Mail-Adresse nicht mehr aktiv war, bat ich sie mittels eines persönlichen Briefes um Kontakt. Nach einigen Wochen erhielt ich eine Antwort an meine berufliche E-Mail-Adresse. In einem ersten telefonischen Vorgespräch nannte sie mir im April 2020 zwei Personen, die selbst als Nichtdeutsche in den 1980er und 1990er Jahren in die Stadt gezogen waren und sofort für ein Interview bereitstünden. Nach weiteren Interessierten aus dem ihr bekannten Umfeld wollte sie selbst recherchieren.

Da im Forschungsprojekt auch die Bedeutung des politischen Umbruchs für die eigene Biografie herausgearbeitet werden sollte, sollten die Interviewpersonen bereits vor 1989 nach Ostdeutschland immigriert sein. An dieser Stelle zeigte sich in der Praxis, was die Forschung schon herausgearbeitet hat: Die Mehrheit der Migrant:innen, die bereits vor 1990 in die DDR immigriert waren, hatte die nun »neuen Bundesländer« gleich zu Beginn der 1990er Jahre verlassen (vgl. Möhring, 2015; Weiss, 2017; Weinke, 2020); neue migrationspolitisch definierte Gruppen – unter anderem Asylsuchende – immigrierten. Anders als in der »alten Bundesrepublik« gab es in der DDR keine größeren Personenkreise, die den Umbruch zäsurübergreifend erlebt hatten. Es war daher nicht einfach, passende Interviewpersonen zu finden. Das beginnende Schneeballverfahren, mittels dessen ein spezifisches Sample an Interviewpartner:innen generiert werden sollte, fiel im März 2020 exakt in den Beginn des ersten Pandemie-Lockdowns. Zahlreiche Forschungsprojekte, die auf Interviews basierten, standen vor der Entscheidung, Termine für Face-to-Face-Interviews aufzuschieben oder sie telefonisch beziehungsweise digital durchzuführen. Dies war eine herausfordernde Entscheidung. Das Erzählen der eigenen Lebensgeschichte, wie es in diesem Fall aus migrantischer Perspektive erfolgen sollte, basiert auf Vertrauen, das – so schien es zumindest – nicht in gleichem Maß im digitalen Raum erzeugt werden kann.

Im Nachgang erwies sich die Entscheidung für ein persönliches Interview als durchaus richtig.

Über die Bedeutung von Erinnerungsprotokollen

Über meine Gesprächspartnerin wusste ich vor dem Gespräch lediglich, dass sie 1989 zum Studium aus der Mongolei in die DDR gekommen war. Wir verabredeten uns für das Interview in meinem Büro, das mir als ein geschützter Raum, der zudem nicht durch private Gestaltung auffiel, erschien. Tuya Dandar rief mich von ihrem Handy an, als sie vor dem Institut angekommen war; ich hatte mich vorab in meiner Profession als Historikerin vorgestellt. Ich begleitete Tuya Dandar in mein Büro, wobei sie sehr zurückhaltend wirkte. Als sie am Tisch vor mir saß, wurde sie immer unruhiger und fragte schließlich fast ängstlich, warum ein Buch über Hitler im Regal stünde. Noch bevor Ziel, Methode und Vorgehen des Interviews näher beschrieben und um die schriftliche Einwilligung einer Aufnahme gebeten werden konnte, war die Atmosphäre von Anspannung geprägt. Die Gesprächspartnerin wurde sehr distanziert; die Öffnung hin zum Erzählen der Lebensgeschichte machte den Aufbau von Vertrauen notwendig. Für mich, als eine vorrangig im deutschen Bildungs- und Universitätssystem sozialisierte Wissenschaftlerin, stellte das Buch einen unhinterfragten Teil meines Arbeitsalltages dar. Für Tuya Dandar löste es jedoch einen Erzählimpuls aus, der so nicht geplant war und mit dem nun umgegangen werden musste. Bevor das leitfadengestützte lebensgeschichtliche Interview beginnen und das Diktiergerät eingeschaltet werden konnte, erzählte Tuya Dandar, dass ihre Eltern sie damals gewarnt hatten, nach Deutschland zu reisen. Deutschland – auch die DDR – war für die Eltern noch in den 1980er Jahren gedanklich mit dem Nationalsozialismus eng verbunden. Sie hatten Angst um ihre Tochter, die sich für ein Studium in dem fernen Land entschieden hatte. Die Sequenz findet sich nicht im Transkript des Interviews, weil das Aufnahmegerät noch nicht lief, und ist doch von hoher Bedeutung. Obwohl Tuya Dandar bereits seit mehr als 30 Jahren in Deutschland lebte, erinnerte sie sich noch gut an die Warnung der Eltern; erst am Ende des Interviews fand sich eine Erklärung, weshalb diese über Jahrzehnte hinweg präsent geblieben war.

Auf der technisch-methodischen Ebene der Interviewführung bestätigte sich, wie bedeutsam auch die Protokolle zu den Interviews selbst sind; ohne das Gedächtnisprotokoll über den ersten Austausch wäre diese Szene möglicherweise nicht mehr gegenwärtig gewesen. Die Situation veranschaulicht auch, weshalb lebensgeschichtliche Interviews im digitalen Raum nicht in der gleichen Weise funktionieren beziehungsweise nicht das gleiche Resultat erzeugen. Vielleicht wäre auch dort die historische Biografie über Adolf Hitler zu sehen, aber ein persönliches Vertrauen in der Weise nicht (wieder-)herzustellen gewesen. Im Nachgang ist dieser nichtintendierte Gesprächsimpuls aufschlussreich und wäre in seiner leibhaftigen – nicht nur sprachlichen – Äußerung nicht reproduzierbar gewesen.

Gleichzeitig verdeutlicht er auch die große Verantwortung, die Wissenschaftler:innen beim Führen lebensgeschichtlicher Interviews tragen. Häufig werden – selbst, wenn dies nicht intendiert ist – biografische Erlebnisse hervorgerufen, die mit Trauer und sogar Traumata verbunden sind; diese in den Gesprächen einzufangen, fordert beiden Gesprächspartner:innen viel ab. Häufig besteht kein Vorwissen über die persönlichen traumatischen Erfahrungen; es wird erst im Gespräch erzeugt. Im Nachgang einiger Interviews – zu denen jedoch nicht jenes von Tuya Dandar gehörte – habe ich mir als Wissenschaftlerin die Frage gestellt, ob es ethisch und moralisch vertretbar ist, derart traumatisierte Menschen in solchen Settings zu interviewen.

»Ich habe nicht viel Kopf darüber gemacht, wie es weitergehen wird« – Der ostdeutsche Umbruch als Leerstelle

Tuya Dandar wurde 1969 in der Mongolei in einem akademischen Elternhaus – Mutter und Vater waren Physiker:innen – geboren und reiste im August 1988 zunächst nach Leipzig, um, wie nahezu alle anderen ausländischen Studierenden der DDR, ein Sprachstudium am dortigen Herder-Institut aufzunehmen. Trotz Warnung ihrer Eltern hatte sie sich mit dem Ziel für die DDR entschieden, von der Mongolei möglichst weit entfernt zu leben. Im März des darauffolgenden Jahres reiste sie weiter in den Bezirk Gera, um dort ein Fachstudium zu beginnen. Bis zum Zeitpunkt des Gesprächs lebte sie im gleichen Ort.

Das Interview mit Tuya Dandar stellte auf mehreren Ebenen eine Besonderheit dar. Sie ist keine »geübte Erzählerin«, deren Lebensgeschichte bereits für journalistische, künstlerische oder wissenschaftliche Formate genutzt wurde (Pawlowitsch & Wetschel, 2020, S. 255). Sowohl auf bundesweiter als auch auf lokaler Ebene werden häufig Menschen interviewt, die bereits Formen von Öffentlichkeit hergestellt haben – sei es vermittelt über die Lokalpresse oder durch schon bestehende Interviewprojekte. Bisheriges Wissen über die Lebensgeschichten Ostdeutscher, die erst als junge Erwachsene in die DDR migrierten, speist sich daher zu großen Teilen aus medial präsenten oder politisch aktiven Interviewpersonen (vgl. https://wendemigra.de/zeitzeugengespraeche/ [26.06.2024]). Das liegt zum einen darin begründet, dass dieser Zugang am gangbarsten ist, da eine aufwendige Recherche mit der Gefahr, dass die Personen kein Interview geben möchten, entfällt. Zum anderen liegt es aber auch daran, dass Migrant:innen in einer in weiten Teilen rassistisch strukturierten Gesellschaft sich durch die Herstellung von Öffentlichkeit auch Gefahren aussetzen. In vielen Interviewprojekten erzählen daher häufig jene Menschen ihre migrantisch geprägte Lebensgeschichte, die in organisierten gesellschaftlichen Zusammenhängen – beispielsweise durch Vereinstätigkeiten – eine gewisse Sichtbarkeit hergestellt haben. Tuya Dandar gehört nicht zu diesem spezifischen Personenkreis. Sie führt ein vermeintlich unscheinbares Leben, das auch nicht durch organisierte Formen gesellschaftlichen Engagements geprägt ist. Ihre Lebensgeschichte hatte sie vorab noch nicht für ein Interviewprojekt erzählt. Das wurde auch daran deutlich, dass sie im Interview längere Pausen machte und versuchte, sich zu erinnern. Eine eingeschliffene Rhetorik war ebenso wenig erkennbar wie ein eingeübtes Erinnerungsnarrativ.

Eine inhaltliche Besonderheit stellte die (Nicht-)Thematisierung des ostdeutschen Umbruchs dar, die bisher nur für Ostdeutsche ohne Migrationserfahrungen herausgearbeitet wurde (vgl. Lorek, 2018). Als Interviewerin mit einem spezifischen Vorwissen und einer aus dem Forschungsstand herausgearbeiteten Erwartungshaltung brach das Interview mit meinen Vorannahmen. Sowohl bisherige Forschungsarbeiten als auch aktuelle Interviewprojekte, aber auch die Beschäftigung mit archivalischem Quellenmaterial – Eingaben, Briefe, filmische Dokumentationen – zeigen die Bedeutung, die der politische Systemwechsel in der Wahrnehmung nichtdeutscher Staatsbürger:innen in Ostdeutschland besaß. Tuya Dandar jedoch relativierte die politische Zäsur in der Bedeutung für ihr eigenes Leben:

> »Ich hatte kein Radio im Zimmer gehabt und wir hatten im Wohnheim einen Fernsehraum für alle und selbst ich hatte kaum Zeit gehabt, dahin zu gehen. So viel zu lernen gehabt und deshalb, durch Medien kaum was mitbekommen. Höchstens durch die zwei Mädels, die mit mir gelebt hatten. Die haben was mitgekriegt. Die haben bisschen erzählt: ›Honecker hatte

doch nicht recht gehabt. Honecker tut nichts.‹ Und ja, das hat mich schon bisschen beunruhigt, weil ich auch aus einem sozialistischen Land kam und für mich Honecker damals unser Freund war. Ja, und als junge Frau ohne Medien weiß man die Hintergründe gar nicht« (00:15:52–00:16:54).

Für Tuya Dandar war der Umbruch in seiner politischen und darüber vermittelt persönlichen Relevanz nur schwer greifbar. Sie organisierte sich weder in lokalen Arbeitsgemeinschaften noch wurde sie anderweitig politisch aktiv. Für sie war der Umbruch ein diffuser Prozess, über den sie aufgrund des hohen Lernpensums, aber auch aufgrund von sprachlichen Herausforderungen kaum etwas Konkretes erfuhr. Anders als bei migrantischen Arbeiter:innen, die in sogenannten Arbeiterwohnheimen meist von der deutschen Bevölkerung separiert lebten, teilte sich Tuya Dandar ein Zimmer mit zwei deutschen Kommiliton:innen, die durchaus auch einen Zugang zur sogenannten Mehrheitsgesellschaft bildeten. Trotzdem blieb der Umbruch bemerkenswert blass in der Erzählung. Auffällig ist dabei jedoch der Bezug, den Tuya Dandar ad hoc zu ihrem Herkunftsland herstellte. Sie fragte sich, was in der Mongolei passieren würde, wenn der Sozialismus in Deutschland zusammenbrach. Für Tuya Dandar besaß die Unsicherheit eine globale Dimension, die sie eher assoziativ als durch eine politische Analyse herstellte.

Dass Tuya Dandar kaum etwas von den politischen Protesten und dem Systemwechsel erfahren hatte, irritierte mich. Daher sprang ich als Forscherin im Verlauf des Interviews nicht einfach weiter, sondern hakte der Situation entsprechend nach, im Sinne einer »mitlaufenden Quellenkritik« (vgl. Maubach, 2014):

Langner: »Hatte das irgendeine Auswirkung auf Ihr Studium oder konnten Sie das ganz regulär zu Ende führen?«

Dandar: »Wir haben aus Deutschland Stipendien ... also das Internationale Büro hat uns mit Stipendium ausgezahlt und da hat man uns auch, die waren auch in Ruhe. Man hatte uns nichts gesagt. Unsere Deutschlehrerin hat vielleicht uns etwas erklärt. Wir hatten im ersten Studienjahr noch Deutschunterricht gehabt. Und sie hat uns etwas erklärt, dass es in Deutschland Wahlen gibt und wenn CDU gewinnen wird, dann wird's einen Umbruch geben und ob wir nach Hause gehen werden und solche Dinge. Und dann hat, hat die dann, die zwei Frauen vom Internationalen Büro haben uns gesagt: ›Studieren Sie weiter. Sie bekommen ihr Stipendium weiter.‹ Und ich habe nicht viel Kopf darüber gemacht, wie es weitergehen wird. Ich habe mich wirklich auf das Studium konzentriert, weil das nicht so ohne war. Ich musste jeden Tag was Neues lernen und eben Praktikum, für den Zugang zu Praktikum musste ich schon Tests ablegen und ja. Ich habe keine Zeit gehabt, irgendwas draußen zu machen. Ich habe nur gelernt. Komischerweise, es war wirklich so. Nicht viel mitgekriegt« (00:17:18–00:19:06).

Die Relativierung der Bedeutung des Umbruchs kann im Fall von Tuya Dandar damit erklärt werden, dass sie 1990 keine Langzeitperspektive in Deutschland für sich entwickelte. Sie wollte ihr Studium abschließen und anschließend in die Mongolei zurückkehren. Diesen persönlichen Lebensentwurf hatte sie vor dem Aufenthalt in Deutschland entwickelt, und er änderte sich in den sich dynamisierenden Monaten zwischen November 1989 und Oktober 1990 zunächst nicht. Es galt vor allem, die neuen Bedingungen für den Abschluss des Studiums zu eruieren. Die weltpolitische Zäsur 1989/90 war für die damals 20-jährige Tuya Dandar vor allem eine persönliche bürokratische Herausforderung.

Die politischen Prozesse in Ostdeutschland aus einer migrantischen Perspektive mitzugestalten, war eine Option, die vor allem Akademiker:innen – ausländische Studierende, Dozent:innen oder im Exil lebende Menschen – wahrnahmen. Sie engagierten sich in Arbeitsgemeinschaften lokaler Runder Tische, an den Universitäten, aber auch am Zentralen Runden Tisch in Berlin – dem politischen Zentrum. Es handelte sich bei ihnen jedoch um eine spezifische soziale Gruppe: jene, die einen Bleibewillen entwickelt hatten und die politischen Rahmenbedingungen jener Gesellschaft, in der sie sich verortet sahen, mitgestalten wollten. Tuya Dandar gehörte nicht zu diesem Kreis.

Im Verlauf des Interviews versuchte ich immer wieder die »Leerstelle« des Umbruchjahres durch gezieltes Nachfragen zu füllen. Aber das Universitätsleben, das für Tuya Dandar nahezu den kompletten Tagesablauf ausfüllte, zeigte sich als äußerst kontinuierlich:

»Weil der Universitätsbetrieb wirklich intakt, straff weiterging, -lief. Auch meine deutschen Kommilitonen haben keinen Mucks gemacht. Es war ganz normal. Es gab Pläne, Vorlesungs- und Stundenplan, Vorlesungs- und Praktikumspläne und danach haben wir uns gerichtet. Jeden Tag gab es was zu tun und zwar: zu lernen. Es gab viele Tests und Prüfungen, um weiterzukommen und ja, es war wirklich, es ging nach dem Stundenplan der Universität. Unsere Professoren, Dozenten waren ganz normal da, ganz normal weitergearbeitet. Ach ja, vielleicht während der Exkursion hat dieser oder jener Dozent uns erzählt, dass einige Dozenten ihre Stellen verloren haben. Die unbefristeten Stellen sind jetzt auch fünf Jahre befristet. Und die haben manchmal bisschen ihren Unmut frei gemacht, aber auf das, auf den Stundenplan hat das gar nicht ausgewirkt« (00:52:11–00:53:40).

Tatsächlich zeigen bisherige Studien, dass die Hochschulen keine Orte der Revolution waren (vgl. Kowalczuk, 2011). Auch der Elitenaustausch, der an vielen Universitäten ab 1991 einsetzte, spielte für Tuya Dandar keine Rolle. Das mag auch darin begründet sein, dass die Physik als Forschungsfeld und Studienfach weniger unter dem Verdacht der politischen Instrumentalisierung stand. Für Tuya Dandar spielten darüber hinaus die konkreten Dozent:innen im Nachgang keine herausragende Rolle, sondern vielmehr der formalisierte Ablauf des Studiums. Retrospektiv verglich sie die Situation mit der aktuellen Befristung an den Universitäten.

Tuya Dandars Lebenssituation als Studentin hob sich von jener der aus dem Ausland stammenden Arbeiter:innen ab. Zwar waren auch die sogenannten Vertragsarbeiter:innen keine homogene soziale Gruppe, da die Lebensumstände in Abhängigkeit von der jeweiligen Betriebssituation variierten, aber mehrheitlich wurden ihnen bereits 1990 die Arbeitsverträge gekündigt und damit die Bleibeperspektive genommen. Sie mussten mit einer sogenannten Abfindung frühzeitig zurückkehren (vgl. Schenck, 2019, S. 169; Weinke, 2020, S. 134). Für Studierende dagegen existierte die Möglichkeit, durch ein Stipendium das Studium über den Umbruch hinweg weiterzuführen und damit eine Kontinuität herzustellen. Diese Kontinuität spiegelte sich in der Lebensgeschichte Tuya Dandars wider.

Der Umbruch 1989/90 war für sie vor allem mit veränderten Konsummöglichkeiten verbunden, an die sie sich durch mein direktes Nachfragen erinnerte:

Langner: »Aber sowas wie die Währungsunion zum Beispiel? Dass Sie dann auch anderes Geld hatten, können Sie sich daran noch erinnern?«

Dandar: »Wir waren, wir hatten auf einmal deutsche Mark als Stipendium bekommen, aber ich erinnere mich noch dran. Es gab irgendwie, 1. Juli oder sowas, ein Tag, ne? Und ich erinnere mich, dass – dass ich Geld geholt habe und Schokoladen gekauft habe. Und zwei Tafeln Schokolade auf der Stelle gegessen habe. [Lacht]. Und damals war es sehr schön« (00:53:41–00:54:20).

Mit dem Thema Währungsunion setzte ich einen erneuten Erzählimpuls, der aus dem Gesprächsverlauf – und die scheinbare Bedeutungslosigkeit des politischen Umbruchs für Tuya Danadar – ad hoc entsprang und in der Weise nicht Teil der anderen Interviews war:

»Ach ja! Wo Sie nach Währung fragen, fällt mir jetzt eine Geschichte ein. Wir haben diese Deutsche Mark als Stipendium bekommen, das war im Juli. Und dann bin ich in Sommerferien nach Hause geflogen und dann war es sehr komischer Zustand. Hier in der damaligen DDR gab es, in Deutschland gab es Währungsunion und Deutsche Mark und dann in restlichen Ländern wie Polen, Mongolei oder Russland gab es das nicht. Und für diese Länder waren Deutsche Mark oder US-Dollar eine harte Währung. Und da habe ich richtig gemerkt, wie, was das Geld bedeutet. Das war sehr komisch. Früher hatte ich so 800 DDR-Mark geflogen nach Hause und mit dieser neuen Währung bin ich mit 50 Deutsche Mark geflogen. Ja, ganz komisch und ja, meine Mutter hat damals 800 Tugrik verdient und das war entsprechend 50 Deutsche Mark. [...] Und das war für mich ein Erlebnis. Was das Geld bedeutet, ja, was Lohn bedeutet. Meine Mutti arbeitete wirklich von früh bis Abend und ich hatte Stipendium für 100 Deutsche Mark oder sowas bekommen, ja, als nichts tuende Lerner [lacht]« (00:55:35 – 00:57:50).

Tuya Dandar entwarf sich im Rückblick als privilegierte Person. Sie nahm den Umbruch nicht als Entwertung, sondern als materielle Aufwertung – vor allem gegenüber ihrer Familie – wahr; sie konnte sich plötzlich mehr leisten als ihre in der Mongolei lebende Mutter.

Tuya Dandars Lebensgeschichte verdeutlicht, dass ihr der Gesellschaftsumbruch als weltpolitisches Ereignis damals nicht bewusst war und sich hauptsächlich in der Erinnerung an materielle Veränderungen – die sie für sich mit Aufwertungen verband – manifestiert. Ihre eigene lebensgeschichtliche Zäsur innerhalb des gesellschaftlichen Transformationsprozesses Ostdeutschlands, der sich bis weit in die Mitte der 1990er Jahre zog, verortete sie ins Jahr 1992: Tuya Dandar war zu diesem Zeitpunkt fast 23 Jahre alt und wurde ungeplant schwanger. Das Leben in Deutschland hatte sie bis zu diesem Zeitpunkt nur als zeitlich befristeten Aufenthalt geplant, und auch ihre Eltern – die von Beginn an skeptisch gegenüber dem Land waren – drängten auf Rückkehr: »Es ist nur vorläufig, es ist nicht deine Heimat«.

Tuya Dandar jedoch hatte ihr Studium noch nicht beendet, und so kam die Schwangerschaft zu einem ungünstigen Zeitpunkt:

»Ich habe gedacht, ich werde jetzt mein Studium verlieren, nach Hause gehen und das, die Zukunft war, also was das Studium betraf, nicht so wichtig. Also das war wirklich so. Ich habe gedacht, ich bekomme jetzt das Kind und ... aber was mache ich nur« (00:24:22–00:24:44).

Tuya Dandar fühlte sich hilflos. Einerseits freute sie sich auf das Kind und bekam auf ihre Schwangerschaft überwiegend positive Reaktionen aus ihrer gesellschaftlichen Umgebung; andererseits wusste sie nicht, wie sie trotz Kind weiterstudieren können sollte. Der leibliche Vater ihres Kindes spielte bereits zu diesem Zeitpunkt keine Rolle in ihrem Leben. In dieser Situation wurde sie daher auf die lokale Ausländerbeauftragte aufmerksam gemacht, die ihr Mut zusprach und versicherte, dass Elternschaft und Studium in Deutschland vereinbar sein könnten.

Diskriminierungen und Rassismus

Die Unsicherheit und Angst, die Tuya Dandar nicht nur verbal, sondern auch körpersprachlich äußerte, als sie die Hitler-Biografie im Büro sah, führte ich im Gespräch zunächst darauf zurück, dass ihre Eltern sie vor Deutschland gewarnt hatten. Während Tuya Dandar die DDR durchaus auch als sozialistischen Bruderstaat benannte, hatte die Elterngeneration, die zum Teil in der Roten Armee gekämpft hatte, noch den Zweiten Weltkrieg erfahren.

Nach einer halben Stunde des Interviews erzählte Tuya Dandar jedoch von einer Situation Anfang der 1990er Jahre, als sie auf offener Straße verbal angegriffen und körperlich bedroht worden war:

> »Ich habe einmal auf der Straße in der Stadt Jugendliche getroffen und das Mädchen hatte gesagt zu den anderen Jungs: ›Gucke und spucke.‹ Und die Jugendlichen haben mich bedroht, einfach so angeschrien. Und ich bin vorbeigelaufen. Da habe ich richtig Angst bekommen, weil die in Gruppen und größere Jungs waren. Für mich waren die Schuljungs, Schulkinder« (00:28:57–00:29:40).

Tuya Dandar war in diesem Moment allein unterwegs gewesen und noch Jahrzehnte später zuckte sie bei der Erzählung auch körperlich zusammen. Sie verband diese Erzählsequenz mit ihrer späteren Kenntnis zum Nationalsozialistischen Untergrund (NSU), die sich auf die Erinnerung legte und das Erleben nachträglich noch einmal ins Negative steigerte. Die Jugendlichen, denen sie auf der Straße begegnete, waren damals im Alter jener Personen, deren Namen später als NSU-Trio in die Geschichte eingehen sollten. Die gegenwärtigen Kenntnisse über den Werdegang rassistisch eingestellter Jugendlicher dieser Alterskohorte – das Wissen über deren Radikalisierungsbiografien – wirkte sich auch auf die Erzählung dieses Erlebnisses aus, das so im Nachgang noch mehr Gewicht erhielt.

Gleichzeitig war es Tuya Dandar wichtig zu betonen, dass sie radikal rechte Gewalt abseits dieses Erlebnisses selbst nicht erfahren hatte. Von den Pogromen in Hoyerswerda und Rostock-Lichtenhagen hatte sie zunächst nichts mitbekommen und wurde vor allem durch ihren deutschen Freundeskreis davon in Kenntnis gesetzt:

»Da kamen meine deutschen Freunde zu mir nach Hause und haben gesagt: ›Das ist nicht das Deutschland. Hab bitte keine Angst.‹ [...] Die haben gedacht, ich würde Angst kriegen und irgendwie Deutschland verlassen. Und die haben gesagt: es sind nur einige, einige Leute, einige Menschen. Aber Mehrheit ist das nicht. Mehrheit kämpft gegen – mit Lichterketten dagegen. Es gab Lichterkettenaktionen überall. Und das haben meine deutschen Freunde mir erklärt. Also ich habe selber nicht durch Medien mitbekommen, sondern durch meine Freunde, die durch Medien davon erfahren haben, mitgekriegt« (00:31:04–00:31:59).

Obwohl das leitfadengestützte Interview das Erleben von Rassismus und rechter Gewalt als eigenständige Themen setzte, betonte Tuya Dandar auch auf Nachfragen, dass ihr beides abseits der rassistisch aggressiven Jugendgruppe nicht begegnet sei. Erst im Nachgang, als das Interview schon beendet war, und wir auf dem Weg aus dem Bürokomplex waren, berichtete sie mir von einem Nachbarn, den sie durchaus als radikal rechts einstufte. Wieso sie dies nicht bereits im Interview erwähnt hatte, konnte ich mir erst später erklären.

Anders als andere Gesprächspartner:innen – auch in anderen Interviewprojekten – lässt sich Tuya Dandar nicht nur als ungeübte Erzählerin beschreiben; sie lässt sich außerdem nicht als »antirassistisch Engagierte« oder »migrationspolitische Aktivistin« charakterisieren.

In Interviewprojekten, die auf migrantische Erfahrungen zielen, sind, wie bereits beschrieben, Engagierte – beispielsweise aus Vereinen und Verbänden – äußerst beliebte Gesprächspartner:innen (vgl. Großer-Kaya et al., 2022). Häufig arbeiten die Interviewten, vor allem auch medial präsente Zeitzeug:innen, in sogenannten Integrations- oder Antirassismusprojekten. Sie besitzen dadurch eine Expertise im Themenfeld Rassismus, die sie ihr eigenes Erleben noch einmal anders reflektieren lässt. Sie setzen Rassismus und rechte Gewalt eigenständig als Themen und nutzen ihre Biografie auch als Form der Antirassismusarbeit. Die eigene Biografie und die berufliche Expertise vermischen sich, sodass das direkte Nachfragen ohne langes Zögern Antworten bezüglich Erfahrungen mit Rassismus erzeugt. Bei Tuya Dandar war dies nicht der Fall. Als Physikerin hatte sie sich weder in ihrem Studium noch in ihrem späteren Beruf mit gesellschaftlichen Diskriminierungsformen reflektiv auseinandergesetzt. Die direkten Fragen im Leitfaden erzeugten daher nicht die von mir erwarteten Aussagen zu rassistischen Erfahrungen. Erzählungen über Erfahrungen von Diskriminierungen fanden sich jedoch an anderen Stellen.

Eine prägnante, äußerst ausführliche Beschreibung von möglicherweise rassistisch motivierter Schlechterbehandlung enthielten Tuya Dandars Erzählungen von ihren Labortätigkeiten, die sie vor Beginn ihres Physikstudiums zu absolvieren hatte. Im Gegensatz zu der kaum wahrgenommenen politischen Veränderung, die zeitgleich stattgefunden hatte, an die sie sich jedoch nur spärlich durch erzählende Beschreibungen erinnern konnte, waren Aspekte ihres Praktikums noch en détail präsent.

Als sie im April 1989 in der Stadt angekommen war, war der Sommer vor Beginn des Studiums mit den Laboraufgaben ausgefüllt gewesen, die sie als hart und sinnentleert erinnerte:

> »Es war eine technische Assistentin. Und die hat mich in Empfang genommen und gesagt: ›Diese Gläser abwaschen und diesen Platz aufräumen, abwaschen!‹ Und ich hatte hier komischerweise keinen Unterricht gehabt, ich hatte von früh bis abends im Labor Aufräumarbeiten gemacht. Und ich habe sogar, ich erinnere mich, drei Tage lang Fotos entwickelt« (00:06:53–00:07:19).

Von Beginn an fühlte sich Tuya Dandar bei diesen Arbeiten, die im Sommer 1989 einsetzten, ungerecht behandelt. Später in der Mongolei wurde ihr mitgeteilt, dass sie die Bilder nicht hätte mit bloßen Händen entwickeln dürfen; sie habe, so erklärten ihr Freunde, mit giftigen Substanzen operiert. Im weiteren Verlauf des Interviews erzählte sie sehr detailreich und bildhaft von jenen Monaten im Sommer 1989, welche die Erinnerung an das Ankommen prägten und die sie negativ im Gedächtnis behalten hatte:

> »Ich erinnere mich: es war Frühling. Ich habe Sandalen angezogen im Labor und diese Sandale hat, weil ich ständig auf den Füßen hoch und runter – das Labor ist auch über Etagen – und runter Glasgeräte getragen hab. Durch die Sandalen meine Füße wehgetan hatten und abends konnte ich gar nicht, kaum raus. Damals wie ein junger Mensch, ich habe nicht gewusst, es gibt auch Laborschuhe oder bequeme Schuhe, niemand hat mir gesagt, was ... und deshalb, abends lag ich einfach da. Ich konnte nicht mehr auf die Beine« (00:11:48–00:12:26).

Tuya Dandar erinnert sich, wie sie das Gefühl beschlich, dass sie für die Arbeiten, die sie zu verrichten hatte, ausgenutzt wurde. Gleichzeitig beschreibt sie, dass sie die Möglichkeit gehabt habe, dies dem Internationalen Büro, das vor Ort für die ausländischen Studierenden zuständig war, mitzuteilen. Dieses lokale Ansprechbüro hatte sie in guter Erinnerung behalten: Die beiden Mitarbeiterinnen hatten die Studierenden herzlich empfangen und zahlreiche Veranstaltungen organisiert. Tuya Dandar konnte diese jedoch nicht in der Weise besuchen, wie sie es sich als junge Studentin wünschte; der Arbeitsalltag strengte sie zu sehr an.

Für den jungen Menschen Tuya Dandar war das Ankommen in Deutschland mit einem mehrfachen biografischen Bruch verbunden: Sie war zum ersten Mal von ihren Eltern getrennt, gleichzeitig musste sie sofort einen achtstündigen Arbeitstag in Form eines Praktikums absolvieren, der es ihr nicht mehr ermöglichte, mit Gleichaltrigen die Freizeit zu verbringen. Die Arbeitsaufgaben waren monoton und sie führte diese allein aus, sodass sie auch wenig Geselligkeit erfuhr. Die Monate des gesellschaftlichen Aufbruchs in der DDR im Sommer und Herbst 1989 waren für Tuya Dandar mit Tristesse und Monotonie verbunden, die sie noch Jahre später als prägend einstufte. Ob die Zuteilung ihrer Arbeiten durch rassistische Ressentiments zu erklären ist, bleibt offen. Dies verdeutlicht die Herausforderung der analytischen Trennung verschiedener sich überlappender Machtverhältnisse, wie sie von Vertreter:innen intersektionaler Ansätze deutlich gemacht wird (vgl. u. a. Becker-Schmidt, 2007). Tuya Dandar fühlte sich der Laborassistentin ausgeliefert. Sprachunterschiede und das junge Alter versetzten sie in eine prekäre Position. Gleichzeitig stellte bereits der Studiengang eine Besonderheit dar: Andere ausländische Studierende in der Stadt konnten den Sommer 1989 mit Sprachkursen und weniger restriktiven Praktika verbringen.

Es sind Erinnerungen wie diese, die für die historische Rekonstruktion rassistischer Erfahrungen äußerst bedeutsam sind. Im Fall von Tuya Dandar lässt sich kaum eindeutig entscheiden, ob das Machtgefälle zwischen ihr und der Laborassistentin auf die berufliche Stellung, die verschiedenen Sprachen der beiden Frauen oder eben rassistische Ressentiments zurückgeführt werden kann. Als Praktikantin in einem noch jungen Alter war Tuya Dandar in einer mehrfach abhängigen Position, die auch die ostdeutschen Kommiliton:innen erfuhren. Als Migrantin mit wenig Deutschkenntnissen hatte Tuya Dandar jedoch kein persönliches Netzwerk, das ihr Unterstützung bieten konnte. Das fehlende Netzwerk unterschied sie wiederum von gesellschaftspolitisch aktivistischen Migrant:innen, die sich in verschiedenen kollektiven Zusammenhängen austauschten und organisierten.

Migrantische Lebensgeschichten im ostdeutschen Umbruch – Die Schwierigkeit, über Differenz zu schreiben

Tuya Dandars Lebensgeschichte zeigt die Herausforderung, theoretisch-reflektierte Begriffe wie »Privilegien«, »Mehrheitsgesellschaft« oder auch »Diskriminierung«, die vor allem Sozialwissenschaftler:innen, aber zunehmend auch Historiker:innen zum Beschreiben sozialer Ungleichheitsverhältnisse nutzen, aus der Beschreibung eines konkreten Lebens zu fassen und kritisch »gegen den Strich zu bürsten«. Die erzählte Lebensgeschichte Tuya Dandars zeugt davon, auf welche Weise sich gesellschaftliche Macht- und Ungleichheitsverhältnisse in einer globalisierten Welt – zu der im 20. Jahrhundert auch die sozialistischen Staaten gehörten – im Erinnern einzelner Individuen niederschlagen. Aus der Distanz der wissenschaftlichen Analyse zeigt sich gleichzeitig die Herausforderung, dies auch begrifflich zu fassen. Als Kind einer akademisierten Familie war es Tuya Dandar Ende der 1980er Jahre möglich, ein Studium in der DDR aufzunehmen; damit gehörte sie innerhalb der mongolischen Gesellschaft zu einer privilegierten sozialen Schicht. Der Ablauf eines Studiums war ihr dabei bekannter als jungen Menschen aus Arbeiter:innenfamilien. In der DDR gehörte sie als Studentin ebenfalls zu einer privilegierten sozialstrukturellen Minderheit.

Das – vermeintliche – Privileg, von der Lohnarbeit freigestellt zu sein, beschrieb sie – wie im Text näher ausgeführt – in einzelnen Sequenzen selbst. Sie erinnerte die Phase vor Beginn des Studiums, in der sie acht Stunden täglich monotone Arbeiten verrichten musste, als mühsam.

Den Gesellschaftsumbruch, der ab 1989 sichtbar in der DDR einsetzte, erinnerte Tuya Dandar kaum. Momente neuer Konsummöglichkeiten und Reisen kamen zur Sprache, als im Interview gezielte, vorab formulierte Nachfragen gestellt wurden. Als Studentin gehörte sie gegenüber migrantischen Arbeiter:innen in der Weise zu einer privilegierten Gruppe, als dass sie bis Mitte der 1990er Jahre weiterstudieren konnte. Den lebensgeschichtlichen Bruch markierten daher nicht die politischen Zäsuren 1989 und 1990, sondern ihre Schwangerschaft. Dieses für sie einschneidende Erlebnis im Jahr 1992 beschrieb sie als freudiges Ereignis, das gleichzeitig mit enormer Unsicherheit verbunden war.

Im Gegensatz zu vielen deutschen Studierenden musste Tuya Dandar, deren Familie das Studium in Deutschland argwöhnisch betrachtete, die Sorge für ein Kind vollkommen allein tragen. Der Kontakt zur städtischen Ausländerbeauftragten war für Tuya Dandar daher nicht nur eine bürokratische Hilfe, die ihr das Beenden des Studiums ermöglichte, sondern mit einem Ersatz für ein nur schwach ausgebildetes soziales Netzwerk verbunden. Die beiden Frauen trafen sich noch jahrzehntelang.

Nachdem Tuya Dandar ihr Studium erfolgreich beendet hatte, entschied sie sich für eine Promotion. Der lange Umbruch der 1980er und 1990er Jahre, der für viele Ostdeutsche mit dem Verlust der Lohnarbeit und dem damit verbundenen Herausfallen aus gesellschaftlichen Organisationsformen einherging, verband sich für Tuya Dandar also zunächst mit der Erfahrung eines gesellschaftlichen Aufstiegs. Die Möglichkeiten wissenschaftlichen Arbeitens in Deutschland beschrieb sie selbst als großes Privileg. Anders als bei den meisten migrantischen Arbeiter:innen – die im Rahmen bilateraler Staatsverträge ab den 1970er Jahren eingereist waren (vgl. Poutrus, 2016) – war der politisch-wirtschaftliche Umbruch in ihrem Leben von bemerkenswerter Stabilität gekennzeichnet. Ihre materielle Grundversorgung war durch ein Stipendium gesichert, was ihr vor allem im Vergleich mit dem Einkommen ihrer Eltern in der Mongolei als Privileg erschien.

Tuya Dandars Lebensgeschichte widerspricht zahlreichen kategorialen Vorannahmen: Der politische Umbruch war für sie eine Leerstelle, der biografische Bruch setzte mit der Schwangerschaft drei Jahre später ein, die Entsicherung sozialer Lebensumstände in Ostdeutschland war für sie mit einem sozialen Aufstieg hin zu einer Promovendin verbunden. Tuya Dandars Lebensgeschichte macht das Denken von Differenz notwendig, das intersektionale Ansätze einbezieht und nicht in unterkomplexen Gesellschaftstheorien aufgeht. In ihrer Lebensgeschichte zeigen sich miteinander verschränkt wirkende Kategorien der Marginalisierung: Sie ist weiblich, ostdeutsch, migrantisch und war alleinerziehende Mutter. Race, Class, Gender als Gesellschaftskategorien manifestieren sich in ihrem Leben; aber Tuya Dandar war und ist auch ein handelndes Subjekt, das Handlungsspielräume zu nutzen wusste. Ihre Agency, deren Untersuchung von Migrationsforscher:innen betont wird, verfolgte sie zielstrebig; ihre Geschichte geht daher nicht in einem Opferplot auf (vgl. Esch & Poutrus, 2005; Möhring, 2018, S. 314).

Literatur

Becker-Schmidt, R. (2007). »class«, »gender«, »ethnicity«, »race«: Logiken der Differenzsetzung, Verschränkungen von Ungleichheitslagen und gesellschaftliche Strukturierung. In G.-A. Knapp, C. Klinger, C. & B. Sauer (Hrsg.), *Achsen der Differenz. Zum Verhältnis von Klasse, Geschlecht und Ethnizität.* Frankfurt a.M.: Campus-Verlag.
Böick, M. (2018). *Die Treuhand. Idee – Praxis – Erfahrung: 1990–1994.* Göttingen: Wallstein Verlag.
Brückweh, K. (2019). Wissen über die Transformation. Wohnraum und Eigentum in der langen Geschichte der »Wende«. *Zeithistorische Forschungen/Studies in Contemporary History*, (1), 19–45.
Esch, M.G.& Poutrus, P.G. (2005). Zeitgeschichte und Migrationsforschung. Eine Einführung. *Zeithistorische Forschungen/Studies in Contemporary History*, (3), 338–344.
Großer-Kaya, C., Kubrova, M. & Dabdoub, M. (2022). »… *die DDR schien mir eine Verheißung.« Migrantinnen und Migranten in der DDR und in Ostdeutschland.* Berlin: Ammian-Verlag.
Kowalczuk, I.-S. (2011). Die Hochschulen und die Revolution 1989/90. Ein Tagungsbeitrag und seine Folgen. In B. Schröder & J. Staadt (Hrsg.), *Unter Hammer und Zirkel. Repression, Opposition und Widerstand an den Hochschulen der SBZ/DDR* (S. 365–408). Frankfurt a.M.: Lang.
Lorek, M. (2018). »It Did Not Affect Me«: The (IR)Relevance of the German Reunification in Autobiographical Narratives of East Germans. *Symbolic Interaction, 41*(2), 210–226.
Maubach, F. (2013). Freie Erinnerung und mitlaufende Quellenkritik. Zur Ambivalenz der Interviewmethoden in der westdeutschen Oral History um 1980. *BIOS, 26*(1), 28–52.

Möhring, M. (2015). Mobilität und Migration in und zwischen Ost und West. In F. Bösch (Hrsg.), *Geteilte Geschichte. Ost- und Westdeutschland 1970–2000* (S. 369–410). Göttingen: Vandenhoeck & Ruprecht.

Möhring, M. (2018). Jenseits des Integrationsparadigmas? Aktuelle Konzepte und Ansätze in der Migrationsforschung. *Archiv für Sozialgeschichte*, (58), S. 305–330.

Montau, R. (1996). *Gewalt im biographischen Kontext*. Gießen: Psychosozial-Verlag,

Pawlowitsch, C. & Wetschel, N. (2020). Nach der Vertragsarbeit. Ein Werkstattbericht zu Verschränkungen von Migration und Transformation am Beispiel Dresdens. Volkskunde in Sachsen. *Jahrbuch für Kulturanthropologie, 32*, 239–259.

Poutrus, P. G. (2016). Aufnahme in die ›geschlossene Gesellschaft‹: Remigranten, Übersiedler, ausländische Studierende und Arbeitsmigranten in der DDR. In J. Oltmer (Hrsg.), *Handbuch Staat und Migration in Deutschland seit dem 17. Jahrhundert* (S. 853–893). Berlin/Boston: De Gruyter Oldenbourg.

Rosenthal, G. (1995). *Erlebte und erzählte Lebensgeschichte. Gestalt und Struktur biographischer Selbstbeschreibungen*. Frankfurt a. M./New York: Campus Verlag.

Schenck, M. C. (2016). From Luanda and Maputo to Berlin: Uncovering Angolan and Mozambican Migrants' Motives to Move to the German Democratic Republic (1979–1990). *African Economic History, 44*(1), 202–234.

Schenck, M. C. (2017). *Socialist Solidarities and Their Afterlives. Histories and Memories of Angolan and Mozambican Migrants in the German Democratic Republic, 1975–2015*. Ann Arbor: ProQuest Dissertations & Theses. https://www.proquest.com/dissertations-theses/socialist-solidarities-their-afterlives-histories/docview/1964383719/se-2 (31.10.2022).

Schenck, M. C. (2019). Negotiating the German Democratic Republic: Angolan student migration during the Cold War, 1976–90. *Africa, 89*(S1), 144–166. https://doi.org/10.1017/s0001972018000955

Villinger, C. (2022). *Vom ungerechten Plan zum gerechten Markt? Konsum, soziale Ungleichheit und der Systemwechsel von 1989/90*. Berlin: Ch. Links Verlag.

Weinke, A. (2020). Ost, West und der Rest. Die deutsche Einheit als transnationale Verflechtungsgeschichte. In M. Böick, C. Goschler & R. Jessen (Hrsg.), *Jahrbuch Deutsche Einheit 2020* (S. 121–144). Berlin: Ch. Links Verlag.

Weiss, K. (2017). Vietnamesische ›Vertragsarbeiter_innen‹ der DDR seit der deutschen Wiedervereinigung. In B. Kocatürk-Schuster (Hrsg.), *UnSichtbar. Vietnamesisch-deutsche Wirklichkeiten*. S. 111–125. Köln: DOMiD.

Biografische Notiz

Carsta Langner, Dr. phil., ist wissenschaftliche Mitarbeiterin mit einem eigenen Forschungsprojekt in der DFG-Forschungsgruppe »Freiwilligkeit« an der Universität Erfurt. Bis August 2019 war sie wissenschaftliche Mitarbeiterin im Forschungsverbund »Diktaturerfahrung und Transformation« an der Friedrich-Schiller-Universität Jena. 2018 hat sie ihre an der Martin-Luther-Universität Halle entstandene Dissertation *Formierte Zivilgesellschaft* publiziert. Sie forscht zur Geschichte und zu Theorien des Sozialstaates, gesellschaftlicher Transformationen, freiwilligen Engagements und Migration.

Annäherung an eine Psychotherapeutin der DDR

Hariet Kirschner

Einführung

Innerhalb des BMBF-Verbundprojekts *Seelenarbeit im Sozialismus (SiSaP)* werden Spezifika der DDR-Psychotherapie im Teilprojekt *Die ambivalente Rolle der Psychotherapie in der DDR*[1] untersucht. Darunter fallen neben der Interviewstudie, aus der das nachfolgend besprochene Material entnommen wurde, weitere Forschungsschwerpunkte, die parallel innerhalb der Projektlaufzeit bearbeitet werden.[2] Im Rahmen der Interviewstudie werden forschungsrelevante Aspekte von Therapeut:innen der DDR-Psychotherapie unter professionssoziologischem und medizinhistorischem Forschungsinteresse betrachtet (Kirschner et al., 2022; 2024). Ziel ist einerseits die Charakterisierung und Erfassung dieser Personengruppen anhand ihrer biografischen Daten und Erfahrungen, andererseits liegt das Erkenntnisinteresse in der Aufdeckung individueller Selbstverständnisse damaliger Psychotherapeut:innen und deren Einfluss auf ihre professionelle Haltung (Schütze, 2000, Oevermann, 1996) im Beruf. Ebenfalls beleuchtet werden Forschungsfragen, die spezifische Thematiken der DDR-Psychotherapie betreffen, wie die Bewertung einzelner Therapieverfahren und Ausbildungsstandards, Macht- und Hierarchieverhältnisse von Psychotherapeut:innen sowie die Erfahrungen der Psychotherapeut:innen nach dem Systemumbruch. Zur Erschließung der Forschungsfragen birgt die Narration der Lebensgeschichte wichtige Erkenntnispotenziale (Schütze, 1983), sodass biografische Erzählungen der damaligen Akteur:innen als Grundlage im Erkenntnisprozess herangezogen werden.

---

1 Das Teilprojekt ist am Institut für Psychosoziale Medizin, Psychotherapie und Psychoonkologie des Universitätsklinikums Jena unter Leitung von Prof. B. Strauß angesiedelt.
2 Vgl. https://www.seelenarbeit-sozialismus.de (26.06.2024).

Aus den Interviews konnten bisher anhand kontrastierender Fälle individuelle Selbstverständnisse von DDR-Psychotherapeut:innen mithilfe der Methode der Grounded Theory (Glaser & Strauss, 2010) herausgearbeitet und erste Aussagen hinsichtlich der *Ausprägung deren professionellen Handelns* und der *Lokalisierung der Akteur:innen zwischen Anpassung und Emanzipation im Feld der DDR-Psychotherapie* getroffen werden. Erste Ergebnisse deuten auf ein breites Spektrum von Ausprägungen im *Reflexionsgrad* der Akteur:innen hin[3] (Kirschner et al., 2024). Die Analyse ermöglicht ebenso Aussagen zu Konformität beziehungsweise Anpassung gegenüber dem DDR-System. Auch in dieser Hinsicht konnte eine breite Streuung im Fallmaterial konstatiert werden. Die politische Positionierung zum DDR-System wird im Diskurs zur Rolle der Psychotherapie in der DDR von deren damaligen Vertreter:innen nach dem Systemumbruch 1990 zumeist als subversiv und emanzipatorisch handelnd ausgelegt (Plänkers et al., 2005; Misselwitz, 1991; Froese, 1999; Seidler & Froese, 2014, u. a. m.). Die Analyse der Interviews der SiSaP-Interviewstudie lässt in dieser Debatte differenzierende Einschätzungen zu. Die Bildungsbiografie einer DDR-Psychotherapeutin (Renate Ikarius[4]) mit leitender Funktion wurde von Kirschner et al. (2022) ausführlich dargestellt. In diesem Fall ließ sich eine *ausgeprägte emanzipatorische Haltung* gegenüber staatlich Vorgegebenem im Verhältnis mit einem gleichzeitig *hohen personalen Grad an Reflexionsfähigkeit* rekonstruieren. Handlungsleitend war eine moralisch geprägte Werteorientierung, die zur Übernahme einer ablehnenden Position gegenüber dem DDR-System führte. Aus einem bildungsbürgerlich geprägten Elternhaus stammend, studierte Renate Ikarius aufgrund eines damals möglichen Einzelvertrags[5] Medizin und schloss die Ausbildung zur Fachärztin für Psychiatrie und Neurologie an. In ihrer Arbeit als Psychotherapeutin zog sie das Verfahren der *Intendiert-dynamischen Grup-*

---

3 Die Einschätzung des Reflexionsgrads lässt Aussagen hinsichtlich der Ausprägung der professionellen Haltung im therapeutischen Handeln zu (Helsper et al., 2000).

4 Bei allen hier verwendeten Namen handelt es sich um Pseudonyme, die im wissenschaftlichen Analyseprozess vergeben wurden.

5 Über die im Jahr 1950 in der DDR ermöglichten Einzelverträge, in denen unter anderem Vertreter:innen der Ärzteschaft zu dieser Zeit Zusatzgarantien aufgrund ihrer »hervorragenden Leistung« zugesprochen wurden, wurde ihr als Arzttochter der Bildungsweg über ein Studium trotz ihrer Zugehörigkeit zur Bildungsschicht der »Intelligenz« ermöglicht (vgl. Ernst, 1997, S. 46).

penpsychotherapie[6] heran. Der in diesem Beitrag relevante Fall Bettina Reiferts kommt als Kontrastfall im *theoretical sampling*[7] aufgrund mehrerer Aspekte infrage. Ein Einblick in die Fallspezifik wird im Folgenden anhand der Biografie und einiger aus dem Interview herausgearbeiteter Merkmale gegeben.

Psychotherapeutin Bettina Reifert – Biografischer Hintergrund

In dem Fall Bettina Reiferts spielte die *familiäre Herkunft*[8] ebenfalls eine wichtige Rolle. Sie wird Anfang der 1940er Jahre in eine durch Brüche gekennzeichnete Familienkonstellation geboren und wächst in einem Umfeld großer Armut auf. Ihre Mutter (alleinerziehende Witwe aus erster Ehe) erwirtschaftet ihr Einkommen durch Hilfsarbeitertätigkeiten, ihr Vater ist vorerst ebenfalls prekär beschäftigt und arbeitet nach dem Krieg als Fahrer im Fernverkehr, nachdem er gesundheitliche Beeinträchtigungen durch seine Beteiligung im Zweiten Weltkriegs erlitten hatte. Nach dem Krieg bleiben die Eltern weiterhin im Arbeitermilieu verhaftet, leben weitestgehend in Armut und ohne konfessionelle Anbindung. Die finanzielle Situation der Familie entspannt sich über die Jahre geringfügig durch ein regelmäßiges Einkommen des Vaters. Bettina Reifert wächst aufgrund dessen beruflicher Situation vorwiegend mit abwesendem Vater auf (Mitscherlich, 1992). Auch ihre *ideelle Beheimatung in marxistischen Theorien,* die durch ein ausgeprägtes Selbststudium in sowjetisch-pädagogischer Literatur angeregt wird und auf deren Grundlage sie sich nach dem Schulabschluss für das *Psychologiestudium* entscheidet, bestimmen wesentliche Grundzüge ihrer

---

6 Die Intendiert-dynamische Gruppenpsychotherapie ist eine in der DDR am Haus der Gesundheit von Kurt Höck entwickelte und angewendete Therapieform (nachzulesen z. B. in Seidler & Froese, 2014).

7 In der Methode der Grounded Theory geschehen die Prozesse der Datenerhebung, Datenanalyse und Theoriebildung parallel und intermittierend zueinander. Die Ergebnisse der Analyse des ersten Falles wirken somit auf die Datengewinnung zurück. So wird die Auswahl des nächsten Falles anhand des ersten gesteuert (Strübing, 2019).

8 Die nachfolgend kursiv abgebildeten Wortgruppen sind zur schnellen Erfassung für die Leser:innen hervorgehoben und bilden die zur Kontrastierung herangezogenen Kodierungen des Falles.

Persönlichkeit.[9] Nachdem sie zunächst in staatlichen Unternehmen arbeitet, wird sie als Psychologin in einer Klinik angestellt und erhält im Rahmen einer Fachausbildung die Anerkennung als »Fachpsychologin der Medizin«.[10] Sie macht sich mit dem psychotherapeutischen Verfahren der *Verhaltenstherapie* vertraut. In den letzten zehn Jahren vor dem Mauerfall hat sie die Position einer *Leiterin einer psychologischen Beratungsstelle* inne. Diese Anstellung verliert sie jedoch im Zuge des Systemumbruchs 1989/90. In der vereinigten Bundesrepublik erwirbt sie die Approbation als Verhaltenstherapeutin und arbeitet in eigener Niederlassung bis zu ihrem Rentenalter. Charakteristisch und ebenfalls entscheidend für die Auswahl ihres Falles ist ihre *stark ambivalente Erzähldynamik* bezogen auf die Darstellung ihrer Lebensgeschichte und ihrer politischen Haltung.

Materialauswertung im Werkstattkontext »Erinnern und Vergessen«

Zur Fokussierung auf das Forschungsinteresse wurden zusätzlich zu den allgemeinen Interpretationsfragen nach Gesamteindruck von Text und interviewter Person inhaltliche Fragen formuliert:
- Über welche Wege/unter welchen Verhältnissen kommt diese DDR-Psychotherapeutin zu ihrem Arbeitsfeld?
- Wie stellt die Interviewte ihr damaliges Arbeitsumfeld/die damalige Situation dar?
- Mit welchem Selbstverständnis entwirft sich diese Psychotherapeutin?

Die im Folgenden dargestellte Textstelle bildet das Interview ab der 20. Interviewminute ab. Sie umfasst 15 Minuten Interviewzeit[11] und schließt an die Erzählung der Kindheit an, in der Bettina Reifert die von

---

9 Mit Blick auf ihre Herkunft (Arbeiterklasse) ist Bettina Reifert im DDR-System hinsichtlich ihres beruflichen Ausbildungswegs begünstigt (Miethe, 2007). Dadurch und aufgrund ihrer sehr guten Schulleistungen wird ihr ein Studium angeraten.
10 Seit dem Jahr 1981 konnte man in einer postgradualen, berufsbegleitenden und kostenlosen Ausbildung den Abschluss »Fachpsycholog:in der Medizin« erwerben. Durch das Belegen unterschiedlicher methodischer Lehrgänge erhielt man die Berechtigung in der klinischen Praxis psychotherapeutisch tätig zu werden.
11 Gesamtdauer des Interviews: 03:22 Stunden.

Armut und Krieg geprägte Situation ihrer alleinerziehenden Mutter beschreibt. Diese Erzählung hätte sie als eine tragische oder gar traumatisierende Zeit rahmen (Goffman, 1993) können. Doch beschreibt sie die Episode aus einer positiven Haltung heraus. Knapp skizziert enthält die vorgestellte Textstelle Erzählungen zu Bettina Reiferts Ausbildungssituation (ihre Haltung und Orientierung zu/an ihren damaligen Lehrer:innen), Reflexionen zu Begegnungen mit SED-Parteimitgliedern, die Erzählung über ihren Jobverlust sowie über den Weg zu einer neuen Position als Leiterin einer Beratungsstelle. Ebenso erfährt man, wie sie ihre Arbeit als Psychotherapeutin in der DDR resümiert. In den Schilderungen wird wiederkehrend auf ihre politische Haltung Bezug genommen.

Gesamteindruck der vorgestellten Textstelle und Eindruck von der Interviewten

Die *positive Deutung* ihrer Lebenserfahrungen setzt sich in der Schilderung von Bettina Reiferts Ausbildungszeit und ihrer Erfahrungen als Psychotherapeutin in der DDR fort. Auch Erzählungen von tendenziell eher negativ konnotierten Erlebnissen dieser Zeit (Kontakte mit den Parteiangehörigen, Verlust ihrer Arbeitsstelle) rahmt sie stets mit einer *positiven Bilanzierung* und dem Empfinden des *Glück-gehabt-Habens*. Dass sie zu ihren Lebenserfahrungen aktuell über emotionalen Abstand verfügt, deutet eine *humorvoll-belustigende und pointierte Darstellung* hin. Bei den Leser:innen entsteht der Eindruck einer *triumphierenden Erzählung* über das Meistern dieser Zeit, wodurch sie trotz einiger systemrelevanter Widerstände eine erfolgreiche berufliche Karriere im DDR-System erwirkt hat.

Anhand der Erzählung Bettina Reiferts wird eine *ideologische Überzeugung als Marxistin* erkennbar. Ihre politische Überzeugung spricht sie mehrmals offen aus und führt diese auf ihre *Erziehung als Arbeiterkind in der DDR* und auf die freudvolle Lektüre marxistischer Schriften zurück. Sie erzählt ebenfalls über die Vorteile, die das DDR-System für die Bürger bereithielt. Trotz mehrmaligem Anecken an die Ideale und Maßgaben der Staatspartei (SED) und potenzieller Benachteiligungen aufgrund ihrer ablehnenden Haltung gegenüber dieser ist sie der sozialistischen Staatsform der DDR gegenüber positiv gestimmt. Schließlich überwiegt in der Erzählung das Empfinden, durch das DDR-System Unterstützung und Förderung erhalten zu haben, die ihr nach dessen Zusammenbruch nicht mehr widerfahren sind. Durch ihren *Bildungsaufstieg* hat sie sich aus ihrem Herkunftsmilieu lösen können. Die *Orientierung an den Lehrer:innen* war ihr in ihrer Ausbildungszeit sehr wichtig. Etwas unschlüssig im Erzählverlauf scheint der Umstand, wie genau und durch wen sie nach dem Verlust ihrer ersten Arbeitsstelle zu der neuen Anstellung als Leiterin einer psychotherapeutisch ausgerichteten Beratungsstelle gekommen ist.

Im Folgenden werden nun diese eben angeführten, für einen Gesamteindruck zusammengefassten Überlegungen und in der Interviewsequenz enthaltenen Kategorien anhand expliziter Textstellen dargestellt.

Über welche Wege und unter welchen Verhältnissen kommt diese DDR-Psychotherapeutin zu ihrem Arbeitsfeld?

> »Also wie gesagt, da hatt ich eigentlich (..) als Kind (.) die Möglichkeit viele Erfahrungen zu sammeln und- und war nich- (.) nich weiter negativ beeinflusst. Und nach dem (.) Krieg da- da hatte- (.) hatten wir alle eigentlich den Nachteil (,) dass wir nicht mehr so sehr viel gute Lehrer haben (,) aber n paar waren ja doch da« (260–265[12]).

Trotz ihrer durch Krieg und Armut geprägten Erfahrungen fasst Bettina Reifert ihre Kindheit in einer neutralen Bewertung zusammen. Sie hat *viele Erfahrungen* sammeln können und bilanziert diese mit der Aussage einer *nicht weiter negativ beeinflussten Kindheit*. Diese Einschätzung steht in einem starken Kontrast zu den Erzählungen im Fall Renate Ikarius, die die Erfahrungen während der Kriegsjahre als sehr traumatisierend beschreibt (Kirschner et al., 2022). Anschließend an diese Erzählung verschiebt Bettina Reifert den Fokus auf ihre Schulausbildung. Den Mangel an *guten Lehrer:innen* beschreibt sie als einen *Nachteil* und rahmt diesen als eine *Kollektiverfahrung* der damaligen Zeit *(wir alle)*. Einen Nachteil der erlebten Kriegserfahrungen lokalisiert sie im Bildungsbereich. Sie hebt die *Relevanz einer guten Ausbildung* hervor:

> »Also (.) so n bisschen hat uns schon (.) so ne stabile positive Lehrer-Erfahrung hat uns eigentlich gefehlt. Vor allem im Studium dann. Im Studium

---

[12] Die Angaben verweisen auf die Zeilennummerierung innerhalb des Interviewtranskripts von Bettina Reifert.

hätte ich (.) so erfahrene (..) Ausbilder (.) gerne gehabt. Und (.) da warens-da waren se dann noch rarer. Bei den Lehrern hat man zunächst die die sich jetzt nichts zu Schulden kommen lassen ham d (.) hat man sie nicht wegen weltanschaulicher Dinge (.) ausgemustert (,) aber bei den (.) Dozenten (,) da durften (.) dann nur noch die äh sein die (.) vielleicht nen ganz reine Weste hatten (,) wo man nichts (.) nachsagen konnte (,) also ideologisch. Das war schwierig dann schon [...] deshalb war ich immer sehr dankbar wenn ich (.) einen kennengelernt habe (.) wo man echt was lernen konnte. Hab ich mich immer sehr daran orien(.) orientiert« (268–282).

Ihre *Orientierung an Lehrer:innen* und ihr *Fokus auf den Bildungsbereich* wird auch durch diese Sequenz deutlich. Das Fehlen von »guten Lehrern« empfindet sie im Studium umso stärker. Als »gute Lehrer« beschreibt sie solche, von denen man »echt was lernen konnte«. Den Mangel an guten Lehrer:innen erklärt sie dadurch, dass viele aufgrund weltanschaulicher Dinge (gemeint sind demnach nationalsozialistische Einstellungen) ausgemustert worden sind. In ihrer Beschreibung konnten nur diejenigen bestehen, die eine »ganz reine Weste hatten, wo man nichts (.) nachsagen konnte, also ideologisch«. Damit bedient Bettina Reifert das *Narrativ des verordneten Antifaschismus* in der DDR (Leo, 1993), wonach jegliche nationalsozialistische Gesinnung mit militärischer Akribie ausgemustert worden sei. Sie äußert sich dankbar darüber, Lehrer:innen gefunden zu haben, die ihren Kriterien entsprachen, und verleiht diesen eine *Vorbildfunktion*. Indem sie die Vorbilder in ihren Lehrer:innen sucht, entfernt sie sich in ihrer *Orientierung* von ihrer Herkunftsfamilie und wendet sich bezüglich ihrer Relevanz dem *Bildungsbereich* zu.

»Und wie- welche Haltung soll man haben (?) Also (.) hab ich Gott sei Dank (.) [Vorname] der verstorben is da hab ich sehr viel aus der Psychiatrie gelernt (,) da hatte der sich schon sehr (.) weil nu och zehn Jahre älter is (,) sehr viel äh sich Gedanken gemacht. Und der kannte och noch (.) relativ viel (.) gute Leute. Auch (.) solche Verfolgten des Naziregimes die dann och wiedergekommen sind« (288–292).

Auch die Frage der *Haltung* spielt für Bettina Reifert eine Rolle. An dieser Stelle thematisiert sie die *Haltung innerhalb der Psychiatrie*, für die man sich aktiv entscheiden musste. Dafür zog sie ebenfalls ältere Kolleg:innen beziehungsweise Vorgesetzte in ihrer Vorbildfunktion heran. Die *Haltung* wurde jedoch nicht als Gesetzmäßigkeit oder vorgefertigtes Denkmuster übernommen, sondern *durch eigene Überlegungen entwickelt*. Bedingung dafür ist, auf ein gutes *Netzwerk an Vorbildern* zurückgreifen zu können. Die Dankbarkeit über diese Schicksalhaftigkeit, trotz der generellen Leerstelle auf *gute Lehrer:innen* getroffen zu sein, wird auch in dieser Sequenz deutlich:

> »Und (.) und bei uns in der Psychologie (.) da waren Gott sei Dank n paar gute Menschen (,) die sich richtig Mühe gegeben haben und wo man och (.) was lernen konnte. Und welche (..) das waren so Partei (.) eingesetzte (,) kann man fast (n) oder nich (,) sagma mal so es waren scheinheilige Menschen (,) die sich über den Weg der Partei (.) eine (.) gehobene Stellung erschleichen wollten und konnten. Und das war eigentlich der Nachteil der D(.) der DDR (.) an(.)ansonsten hätte sie bleiben sollen (,) sie war (.) besser (,) ideologisch (.) als jetzt (.) das jetzige Regime. Aber (.) viele Menschen (..) die (.) sonst vielleicht keine Chancen für sich so gesehen haben (,) die ham sich (.) über Partei(.)mitgliedschaft und und (.) Funktion in der Partei ham die sich so (.) so angeschlichen. Und (.) hatten dann Einfluss. Und och sehr negativen Einfluss. Also wenn man Pech hatte ham die einen aus(.)rotten können. Und ham das auch versucht (!)« (293–307).

In diesem Abschnitt werden Bettina Reiferts Kriterien zur Unterscheidung von Lehrer:innen deutlicher: diejenigen, die »sich richtig Mühe gegeben haben« und von denen man »was lernen konnte« stehen in ihrer Logik denen gegenüber, »die sich über den Weg der Partei eine gehobene Stellung« erschleichen wollten und dies auch geschafft haben. Die »Personen, die von der Partei eingesetzt waren«, waren »scheinheilige Menschen«, die einen *zerstörerischen Einfluss auf ihr Umfeld* haben konnten. Unter ihnen seien nur weniger begabte Menschen zu finden, »die sonst vielleicht keine Chancen für sich so gesehen haben«. Es sind Menschen, die sich durch die Mitgliedschaft in der Partei Vorteile verschafften. Jedoch stellt sie durch ihre Abneigung gegenüber den Parteimitgliedern ihr *bedingungsloses Einverständnis mit dem Sozialismus* nicht infrage. Dass die Menschen in der Partei in der Lage waren, andere zu schädigen, leitet sie mit dem Satz »die einen aus(.)rotten können. Und ham das auch versucht« ein. Sie selbst ist Opfer eines solchen Verhaltens geworden:

> »Also (.) so konnte es auch passieren ne (?) Dass man (.) äh dann Opfer wurde von solchen (.) von solchen Schleim(.)Typen. Aber das war auch an-

dererseits wieder mein Glück als ich mit 17 gefragt wurde (,) ob ich in die Partei eintreten wollte. Da hab ich gesagt (.) niemals in eine Massenpartei ((amüsiert)). S würd ich nie machen. Wenn (.) ein ideolog(.) ideologisch (.) einwandfrei bin ich (.) also (..) ganz (.) sozialistisch eingestellt. Aber äh (.) diese Massenpartei da sind ja so viele Leute drin (,) die nur mit dem Ziel persönliche Vorteile zu haben (.) da eintreten. Und dann auch noch das Volkseigentum aus den Betrieben entwenden. S wusst ich ja als Arbeiterkind ((amüsiert)) (,) dass da viel weggeschleppt wurde (.) nach Hause schleppten die sich die ganzen (.) wertvollen Sachen. Ich bin auch mein ganzes Leben nie wieder gefragt worden, ob ich in die Partei eintreten will. Die Sache war (.) ein für alle Mal (.) in nem fünfminütigen Gespräch erledigt (.) in der Schule. Also(.). Und-und hatte keinen(.) ich war ja nun aber Arbeiterkind. Hatte keinerlei Nachteile« (322–335).

Ihre persönliche *sozialistische Einstellung* lässt sich auf keine Weise mit den unehrlichen Absichten der Mitglieder der *Massenpartei* (SED) vereinen. Die *Parteimitglieder* beschreibt sie anhand einer *Reihe negativer Zuschreibungen*. Es seien unehrliche Menschen, die den Sozialismus als solchen verraten haben. Ihr *Geburtsstatus als Arbeiterkind* verschaffte ihr in ihrer Darstellung den *nötigen Schutz vor dem Ausgeliefertsein gegenüber diesem System,* wodurch sie keine Benachteiligung aufgrund ihrer Ablehnung gegenüber einer Parteimitgliedschaft erfuhr.

Wie stellt die Interviewte ihr damaliges Arbeitsumfeld/ die damalige Situation dar?

Die Entscheidung gegen eine Parteimitgliedschaft brachte in ihrem Berufsleben jedoch auch Widrigkeiten mit sich.

»Aber (.) bin sofort aus dieser (.) Sache Partei war für mich (.) war für mich Geschichte. (..) Und dann wollte mich nochmal der ärztliche Direktor vom [Name] Krankenhaus (.) ablösen (.) da(.) da musst ich schnell hinkommen und sollte unterschreiben. Hiermit löse ich Sie ab wegen fehlenden Problembewusstsein für die politische Aufgabe ((amüsiert)). Unterschreiben Sie (,) unterschreiben Sie. Dann (.) der (.) der ließ nicht locker. Dann hab ich gesagt (.) na ok (,) dann unterschreib ich (.) Kenntnis genommen. Aber warum sollte ich dem zustimmen ja (?)« (335–342).

Die Darstellung eines Ultimatums, das ihr der ärztliche Direktor eines Krankenhauses vorlegte und damit die Quittierung ihrer beruflichen Position forderte, steht in der Erzählung in unmittelbarem Zusammenhang mit der Parteilosigkeit. Bettina Reifert wird überrumpelt und soll aus ihrem Dienst »wegen fehlenden Problembewusstsein für die politische Aufgabe« suspendiert werden. Also sieht sie sich gezwungen zu unterschreiben, wahrt jedoch ihr Gesicht, indem sie der Kündigung mit »zur Kenntnis genommen« nicht explizit zustimmt. Die amüsierte Erzählweise deutet auf ihre *emotionale Distanz* zu dieser Erfahrung hin. Die Ursache, die zur Kündigung führte, liefert sie in der darauffolgenden Sequenz nach:

> »Da hatte der rausgefunden (,) der war aber noch relativ neu (,) dass ich für (.) die Caritas recht viele Vorträge gehalten habe. Für Priester. Aber auch für (.) Sozialarbeiter beim Caritasverband. [...] Das war nich schlecht (.) das is sehr gut angekommen dort. Aber ich bin natürlich immer mit einer (.) sozialistischen Grundeinstellung (.) ich bin marxistisch erzogen ja (?) Also (.) reingegangen, bloß das hat die Priester überhaupt nicht gestört« (335–405).

Grund war demnach ihr »Engagement im kirchlichen Umfeld« gewesen. Für Bettina Reifert machte es keinen Unterschied, ob sie für eine kirchliche oder für eine staatliche Institution arbeitete. Bedeutender war es für sie, ihre sozialistische Grundeinstellung nicht zu verraten. Für den »relativ neu[en]« Klinikdirektor bedeutete ihr Engagement in der Kirche jedoch ein größeres Problem. Beachtenswert ist, dass ihre sozialistische Haltung Anknüpfungspunkte mit der Kirche hatte, nicht aber mit den Werten der Partei. Insofern handelte Bettina Reifert nach ihren eigenen Maximen und sieht die Problematik weniger als systemische Gegebenheit der sozialistischen Gesellschaftsordnung, sondern vielmehr als persönliches Problem des Klinikdirektors, wie sie in der folgenden Passage herausstellt:

> »Aber dieser Mensch hatte offensichtlich persönliche (.) Probleme mit sich (,) dieser ärztliche Direktor. Na hab ich meinen Job losgekriegt (,) dabei war ich nur (.) Leiterin einer Beratungsstelle (,) das war wirklich (.) äh für Suchtkranke (.) das war nun nich (.) nicht die Welt, ja (?) Er (.) er wollte meinen Job nicht (haben) ne(?) Er w(.) er hatte Angst. Einer (.) f(.) so n ganz fieser Typ hatte ihm das zugetragen (,) er konnte mit der Information nichts anfangen« (Z 357–363).

Das Motiv des Direktors, sie zur Kündigung zu zwingen, deutet sie einerseits als eine »Angst« seinerseits, dass sich diese Situation negativ für ihn auswirken könnte. Andererseits begründet sie ihre Kündigung damit, dass ihr Vorgesetzter etwas gegen die Existenz einer Beratungsstelle für Suchtkranke hatte. Nichtsdestotrotz war sie der Entscheidung des Direktors ausgeliefert und verlor ihre Anstellung.

»Ja. Übrigens war ich da bei [Name] zur(.) zur Rechtsberatung. [Name] ((amüsiert)) hat(.) hat das auch gemacht [...] Und der hat mich auch (.) beruhigt [...] Denn gerade in der Woche, wo er mich da abge(.)löst hat, da wurde in der Zeitung veröffentlicht, dass der Vater [Name] (.) der war Staatssekretär für Kirchenfragen (3) n Vertrag abgeschlossen hatte (.) mit den beiden (.) Vertretern der Kirchen oder (.) mehrere Vertreter von allen Kirchen (,) die wir so haben (.) hatten (..) ähm s-su- z- im Sinne der friedlichen Kooperation. Wir(.) wir(.) wir (.) jeder toleriert den andern aber mischt sich nicht in die inneren Angelegenheiten des anderen ein. Also der Staat toleriert die Kirchen (,) die dürfen arbeiten. Und der Staat mischt sich nicht in kirchliche Fragen ein (.) die Kirchen tolerieren den Staat (.) und reden dem auch nich rein (.) so ungefähr war dieser nicht (.) dieser kur(.) dieser friedliche Pakt zwischen den beiden. Und der wurde gerade in der Zeitung veröffentlicht. Sodass das ja in dieser fried(.) äh dass meine (.) mein Verhalten in friedlicher ((amüsiert)) Zusammenarbeit (..) grade gut reinpasste. Und so wars dann auch. Ich(.) deshalb bedauere ich die Wende sehr. Weil dadurch, durch diese(.) durch diesen wesentlichen Einschnitt in meinem Leben (,) dass ich den Job verloren habe (.) hat mir dann erstmal die Staatssicherheit ausrichten lassen (.) sie haben nichts gegen mich (..) sie wollten bloß mal wissen wer ich bin oder so. Ja (?) Also (.) ich wusste dann (.) I(.) es war kein staatlicher Angriff gegen mich« (385–390).

Die Kündigung nimmt Bettina Reifert nicht untätig an, sondern sucht Unterstützung bei einer Rechtsberatung, mit deren Hilfe sie mit der Situation besser umgehen kann. Zudem kommt ihr eine politische Lockerung des Umgangs zwischen Staat und Kirche in der DDR im Jahr 1978 entgegen[13.] Diese *politische Gelegenheitsstruktur* (Miehte, 2011) einer neuen

---

13 Die seit Anfang der 1970er Jahre propagierte Annäherung zwischen dem DDR-Staat und der Kirche und die im Jahr 1978 erfolgte Erklärung zwischen E. Honecker und den Vorständen des landeskirchlichen Protestantismus führten zum politischen Entschluss

Regelung zwischen Kirche und Staat verhilft ihr dazu, dass Ihr Engagement in der Kirche als »Verhalten in friedlicher ((amüsiert)) Zusammenarbeit« betrachtet werden kann. Daraufhin erhält Bettina Reifert von der Staatssicherheit die Information, dass die Kündigung kein »staatlicher Angriff« gegen sie gewesen sei. Von da an verändert sich ihre Situation und die Akzeptanz ihrer Arbeit als Psychologin in der DDR. Auch ändert sich an dieser Stelle der *Prozessstruktur ihres Lebenslaufs*[14] (Schütze, 1984) in der DDR. Von nun an nahm dieser eine positive Entwicklung, die jedoch später durch den *politischen Umbruch 1989/90 zunichtegemacht* wurde.

> »Und ähm (..) und ich habe dann eine große Unterstützung gekriegt (.) ich hab ne sehr schöne Stelle ne Nische gekriegt (,) als Leiterin der [spezifischer Name] Beratungsstelle in (.) [Stadt]. [...] Und dann (.) musst ich sogar zweimal hin (.) ich (hätt) d(.) dann(.) dann wusst ich schon ich war (.) gefördert irgendwie. Dann (.) dann ( ) (.) war ich da und dann ham hatt ich schon ne Zusage von der Amtsärztin (.) können Sie nochmal kommen (?) Ja die Parteisekretärin (,) die möchte Sie so gerne kennenlernen. Ich hab Sie doch nich vorgestellt weil Sie doch ((amüsiert)) gar nich in der Partei sind. Dann bin ich nochmal hin. Und dann hat die Parteisekretärin gesagt (.) ja dass sie sich freut dass ich da bin und wenn ich Probleme habe kann ich jederzeit zu ihr kommen (,) dann würde sie mich ((amüsiert)) unterstützen und so« (390–401).

Diese Sequenz bestätigt, dass sie von da an »eine große Unterstützung [...] ne sehr schöne Stelle, ne Nische«[15] erhalten hat. Diese Wendung der unterstützenden Behandlung durch die Partei führte zu einem Aufschwung in der Karriere als Psychotherapeutin in der DDR. Sie wurde zur Leiterin einer Bezirksberatungsstelle ernannt und erhielt dabei Zuspruch seitens einer Amtsärztin und einer Parteisekretärin. Die in der Beschreibung mitklingende Amüsiertheit über das Geschehen kann als Triumph über ihren

---

einer weitgehend friedlichen gegenseitigen Akzeptanz beider Seiten (Vgl. Mau, 2005; Stegmann, 2021).

14 Schütze unterscheidet unterschiedliche Prozessabläufe in der Lebensgeschichte. Diese sind das Biografische Handlungsschemata, Institutionelle Ablaufmuster der Lebensgeschichte, Verlaufskurve und Wandlungsprozesse (Schütze, 1984, S. 92ff.).

15 Mit dem Rückgriff auf den Begriff der *Nische* (im Sinne eines geschützten Bereichs) wurde eine kollektive Deutung ausgehend von den ehemaligen Akteur:innen der DDR-Psychotherapeutie nach der Transformation herangezogen, um deren Handeln in der DDR zu lokalisieren und legitimieren (Seidler et.al., 2002).

Erfolg eingeordnet werden, ohne die Parteimitgliedschaft dennoch die Unterstützung der Partei erhalten zu haben.

»Ich hab och sehr viel gearbeitet (,) das muss ich sagen(!) Ich hab jeden Tag (.) von früh um acht bis abends um zehn gearbeitet. Und habe (.) aber mir immer (.) Wochenenden (.) f(.)fast immer genommen, wenn ich nich grad mal was geschrieben habe (.) hatt ich am Wochenende immer frei« (479–484).

Als leistungsbezogen unverdient betrachtet Bettina Reifert die Beförderung jedoch nicht. Sie habe »sehr viel gearbeitet«. Ihre *hohe Arbeitsmoral* habe dazu geführt, dass sie ihren Beruf auch über das Geforderte hinaus erfüllte.

»Ach eigentlich seh ich nur die Erfolgserlebnisse. Das sind so viele und die halten ja och Kontakt und da hat man so viel Rückmeldung und [...] Also für mich is das n Job der mich (.) nicht äh irgendwo (.) beeinträchtigt (,) [...] Also (.) sondern (..) sonst hätt ich wahrscheinlich och nich so viel gearbeitet (.) äh wenn ich nich (.) nich die ganzen positiven Dinge gesehen hätte die damit verknüpft waren« (466–478).

Mit der bedingungslos positiven *Fokussierung auf Erfolgserlebnisse* innerhalb ihres Arbeitsfeldes findet das *positive Narrativ* ihrer Kindheit und ihrer Perspektive auf das Staatssystem der DDR eine Erweiterung. Diese *alternativlos positive Perspektive* stellt die Bedingung für den großen Arbeitseinsatz dar.

»Und das (.) und in der DDR hatt ich wie gesagt dann meine Nische gefunden (,) nachdem die mich alle unterstützt ham (,) nachdem ich den Job verloren hatte (.) und mir n neuen gegeben haben und dann (.) ich da fast (.) ich hab gesagt ich hab wirklich Idiotenfreiheit. Ich konnte machen was ich wollte. Ich wurde dann sogar Reisekader« (478–483).

Durch die Unterstützung von staatlicher Seite konnte sie in einer *Nische* so arbeiten, wie sie es für richtig erachtete. Dass sie im Verlauf dieses Wandlungsprozesses[16] ihre Anstellung erst verlieren musste und dadurch eine

---

16 Ein Lebensereignis in Form eines *Wandlungsprozesses* zu beschreiben, zeichnet sich durch eine überraschend und als systematisch verändernde Erlebnis- und Handlungsmöglichkeiten aus (Schütze, 1984, S. 92).

neue Stelle erhielt, sind Vorgänge, die sie als insgesamt glückliche Fügung erlebt. »Idiotenfreiheit« zu haben, genießt sie als größtmöglichen Freiheitsraum. Obendrein erhielt sie sogar den erweiterten Bonus, in das nichtsozialistische Ausland reisen zu dürfen.[17]

> »Also es war nichts (.) was ich in dieser- in dieser (.) Zeit (.) wo noch DDR war ne (?) Es war nichts was ich nicht gesehen hatte. Weswegen ich (..) auch nie diese (.) diese Neigung hatte äh schlecht über die DDR und gut über das andere zu sprechen. Weil ich hatte eigentlich immer alles. Und (.) was- was ich wollte. Und mehr wollt ich eigentlich gar nicht« (508–512).

Beruhend auf dem Umstand, dass sie *keine gefühlte persönliche Einschränkung ihrer Freiheit in der DDR* erlebte, hat Bettina Reifert auch sonst nichts an der DDR auszusetzen. Die eigene Positionierung bestimmt sie dabei zur Grundlage ihres persönlichen Bewertungsprozesses des DDR-Staates. Unrecht, das über ihr eigenes Erleben hinaus begangen wurde, wird in diese Wertung nicht einbezogen.

Zusammenfassung: Mit welchem Selbstverständnis entwirft sich diese Psychotherapeutin in der DDR?

Aufgrund ihrer *Erziehung als Arbeiterkind* in der DDR mit Orientierung an *marxistischen Idealvorstellungen* anhand entsprechender Literatur und sozialisatorischer Prägung, wächst Bettina Reifert in Einklang zum *sozialistischen Staatssystem der DDR* auf und bewahrt diese Einstellung bis heute als Leitnarrativ.[18] Bereits in der Schulzeit ist sie stark auf den Bildungsaufstieg fokussiert und erkennt in diesem Bereich ihre persönliche Stärke. Somit verortet sie ihre *Vorbilder an Personen im Bildungswesen* und richtet sich an (nach ihren Kriterien) *guten Lehrer:innen* aus. Mit dieser Fokussierung erhofft sie sich, *wirklich etwas zu lernen*. Diese persönlichen

---

17 Als Reisekader wurden Personen gewählt, die zum Staats- oder Parteiapparat gehörten, aber auch unter anderem Wissenschaftler:innen und Personen aus der Wirtschaft.

18 Arp und Goudin-Steinmann (2022) beschreiben unter anderem dieses Phänomen als ein häufig zu findendes Narrativ in den heutigen Erzählungen von DDR-Bürger:innen, die unter anderem nach dem Nationalsozialismus das sozialistische Staatssystem als Befreiung und Hoffnung auf eine bessere Zukunft verstanden.

Orientierungskriterien wendet sie auch im Studium der Psychologie und während ihrer Ausbildungszeit innerhalb der Psychiatrie an. In der Psychiatrie richtet sie sich an Personen aus, deren Lerninhalte *nicht auf programmatischen Gesetzmäßigkeiten, sondern auf deren persönlichen Überlegungen und Erkenntnissen* gründen. Grundsätzlich lässt sich anhand der Erzählung ihrer Kindheit und ihrer Ausbildung ein Empfinden großer Dankbarkeit gegenüber einem *schicksalhaften Glück-gehabt-Haben* in einer sonst eher unbemittelten Zeit konstatieren. Anhand dieser persönlichen Relevanzstrukturen gelingt Bettina Reifert der *Bildungsaufstieg aus ihrem Herkunftsmilieu*. Dabei betrachtet sie ihr Aufwachsen im *Arbeitermilieu als Schutz vor Benachteiligungen* seitens der SED. Einen Beitritt in die *Partei* lehnt sie auf Grundlage ihrer persönlichen Prinzipien entschieden ab und beschreibt diese hauptsächlich als eine *unaufrichtige Organisation* mit der Funktion korrumpierender Machenschaften zur persönlichen Bereicherung einzelner machtorientierter Menschen. In dieser Ablehnung besteht für sie jedoch kein Widerspruch zu ihrem grundsätzlichen Einverständnis zu den sozialistischen Idealen. Diese sind für sie sowohl mit kirchlichen beziehungsweise religiösen Weltverständnissen als auch mit staatlichen Erfordernissen vereinbar und schließen eine Betätigung in beiden Kontexten gleichermaßen mit ein. Jedoch erfährt Bettina Reifert durch diese Einstellung auch Benachteiligungen. Den Verlust ihrer Arbeitsstelle am Klinikum sieht sie in direkter Verbindung zu ihrer parteilichen Enthaltung und ihrem beruflichen Engagement in der Kirche. Bald darauf erhält sie unter Einbezug einer günstigen politischen Gelegenheitsstruktur (Miehte, 2011) eine neue Arbeitsstelle und damit die Unterstützung für ihre psychotherapeutische Tätigkeit auch seitens der SED. Diese von nun an als solche empfundene Förderung versteht sie als *bedeutenden Wendepunkt in ihrem Leben* in der DDR, in dessen Kontrast die Entwicklungen im Rahmen des politischen Umbruchs 1989/90 als bedauernswert und teils kritisch empfunden werden. Ihrer therapeutischen Tätigkeit in der DDR innerhalb einer *Nische* nachgehen zu können empfindet sie als vollkommene *Freiheit*. Jedoch schreibt sie die Erfolge ihrer Karriere nicht nur der ihr entgegengekommenen politischen Gunst zu, sondern betont gleichzeitig ihren *hohen Arbeitseinsatz*. Das hohe Arbeitspensum kann sie aufgrund ihrer *Fähigkeit zur positiven Deutung ihres Lebens und ihres Arbeitsfeldes* aufrechterhalten. Für Bettina Reifert hat sich ihr sozialistisch geprägtes Lebensprinzip während ihrer Lebenszeit in der DDR bewahrheitet. Sie beschreibt keinerlei Einschränkung in ihren damaligen Lebensbereichen. Ihre persönlichen

Vorteile zieht sie als Bewertungsmaßstab für das im Großen und Ganzen als gut eingeschätzte DDR-System heran.

Schließlich lässt sich aus der oben angeführten Analyse festhalten, dass Bettina Reifert eine Psychotherapeutin der DDR war, die ihr Handeln in Übereinstimmung mit dem sozialistischen Ideengut beschreibt und gleichzeitig dem Machtapparat der SED ablehnend gegenüberstand. Sie genoss jedoch die Vorteile, die ihr später durch die Unterstützung der Partei innerhalb ihrer beruflichen Tätigkeit entgegenkamen. Ausschlaggebend für ihre berufliche Erfolgsgeschichte ist eine politische Gelegenheitsstruktur, die ihr während einer Differenz mit der SED hilfreich war. Ihre Reflexivität gegenüber dem Staatssystem der DDR ist insofern begrenzt, als dass ihre Beurteilung gegenüber diesem vor allem auf der Empfindung ihrer persönlichen Vorteile beruht. Während des gesamten Interviews problematisiert sie keinerlei vom Staatssystem ausgehenden repressiven Handlungen im Zusammenhang mit ihrem therapeutischen Handeln. Sowohl in ihrem methodischen Handeln als auch in ihrem Freiheitsraum fühlte sie sich als Therapeutin uneingeschränkt wirksam.

Ausblick – Sozialwissenschaftliche Erschließung lebensgeschichtlicher Interviews im Kontext des Workshops »Erinnern und Vergessen«

Mit dieser Darstellung der Analyse einer transkribierten Textstelle aus einem Interview mit einer Psychotherapeutin der DDR und der Zusammenführung der Konstrukte im Hinblick auf das reproduzierte Selbstverständnis der Person wurde hier unter Einbezug von speziellen Fragestellungen ein rekonstruktiver Forschungsansatz genutzt, um innerhalb der Geschichtswerkstatt »Erinnern und Vergessen« diese zu diskutieren und einzelne Phänomene herauszuarbeiten. Die im Kontext des Workshops behandelte übergreifende Thematik, ob und inwieweit sich subjektive Erzählungen hinsichtlich ihrer Wahrheitsgehalte und Verlässlichkeit zur Geschichtsschreibung eignen, ist mit diesem methodischen Zugang nicht vordergründig zu klären. Denn dass die heute vergegenwärtigten Repräsentationen der damaligen Lebenssituation stets in Anbetracht der aktuellen Verortung und Lebenssituationen wiedergegeben werden und diese aufgrund unterschiedlicher gesellschaftlich-kultureller (Assmann, 1997; Ganzenmüller, 2020) und neuropsychologischer Aspekte (Kühnel & Markowitsch, 2009) einer Transformation unterliegen und zu unterschiedlichen Zeitpunkten im Leben stets neu bewertet, reproduziert und erzählt werden, wird in der methodischen Auseinandersetzung mit dem Material bewusst mit einbezogen. Schließlich richtet die interpretative Sozialforschung im Sinne Fritz Schützes (1983) ihr Interesse darauf, die Biografieträger:innen ihre Lebensgeschichte selbst deuten zu lassen. Es geht also nicht um einen immanenten Wahrheitsgehalt der Erzählung als tatsächliches Geschehen, sondern um das Verstehen der subjektiven Wirklichkeitsdeutung der erzählenden Person.

>»Biografien bilden Wirklichkeit nicht ab. In einer gewissen Weise erzeugen oder konstruieren sie ihre ›eigene Wirklichkeit‹. [...] Allerdings bedeutet dieser konstruktivistische Aspekt des Biographischen nicht, dass unsere Lebenserfahrung beliebig wäre. Sie bleibt durchaus ein Produkt unserer sozialen Herkunft, unseres Geschlechts, unserer Ethnizität und der historischen Zeit, in der wir leben« (Alheit, 2007, S. 82f.).

Die biografische Erzählung vermag es somit, das Besondere eines sozialen Allgemeinen auszudrücken. Ein beachtlicher Teil der Forschungsanstrengungen im Zusammenhang mit der Aufarbeitung der DDR-Geschichte ist darauf gerichtet, herauszustellen, wie die damaligen Akteur:innen die vergangene Wirklichkeit heute wahrnehmen und wie sie sich dazu verhalten (Lüdtke, 1989). In dem Kanon dieser Forschungsansätze soll auch die hier auszugsweise dargestellte Interviewstudie mit Psychotherapeut:innen der DDR eingeordnet werden. Hier konnte gezeigt werden, wie eine Psychotherapeutin aufgrund ihrer sozialisatorischen und biografischen Gegebenheiten ihre berufliche und persönliche Positionierung im DDR-Staat gefunden und 30 Jahre nach der friedlichen Revolution ihre damalige und heutige Identität in der Erzählung konstruiert hat.

Literatur

Alheit, P. (2007). Geschichten und Strukturen. Methodologische Überlegungen zur Narrativität. *ZQF, 8*(1), 72–96.
Arp, A. & Goudin-Steinmann, É (2022). *Die DDR nach der DDR. Ostdeutsche Lebenserzählungen*. Gießen: Psychosozial-Verlag.
Assmann, J. (1997). *Das kulturelle Gedächtnis: Schrift, Erinnerung und politische Identität in frühen Hochkulturen*. München: C.H. Beck.

Ernst, A.S. (1997). *Die beste Prophylaxe ist der Sozialismus. Ärzte und medizinische Hochschullehrer in der SBZ/DDR 1945–1961*. Münster, New York, München, Berlin: Waxmann.

Froese, M.J. (1999). Zur Wiederbelebung der analytischen Psychotherapie in der DDR. Eine Erwiderung an Roland Härdtle und Wolfgang Schneider. *Forum Psychoanal, 15*,175–186.

Ganzenmüller, J. (2020). Ostdeutsche Identitäten: Selbst-und Fremdbilder zwischen Transformationserfahrung und DDR-Vergangenheit. *Deutschland Archiv, 24*, 2020.

Glaser B, Strauss A. (2010). *Grounded Theory. Strategien qualitativer Forschung* (3. Aufl.). Bern: Huber.

Goffman, E. (1993). *Rahmen-Analyse. Ein Versuch über die Organisation von Alltagserfahrungen*. Frankfurt a.M.: Suhrkamp.

Heslper, W., Krüger, H.-H. & Rabe-Kleberg (2000). Professionstheorie, Professions- und Biografieforschung – Einführung in den Themenschwerpunkt. *Zeitschrift für qualitative Bildungs-, Beratungs- und Sozialforschung, 1*, 5–19.

Kirschner, H., Arp, A., Schneider, N., Storch, M., Rauschenbach, M. & Strauß, B. (2022). Lebensgeschichtliche Interviews mit DDR-PsychotherapeutInnen. *PPmP, 72*(12), 564–571.

Kirschner, H., Storch, M., Arp, A., Kaufmann, M.T., Paripovic, G. & Strauß, B. (2024). Die Bedeutung der Bildungsbiografie für das professionelle Selbstverständnis von DDR-Psychotherapeut: innen. *PPmP, 74*(1), 25–34.

Kühnel, S. & Markowitsch, H.J. (2009). *Falsche Erinnerungen. Die Sünden des Gedächtnisses*. Heidelberg: Spektrum Akademischer Verlag.

Leo, A. (1993). Die Auseinandersetzung mit der nationalsozialistischen Vergangenheit in der DDR. In W. Benz & J. Leuschner (Hrsg.), *Geeinte Nation – Geteilte Geschichte. Die deutsche Gesellschaft nach der Wiedervereinigung* (S. 46). Salzgitter: Archiv der Stadt Salzgitter.

Lüdtke, A. (1989). *Zur Rekonstruktion historischer Erfahrungen und Lebensweisen*. Frankfurt a.M.: Campus Verlag.

Mau, R. (2005). *Der Protestantismus im Osten Deutschlands (1945–1990)*. Leipzig: Evangelische Verlagsanstalt.

Miethe, I. (2007). *Bildung und soziale Ungleichheit in der DDR: Möglichkeiten und Grenzen einer gegenprivilegierenden Bildungspolitik*. Halle: Barbara Budrich.

Miethe, I. (2011). Politik, Bildung und Biografie. Zum Zusammenhang von politischer Gelegenheitsstruktur und individuellem Bildungsauftrag. *Forum Qualitative Sozialforschung, 12*(2), Art. 8.

Misselwitz, I. (1991). Die Arzt-Patient-Beziehung in der Psychotherapie unter DDR-Bedingungen. *Psychosozial, 14*(48), 81–84.

Mitscherlich, A. (1992). *Auf dem Weg zur vaterlosen Gesellschaft: Ideen zur Sozialpsychologie*. München: Pieper.

Oevermann U. (1996). Skizze einer revidierten Theorie professionalisierten Handelns. In A. Combe & W. Helsper (Hrsg.), *Pädagogische Professionalität. Untersuchungen zum Typus pädagogischen Handelns* (S. 70–182). Frankfurt a. M: Suhrkamp.

Plänkers, T., Bahrke, U., Baltzer, M., Drees, L., Hiebsch, G., Schmidt, M. & Tautz, D. (2005). *Seele und totalitärer Staat. Zur psychischen Erbschaft der DDR*. Gießen: Psychosozial-Verlag.

Schütze, Fritz (1983). Biografieforschung und narratives Interview. *Neue Praxis, 13*(3), 283–293.

Schütze, F. (1984). Kognitive Figuren des autobiografischen Stegreiferzählens. In M. Kohli & G. Robert (Hrsg.), *Biografie und soziale Wirklichkeit. Neue Beiträge und Forschungsperspektiven*. Stuttgart: Metzler.

Schütze, F. (2000). Schwierigkeiten bei der Arbeit und Paradoxien des professionellen Handelns. Ein grundlagentheoretischer Aufriß. *ZQF–Zeitschrift für Qualitative Forschung, 1*(1).

Seidler C. & Froese M. J. (2002). Endlich Freiheit, endlich Psychoanalyse? In C. Seidler & M. J. Froes (Hrsg), *DDR-Psychotherapie zwischen Subversion und Anpassung* (S. 12–34). Berlin: edition bodoni.

Seidler, C. & Froese, M. J. (2014). Endlich Freiheit, endliche Psychoanalyse. In C. Seidler & I. Misselwitz. *Neue Wege der Gruppenanalyse. Beiträge der Intendierten Dynamische Gruppenpsychotherapie*. Opladen, Berlin, Toronto: Barbara Budrich.

Stegmann, A. (2021). *Die Kirchen in der DDR. Von der sowjetischen Besatzung bis zur Friedlichen Revolution*. München: CH Beck.

Strübing, J. (2019). Grounded Theory und Theoretical Sampling. In B. Baur & J. Blasius, *Handbuch Methoden der empirischen Sozialforschung*. Wiesbaden: Springer.

Biografische Notiz

Hariet Kirschner, Dr. phil., ist Soziologin und befasst sich schwerpunktmäßig mit soziologischen und psychologischen Theorien zu Erinnerung und Erzählung. Anhand lebensgeschichtlicher Gespräche und der Rekonstruktion biografischer Lebensläufe beschäftigte sie sich in den letzten Jahren unter anderem mit Fragen zum professionellen Selbstverständnis von DDR-Psychotherapeut:innen. Zudem liegen ihre Schwerpunkte in der qualitativen Sozialforschung bezüglich bildungsbiografischer Fragestellungen.

Die Bedeutung der intendiert-dynamischen Gruppenpsychotherapie für die individuelle Biografie

Rückblick einer ehemaligen Psychotherapiepatientin

Marie Busch

Die vorliegende Falluntersuchung geht der Bedeutung der intendiert-dynamischen Gruppenpsychotherapie (IDG) in der Biografie der ehemaligen Psychotherapiepatientin Gisela Ilius nach, die sich vor 1989/90 mehrmals in psychotherapeutische Behandlungen nach IDG-Konzept begab. Es wird zum einen nach den lebensgeschichtlichen Voraussetzungen gefragt, die zu der Inanspruchnahme der IDG führten, zum anderen nach der Funktion der IDG im biografischen Gesamtzusammenhang. Zur Beantwortung beider Forschungsfragen wurde eine biografische Fallrekonstruktion auf Grundlage eines lebensgeschichtlichen Interviews durchgeführt. Es konnte gezeigt werden, dass die Inanspruchnahme der IDG durch Gisela Ilius in einem biografischen Zusammenhang mit einer Konfusion hinsichtlich ihrer sexuellen Identität steht. Die Funktion der IDG in der untersuchten Biografie lässt sich hingegen als eine Affirmation ihrer sozialen Identität beschreiben. Die Bedeutung der IDG im analysierten Fall wird daher als Identitätsarbeit bezeichnet.

Einleitung

Die intendiert-dynamische Gruppenpsychotherapie (IDG) gilt als »*die* originär gewachsene persönlichkeitszentrierte Psychotherapiemethode in der DDR« (Seidler, 2015, S. 34, Hervorhebung im Original). Sie zeichnete sich nicht nur durch ein charakteristisches Konzept und methodische Eigenheiten aus, sondern erfreute sich in der DDR auch großer Popularität und wurde aus diesem Grund nach der Wende häufig und kontrovers diskutiert. Die inhaltlichen Ausrichtungen der auf die IDG bezogenen Veröffentlichungen sind vielfältig: Sie reichen von fachlichen Debatten um die Zugehörigkeit der IDG zur Psychoanalyse über die Darstellung der Entstehungs- und Entwicklungsgeschichte der IDG (s. etwa Seidler, 2001) bis hin zu Reflexionen ehemaliger IDG-Therapeut:innen bezüglich ihrer Funktion als Psychotherapeut:innen im Gesundheitssystem der DDR (beispielsweise Bartuschka, 1992). Weder im Hinblick auf die IDG noch auf andere Psychotherapieverfahren der DDR ist allerdings die Perspektive ehemaliger Patient:innen auf ihre Behandlungen bisher wissenschaftlich untersucht oder systematisch erfasst worden. Vor dem Hintergrund dieser Leerstelle leistet die vorliegende Falluntersuchung einen ersten Beitrag dazu, die Perspektive ehemaliger Patient:innen auf die IDG zu eröffnen. Hierzu wird am Einzelfall herausgestellt, welche Bedeutung die IDG als psychotherapeutische Intervention für eine ehemalige Patientin im Gesamtzusammenhang ihrer Biografie einnimmt.

Einführung in das Forschungsfeld

Die intendiert-dynamische Gruppenpsychotherapie

Die IDG ist eng mit dem Namen ihres Begründers, dem Arzt und Psychotherapeuten Kurt Höck, und ihrem Entstehungsort, dem Haus der Gesundheit (HdG) in Berlin verbunden (Sommer, 2000). 1973 stellte Höck erstmals das methodische Vorgehen nach IDG-Konzept vor (Kongressbeitrag, 1973, publiziert in Höck, 1975b): Vorgesehen war, dass Patient:innen nach einem diagnostischen Prozess im Setting einer geschlossenen Gruppe einen sechs- bis achtwöchigen stationären Aufenthalt in der 1964 eröffneten Psychotherapieklinik Hirschgarten verbrachten, die institutionell an das HdG angebunden war. Anschließend sollten sie ambulant am HdG weiterbehandelt werden (Höck, 1985). Während des stationären Aufenthaltes durchlief eine Therapiegruppe idealtypisch fünf verschiedene gruppendynamische Phasen, die letztlich die Genesung der Gruppenmitglieder zur Folge haben sollten. Diese Phasen weisen einerseits einen deskriptiven Charakter auf – sie lieferten also Beschreibungen häufig beobachteter Gruppendynamiken und Entwicklungen der Mitglieder in der Gruppe (Höck, 1981, S. 28–30) –, waren jedoch auch als normativ zu verstehen: Das erfolgreiche Überwinden einer frühen Phase galt als Voraussetzung für das Gelingen nachfolgender Phasen und letztendlich für den gesamten Heilungsprozess.

Mit jeder Phase verbunden war daher ein bestimmtes Etappenziel und eine Handlungsempfehlung für die Therapeut:innen, die das Erreichen des

Zieles begünstigen sollte. Als besonders markantes Element des IDG-Konzeptes ist der Kippvorgang zu nennen, der sich im Anschluss an die dritte Gruppenphase vollziehen sollte. Der Kippvorgang war die Bezeichnung für den Zusammenschluss aller Patient:innen gegen die Gruppenleitung, der als Voraussetzung für ein verantwortungsvolles und solidarisches Miteinander in der Gruppe galt (Froese & Seidler, 2002). Indem die Mitglieder die Autorität der Gruppenleitung gemeinsam infrage stellten, sollten sie die Wirkmächtigkeit selbstverantwortlichen und gemeinschaftlichen Handelns erfahren (Höck, 1984). Damit die Gruppe allerdings tatsächlich »kippte«, mussten die Gruppenleiter:innen laut Konzept die zu Anfang einer Therapie bestehende Unsicherheit der Patient:innen durch frustrierendes Verhalten intensivieren. Gerade in der Initialphase, so Höck (1975a, S. 159), sei es erforderlich, »die passiv-abhängige Haltung, Unterwürfigkeit und Angst entsprechend zu verstärken und durch die so bewirkte Mobilisierung von Kampf- und Fluchttendenzen Rebellion und Aggressionsenthemmung zu verkürzen«.

Die Ausrichtung der IDG auf die Mobilisierung aggressiver Gefühle zum Zwecke der Heilung ist in der Vergangenheit aus unterschiedlichen Blickwinkeln heraus kritisiert worden. So wurde der Methode etwa vorgeworfen, methodisch begründete Grenzüberschreitungen in Kauf genommen zu haben, wenn Patient:innen mit schweren psychischen Erkrankungen infolge des frustrierenden Verhaltens der Gruppenleitung zusätzlich labilisiert worden seien (Ersfeld-Strauß, 2000; Weise, 1990). Das Risiko einer psychotischen Dekompensation sei als mögliches Ergebnis der »absolute[n] Beziehungsverweigerung« zu Beginn des Therapieprozesses bereitwillig eingegangen worden (Ersfeld-Strauß, 2000, S. 349).

Fragestellung(en) an den untersuchten Fall

Die theoretische Auseinandersetzung mit der IDG und ihren methodischen Charakteristika eröffnet Möglichkeitsräume im Hinblick auf die Bedeutungszuschreibungen, die eine IDG-Behandlung im Rückblick von Patient:innen auf ihre Lebensgeschichte erfahren könnte. Weil sämtliche Kontroversen um die IDG bisher jedoch ausschließlich aus der Perspektive des psychotherapeutischen Fachpublikums geführt wurden, konnten die theoretisch aufgeworfenen Möglichkeiten noch nicht geprüft werden. Damit dies gelingt, sind empirische Untersuchungen der Biografien ehemaliger IDG-Patient:innen unabdingbar. Die vorliegende Fallanalyse stellt somit einen ersten Versuch dar, den theoretisch entworfenen Möglichkeitsraum mit einer empirischen Antwort zu füllen.

Dem Beitrag liegt ein biografisches Interview mit der ehemaligen IDG-Patientin Gisela Ilius zugrunde, das rekonstruktiv und interpretativ untersucht wurde. Die übergeordnete Forschungsfrage, die die Analyse der Biografie Gisela Ilius' begleitet, lautet hierbei: Wie wird die IDG als psychotherapeutische Intervention in der Biografie der ehemaligen Patientin Gisela Ilius relevant? Diese Frage lässt sich wiederum in zwei untergeordnete Erkenntnisbereiche gliedern, die jeweils unterschiedliche Lebensphasen in Ilius' Biografie mit besonderer Aufmerksamkeit fokussieren: Welche lebensgeschichtlichen Voraussetzungen führten zur Inanspruchnahme der IDG durch die Patientin? Welche Funktion nimmt die IDG im biografischen Gesamtzusammenhang der Patientin ein?

Zugang zur Interviewpartnerin

Die Erhebung des Datenmaterials fand im Rahmen des Forschungsverbundes Seelenarbeit im Sozialismus (SiSaP) statt. Innerhalb des Verbundes beschäftigt sich das Teilprojekt in Jena mit der ambivalenten Rolle der Psychotherapie in der DDR. Die Initiative für das Interview ging von Gisela Ilius selbst aus, die das Jenaer Projekt in dem Wunsch kontaktierte, von ihren Erfahrungen als ehemalige Patientin der IDG zu erzählen. Im Rahmen einer Oral-History-Erhebung führte Agnès Arp daraufhin im Juli 2020 ein lebensgeschichtliches Interview mit Gisela Ilius. Es entstanden etwa 02:25 Stunden Audiomaterial.

Die Datenerhebung erfolgte methodisch in Anlehnung an das Verfahren des narrativen Interviews nach Fritz Schütze (1983), dessen Ziel der Interviewführung in der Hervorlockung und Aufrechterhaltung einer ausführlichen und autonom gestalteten Stegreiferzählung des selbsterfahrenen Lebenslaufs besteht. Darüber hinaus wurden biografische Daten der Interviewpartnerin zur Erstellung eines Lebenslaufes und eines Familiengenogramms telefonisch erhoben. Das Transkript des lebensgeschichtlichen Interviews sowie die biografischen Daten zur Interviewpartnerin bildeten die Grundlage für die Untersuchung des Falles.

Die Datenauswertung folgt dem Verfahren der biografischen Fallrekonstruktion nach Gabriele Rosenthal (1995, 2015). Dabei handelt es sich um eine Synthese verschiedener methodischer Ansätze, denen ein sequenzielles und rekonstruktives Vorgehen gemein ist. Neben der Textanalyse nach Fritz Schütze (1983) bezieht das Rosenthal'sche Verfahren die objektive beziehungsweise strukturale Hermeneutik nach Ulrich Oevermann (vgl. u. a. 1981, 1983) und die thematische Feldanalyse nach Wolfgang Fischer ein (Rosenthal, 2015, S. 202). Um die familiale Einbettung eines jeden Falles zu berücksichtigen, wird darüber hinaus teilweise auf eine Genogrammanalyse zurückgegriffen (Wundrak, 2019), die auch im vorliegenden Fall in die Untersuchung einbezogen wurde. Da die Interviewpartner:innen im Interview ihre Lebensgeschichte selbst erzählen, bezeichnet Rosenthal sie auch als Autobiograf:innen oder Biograf:innen. Das Ziel des Vorgehens besteht darin, die einem Fall zugrunde liegenden latenten Dynamiken und Regelhaftigkeiten zu erschließen.

Eine methodische Besonderheit der biografischen Fallrekonstruktion (gegenüber anderen rekonstruktiven Verfahren) ist die Unterscheidung der erlebten Lebensgeschichte und der erzählten Lebensgeschichte. Als erlebte Lebensgeschichte wird die vergangene Lebensgeschichte des:der Biograf:in bezeichnet, die unabhängig von der Erzählung im Interview existiert. Unter dem Terminus erzählte Lebensgeschichte – oder auch Lebenserzählung – wiederum versteht man die sprachliche Hinwendung der interviewten Person zu ihrer Lebensgeschichte in der Gegenwart des Interviews – das also, was sie im lebensgeschichtlichen Interview erzählt. Die beiden Phänomene – (erlebte) Lebensgeschichte und Lebenserzählung – können, wenngleich sie miteinander verwoben sind, hinsichtlich ihrer Chronologie sowie ihrer temporalen und thematischen Verknüpfungen divergieren (Rosenthal, 2015, S. 203). Beide Ebenen werden zuerst einzeln hinsichtlich ihrer Dynamiken analysiert und anschließend miteinander kontrastiert.

Einführung in den Fall Gisela Ilius

Kurzbiografie der Interviewpartnerin

Gisela Ilius (im Folgenden auch: die Biografin) wird 1950 in der brandenburgischen Provinz auf dem Bauernhof ihrer Eltern geboren. Sie wächst mit einem fünf Jahre älteren Bruder, der Mutter, dem Vater und der Großmutter auf. Die Eltern erziehen ihre Kinder evangelisch und stehen in einem distanziert-kritischen Verhältnis zur DDR – auch, weil sie sich gegen den Anschluss an die Landwirtschaftliche Produktionsgenossenschaft (LPG) der DDR wehren.

1957 wird Ilius eingeschult. Nach der achtjährigen Dorfschule in ihrem Heimatort besucht Ilius die Erweiterte Oberschule (EOS) in der nahegelegenen Kreisstadt und schließt dort mit dem Abitur – wie damals in der DDR üblich (Geißler, 2015) – auch eine Berufsausbildung zur Nähmaschinenmechanikerin ab. In ihrer Jugend beginnt sie außerdem, sich für Musik und Kunst zu interessieren. Als weiteres relevantes Datum in der Biografie wird der sexuelle Missbrauch gewertet, den Gisela Ilius im Jahre 1961, im Alter von elf Jahren, durch ihren 16-jährigen Bruder erfährt.

Im Anschluss an die schulische Ausbildung zieht Ilius 1969 nach Berlin, um dort Kunst und Germanistik für den Lehrberuf zu studieren. Später entscheidet sie sich jedoch dagegen, den Lehrberuf im schulischen Kontext auszuüben, da sie selbst ebenfalls in einem kritisch-distanzierten Verhältnis zum Staat steht. Zu Studienbeginn lebt Ilius in einem Studentenwohnheim, wird schwanger und erleidet im Jahre 1970 eine Fehlgeburt. Kurz darauf lernt sie ihren zukünftigen ersten Ehemann Uwe Kast kennen, der ihr nahelegt, aufgrund ihrer von ihm vermuteten »Frigidität« eine Gruppenpsychotherapie am Haus der Gesundheit in Anspruch zu nehmen. Ilius betrachtet sich selbst zwar nicht als psychotherapiebedürftig, begibt sich aber dennoch 1972 auf Anraten Kasts in eine stationäre Psychotherapie in der Psychotherapieklinik Hirschgarten. Weil Kurt Höck zu dieser Zeit am HdG und in der Klinik Hirschgarten die psychotherapeutische Arbeit nach IDG-Konzept entwickelt und etabliert (Sommer, 2000), kann davon ausgegangen werden, dass es sich bei Ilius' Behandlung ebenfalls um eine IDG handelt. Im Anschluss an den Klinikaufenthalt erfolgt eine ambulante Nachbehandlung im Einzelsetting. Im Interview bewertet Ilius sowohl die stationäre IDG-Behandlung als auch die Nachbehandlung positiv.

Zwei Jahre nach der Psychotherapie heiraten Gisela Ilius und Uwe Kast; im Jahr darauf wird ihre erste gemeinsame Tochter geboren. 1978 kommt Ilius' und Kasts zweite Tochter zur Welt. In den darauffolgenden Jahren nimmt die Biografin ihre künstlerischen Interessen wieder auf und besucht regelmäßig einen Zeichenkurs. Ende der 1970er Jahre – eine präzise Angabe des Jahres liegt in diesem Falle nicht vor – nimmt Ilius eine zweite, rein ambulante Gruppenpsychotherapie im HdG in Anspruch. Auch hierbei dürfte es sich um eine Therapie nach IDG-Konzept gehandelt haben.

Ilius entscheidet sich jedoch für einen vorzeitigen Therapie-Abbruch, weil sie sich in der Gruppe nicht wohlfühlt.
Ilius' erste Ehe mit Kast wird im Jahr 1981 geschieden. Nach der Scheidung lebt Ilius mit ihren beiden Töchtern weiterhin in Berlin und geht unterschiedlichen Berufen nach. Nebenbei intensiviert sie ihre künstlerische Arbeit und bewirbt sich schließlich um eine Mitgliedschaft im Verband Bildender Künstler der DDR (VBK). Ilius' Aufnahme in den VBK erfolgt im Jahr 1987 und ermöglicht es ihr, nun freischaffend tätig zu sein und von günstigeren Ausstellungs- und Verkaufsmöglichkeiten zu profitieren. 1990 löst sich der VBK allerdings auf (Pätzke, 2003), sodass Ilius die Vorteile der Mitgliedschaft nur wenige Jahre nutzen kann. In der nachfolgenden Zeit lebt sie in schwierigen ökonomischen Verhältnissen. Ilius lernt 1996 ihren zukünftigen zweiten Ehemann kennen, der wie Gisela Ilius ebenfalls als Künstler und Pädagoge arbeitet. Zum Zeitpunkt des Interviews lebt Ilius mit ihrem zweiten Ehemann zusammen und ist bereits Rentnerin, widmet sich jedoch auch weiterhin künstlerischen Tätigkeiten.

Forschungsstand

Vorstellung der Analyseergebnisse

Im Laufe der Analyse wurden verschiedene Phänomene des Falles identifiziert, die als bedeutsam für die Inanspruchnahme und die Funktion der IDG in der Biografie der Interviewpartnerin angesehen werden. Die angenommenen Beziehungen zwischen den erschlossenen Phänomenen sind in der Abbildung 1 grafisch dargestellt.
Für die Frage nach den Voraussetzungen der IDG-Inanspruchnahme wird die sexuelle Identität der Biografin als ausschlaggebend erachtet. Die Bezeichnung sexuelle Identität wird hierbei in Anlehnung an die Psychoanalytikerin Elisabeth Imhorst (2019) als Oberbegriff mit den beiden Polen der Geschlechtsidentität (Wer bin ich als Frau?) und der sexuellen Orientierung (Wie begehre ich?) verwendet.
Die Analyse der biografischen Daten und der Lebenserzählung führt zu der Annahme, dass Ilius' Beziehungen zu den Familienmitgliedern ihrer Herkunftsfamilie von einem Gefühl der Fremdheit und eines empfundenen Mangels an Anerkennung geprägt waren. Weil die Zuwendung der primären Bezugspersonen die Voraussetzung für die Entwicklung einer in-

tegrierten sexuellen Identität bildet (Hirsch, 2019), wird daher davon ausgegangen, dass der familiäre Raum Ilius ungünstige Bedingungen hierfür bot. Dies ist einer von zwei Erklärungsansätzen für das Zustandekommen ihres ambivalenten Selbstbezuges zu ihrer Geschlechtsidentität und ihrer

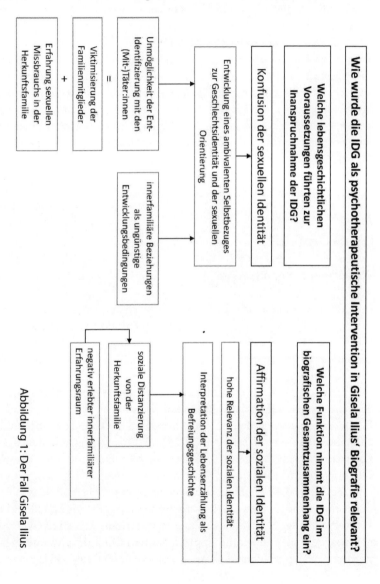

Abbildung 1: Der Fall Gisela Ilius

sexuellen Orientierung, der als Konfusion der Biografin hinsichtlich ihrer sexuellen Identität bezeichnet wird. Diese Konfusion manifestiert sich in der Lebenserzählung einerseits in einer Symbolhaftigkeit des weiblichen Körpers im Sprechen der Biografin über sich selbst und andere Frauen, andererseits in Ilius' widersprüchlicher Haltung bezüglich der Frage ihrer sexuellen Orientierung.

Des Weiteren wird der sexuelle Missbrauch Ilius' durch ihren älteren Bruder, den sie im Alter von elf Jahren erlitt, als biografisch prägende Erfahrung angesehen. Es wird vermutet, dass das Zusammenwirken der Missbrauchserfahrung und der Tendenz der Biografin zur Viktimisierung der Familienmitglieder die Ent-Identifizierung mit dem Bruder als missbrauchendem Täter und den Eltern als nicht-missbrauchenden Mittäter:innen verunmöglicht. Gemäß der psychoanalytischen Traumatologie gilt die Ent-Identifizierung eines Opfers sexuellen Missbrauchs mit dem oder der Täter:in allerdings als die Voraussetzung für die gelingende Verarbeitung der Grenzüberschreitung und die Entwicklung einer eigenständigen Identität (Jelinski, 2012, S. 48ff.).

Das Phänomen der nicht erfolgten Ent-Identifizierung mit dem Bruder und den Eltern bildet so den zweiten Erklärungsansatz für das Zustandekommen der Konfusion der Biografin hinsichtlich ihrer sexuellen Identität. Diese wiederum steht gemäß der Analyse insofern mit der Inanspruchnahme der IDG-Behandlungen im Zusammenhang, als dass Ilius das Erzählen über die Beweggründe für die Inanspruchnahme sprachlich stets mit dem Erzählen über Verunsicherungen bezüglich ihrer sexuellen Identität verknüpft: Im Falle der ersten IDG-Behandlung nimmt sie die Therapie deswegen in Anspruch, weil ihr damaliger Partner ihr eine sexuelle Frigidität zuschreibt. Im Falle der zweiten IDG-Behandlung entscheidet sich Ilius auf Anraten einer Psychotherapeutin für die Therapie und vermutet, sie sei für die Therapie-Gruppe ausgewählt worden, weil man sie für homosexuell gehalten habe. Dennoch scheint es im Rahmen der IDG-Behandlungen zu keiner Auseinandersetzung der Biografin mit ihrer sexuellen Identität gekommen, sondern bei einer eher oberflächlichen Rezeption der Therapien geblieben zu sein. Es wird angenommen, dass hierfür unter anderem auch Ilius' Vermeidungshaltung gegenüber einer Beschäftigung mit Thematiken, die mit ihrer sexuellen Identität assoziiert sind, ausschlaggebend war.

Stattdessen wird die Komponente der sozialen Identität im Hinblick auf die Frage, welche Funktion die IDG-Behandlungen im biografischen Zusammenhang einnahmen, als bedeutsam erachtet. Die soziale Identität kann gemäß der Theorie des Sozialpsychologen Henri Tajfel (Mummendey, 1984; Tajfel, 1974) als der Teil des individuellen Selbstkonzeptes bezeichnet werden, der sich von den Gruppenzugehörigkeiten eines Individuums und der emotionalen Bedeutung dieser Gruppenzugehörigkeiten herleiten lässt (vgl. Tajfel, 1974, S. 69). Im Fall Ilius wird von der Annahme ausgegangen, dass der überwiegend negative Erfahrungsraum innerhalb der Herkunftsfamilie die Grundlage für das Phänomen der ab dem Schuleintritt zunehmenden sozialen Distanzierung der Biografin von den Familienmitgliedern bildete. Die anwachsende soziale Distanz zu ihrer Familie – durch Ausbildungs- und Berufswahl sowie die Milieuzugehörigkeit der Biografin – deutet Ilius in der Lebenserzählung als Befreiung von ihrem Elternhaus. Weiterhin wird angenommen, dass mit dieser Deutung auch die hohe Relevanz ihrer sozialen Identität in der Lebenserzählung korrespondiert: Diesbezüglich erweist sich Ilius' Gruppenzugehörigkeit zu einem künstlerisch-intellektuellen Milieu als identitär relevante Zugehörigkeit, die zugleich auch eine Verkörperung der gelungenen sozialen Distanzierung von ihrer Herkunftsfamilie darstellen könnte.

Die Hypothese über die hohe Relevanz der sozialen Identität für Gisela Ilius beruht wiederum auf dem Phänomen, dass sie in der Lebenserzählung die eigene Gruppenzugehörigkeit immer wieder hervorhebt. Außerdem charakterisiert sie sich auffällig oft anhand der Gruppenzugehörigkeiten anderer Menschen, zu denen sie in Beziehung steht: So betont sie ihre Nähe zu Menschen, die gemäß ihrer Darstellung positiv konnotierten Gruppen angehören, distanziert sich aber von Menschen mit negativ konnotierten Gruppenzugehörigkeiten. Weil sich dieses Muster auch in der Analyse der auf die IDG-Behandlungen bezogenen Erzählpassagen rekonstruieren lässt, wird angenommen, dass auch in diesem Rahmen die Ebene der sozialen Identität für die Biografin im Vordergrund stand. Im Erzählen über die Gruppenpsychotherapien stellt Ilius Nähe zu Personen her, die sie dem künstlerisch-intellektuellen Milieu zuordnet, und distanziert sich von Personen, denen sie beispielsweise Staatsnähe unterstellt. Die Funktion der IDG in der Biografie wird daher als Affirmation der sozialen Identität Gisela Ilius' bezeichnet.

Die Antworten auf die zwei leitenden Forschungsfragen lassen sich zu der Hypothese zusammenfassen, dass die IDG in Gisela Ilius' Biografie als Identitätsarbeit bedeutsam wird, wobei hier Identität im Sinne des Psychoanalytikers Erik Erikson als »sich mit sich selbst – so wie man wächst und sich entwickelt – eins fühlen« (Erikson, 1975, S. 29) verstanden wird. Angesichts der Krisen und damit einhergehenden Veränderungen, die jedes Leben prägen, besteht nach Erikson die Herausforderung für die individuelle Identität darin, Kontinuität und Gleichheit aufrecht zu erhalten. Die für das Identitätsgefühl notwendige Herstellung von Gleichheit und Kontinuität erfolgt unbewusst und wird als Identitätsarbeit bezeichnet.

Auszug aus der Analyse

Im Folgenden soll exemplarisch ein Auszug aus der Interviewanalyse (das heißt der Analyse der erzählten Lebensgeschichte) vorgestellt werden, der die widersprüchliche Haltung Gisela Ilius' bezüglich ihrer sexuellen Orientierung – als einen Pol ihrer sexuellen Identität – belegt. In den nachfolgend zitierten Erzählpassagen bezieht sich die Biografin auf ihre Eindrücke und Reflexionen hinsichtlich der zweiten Gruppenpsychotherapie nach IDG-Konzept, die sie Ende der 1970er Jahre in Anspruch nahm. Sie erklärt, sie habe sich in der Therapiegruppe nicht wohl gefühlt. Zu einem früheren Zeitpunkt des Interviews erwähnt Ilius bereits, die Gruppe habe aus »mindestens drei homosexuelle[n] Männern« (Z. 470) bestanden. Später im Interview führt Gisela Ilius ihre damaligen Überlegungen zu der Frage aus, warum sie »in diese komische (.) Gruppe, mit der ich nichts anfangen konnte, reingehievt« [Z. 917–918] worden sei:

> GI: Und (3) ich hab auch immer so, (..) ob nun damals schon oder später, meine- (.) hat sie [die behandelnde Psychotherapeutin, M. B.] nun gedacht, dass ich homosexuell bin oder so? Warum sollte ich auch in die Gruppe? (.) Das hab ich nicht (.) gewusst (Z. 918–920).

Das abgebildete Zitat ist von parasprachlichen Auffälligkeiten wie Pausen und Abbrüchen gekennzeichnet, die als Hinweise auf die Unschlüssigkeit der Biografin interpretiert werden können im Hinblick auf die Frage, wie sie ihren Gedanken Ausdruck verleihen möchte. Sie erklärt, die Quelle ihres Unwohlseins in der Gruppe seien nicht etwa spannungsreiche Situationen während der Therapie gewesen, sondern ihre Vermutung, die Psychotherapeutin habe sie für homosexuell gehalten. Obwohl die Therapiegruppe in Ilius' Erinnerung nicht ausschließlich aus Homosexuellen bestand und durchaus die Möglichkeit besteht, dass sie aus einem anderen Grund als ihrer sexuellen Orientierung als Gruppenmitglied ausgewählt wurde, nimmt sie an, diese müsse das entscheidende Kriterium gewesen sei.

In der nachfolgenden Sequenz argumentiert die Biografin nicht länger für ihre damalige Unzufriedenheit innerhalb der Psychotherapiegruppe, stattdessen setzt sie zu einer Verteidigung ihrer heterosexuellen Orientierung an.

> GI: Also dass ich vom Typ her (..) mehr jungenhafter Typ bin, (.) das ist mir schon klar. Ich war auch- äh hab auch früher Sport gemacht und war Torwart (..) beim Handball. (.) Das ist ganz schön hart. (.) Und war ein guter Torwart. (.) Aber ich hab mich nie- (5) (Z. 920–923).

Die Biografin räumt hier ein, sie trete durchaus »jungenhaft« auf und habe früher Interesse an einer Sportart gehegt, die sie vermutlich als stereotyp männliche Freizeitbeschäftigung betrachtet. Die Sequenz endet mit dem Abbruch des Satzes »Aber ich hab mich nie- (5)«. Warum weicht sie hier von der Erzählung über die Gruppenpsychotherapie ab und eröffnet eine Hintergrundargumentation zu ihrer sexuellen Orientierung?

Es könnte sein, dass Ilius ihre Heterosexualität für legitimationswürdig hält, da sie selbst eine Unsicherheit bezüglich ihrer sexuellen Orientierung verspürt. Dies würde erklären, warum die damalige Zuordnung zu der therapeutischen Gruppe sie derart beschäftigte und sie zudem noch zum Zeitpunkt des Interviews dem Impuls nachgibt, ihre Heterosexualität zu rechtfertigen. Wäre sie sich ihrer sexuellen Orientierung sicher, so wäre hingegen zu erwarten, dass eine Infragestellung derselben sie weitestgehend unbeeindruckt ließe. Anschließend an die obige Sequenz fährt sie fort:

> GI: Also ich bin- gehöre nicht zu den Frauen, die gerne Klunkern haben und so Zeug, überhaupt nicht. (.) Und (.) ich hab schon früher auch Kleider getragen und Absatzschuhe, aber (3) heutzutage würde ich darauf nicht mehr kommen. (3) Aber ich hab mich nie- (..) (Z. 923–926).

Es zeigt sich, dass die Aussage das Argumentationsmuster wiederholt, das bereits die Äußerung zuvor aufwies: Ilius räumt zu Beginn des Argumentes ein, eine Konzession an ihre mögliche Homosexualität zu machen – diese besteht erst in der Erwähnung ihrer sportlichen Betätigung, dann in der Erwähnung ihrer Gleichgültigkeit gegenüber stereotyp weiblicher Kleidung – setzt allerdings darauf zu einer Distanzierung von einer potenziell homosexuellen Orientierung an (»Aber ich hab mich nie-«). Das gleiche Argumentationsmuster durchzieht auch die nächste Sequenz:

> GI: Als jungenhafte Frau, die auch gerne rumschraubt und keine Angst hat vor Schrauben und äh (.) Hämmern (4) und Metall zu bearbeiten und so, das f- war schon immer so. Aber-aber ich hab mich nie als was anderes gefühlt als als Frau (Z. 926–928).

Nun beendet die Biografin die zuvor zweifach abgebrochene Aussage und resümiert, sie habe sich »nie als was anderes gefühlt als als Frau«. Bezieht man diese Hintergrundargumentation nun wieder auf die vorangegangene Passage, in der sie darüber mutmaßt, dass man sie für homosexuell gehalten habe, dann ließe sich die Hypothese aufstellen, dass Ilius die vermeintliche Anzweiflung ihrer sexuellen Orientierung als Infragestellung ihrer gesamten Geschlechtsidentität interpretiert. Heterosexualität und Geschlechtsidentität als Frau scheinen für Ilius folglich unmittelbar miteinander verknüpft zu sein, obwohl beide Merkmale nicht unbedingt assoziiert sein müssen – das heißt, dass auch eine homosexuelle Frau auf ihre Geschlechtsidentität als Frau bestehen kann.

Die dreifache Bekräftigung der eigenen weiblichen Geschlechtsidentität und – da Ilius beide Aspekte miteinander verknüpft – vermutlich auch der eigenen Heterosexualität können als Bestätigung der Hypothese gedeutet werden, dass sie bezüglich ihrer sexuellen Identität einen Legitimationsbedarf sieht. Dieser wiederum kann als Hinweis auf eine Unsicherheit der Biografin über ihre sexuelle Identität interpretiert werden. Während sie in den analysierten Textsegmenten die vermeintliche Unterstellung homosexueller Orientierung zurückweist, deutet sie in der nachfolgenden Sequenz Widersprüchliches an. Ilius erzählt, sie habe nach ihrer Scheidung »tatsächlich eine sehr, sehr gute« (Z. 929) Freundin gehabt, die in der Nachbarwohnung gelebt habe.

> GI: Also wir haben nie jetzt- wir haben uns immer beigestanden, (.) aber wir haben uns nie, nie geküsst oder so was. Was ich eigentlich auch albern finde. Hätten wir ruhig mal machen können ((lachen)) (..) (Z.933–935).

Nachdem die vorangegangene Argumentation homoerotische Gefühle als Teil der eigenen Sexualität zurückwies, erklärt Ilius nun, dass es in ihrer Biografie durchaus eine potenziell homoerotische Beziehung gegeben habe. Die Aussage, sie fände es albern, dass ihre Freundin und sie sich nicht geküsst hätten »oder so was«, führt zu der Schlussfolgerung, dass aus ihrer Perspektive die Möglichkeit erotischer oder romantischer Intimität bestanden hätte. Es könnte sein, dass die Biografin damals ein Interesse an zumindest einer homosexuellen Beziehung verspürte oder im Nachhinein die Fantasie entwickelte, sie hätte eine erotische Beziehung mit der Freundin eingehen können.

Die Erzählung über die Beziehung der Biografin zu ihrer Freundin unterwandert die zuvor mühsam konstruierte Argumentation wider die eigene Homosexualität. Ilius vermittelt zwei widersprüchliche Botschaften: Zum einen »Ich bin keinesfalls homosexuell«, gleichzeitig aber auch »Ich wäre gerne homosexuell (gewesen)«. Insofern kann die analysierte Textsequenz als Beleg für die Hypothese dienen, dass Ilius sich hinsichtlich der Frage ihrer sexuellen Orientierung widersprüchlich positioniert. Die hier zutage tretende Ambivalenz verweist auf die generelle Konfusion der Biografin hinsichtlich ihrer sexuellen Identität, die auch anhand anderer Erzählpassagen deutlich wird und als maßgebliche Voraussetzung für die Inanspruchnahme der Psychotherapien angesehen wird.

Kontextualisierung der Analyseergebnisse

Neben der oben exemplarisch vorgestellten Analyse der erzählten Lebensgeschichte erfolgte auch eine Analyse der erlebten Lebensgeschichte. Die methodisch intendierte Validierung der Lebenserzählung anhand der erlebten Lebensgeschichte als Kontrastfolie ermöglichte es so, durch die Biografin vorgenommene Akzentuierungen, Auslassungen und Veränderungen sichtbar und interpretierbar zu machen. Kritisch zu hinterfragen ist angesichts der Komplexität von Prozessen des Erinnerns, Vergessens und Verdrängens dennoch, inwiefern die biografischen Daten der erlebten Lebensgeschichte als »objektiv« gelten können, die der Befragung der Biografin selbst entstammen. Im besten Falle handelt es sich um Daten, die anhand von Dokumenten wie Geburts- und Heiratsurkunden, Krankenscheinen oder Ähnlichem überprüfbar sind. Nicht immer kann diese Überprüfbarkeit jedoch gewährleistet werden. Ein möglicher Umgang mit diesem methodischen Problem besteht im Einbezug der spontanen Erinnerungsprozesse der Interviewten in die Hypothesenbildung: Welche Daten und Familienmitglieder wurden aus dem Stehgreif erinnert? An welchen Stellen bedurfte es einer Recherche?

Dank der mehrschrittigen rekonstruktiv-interpretativen Untersuchung von Lebensgeschichte und Lebenserzählung konnten auf diese Weise diejenigen fallspezifischen Dynamiken erschlossen werden, die im Hinblick auf die Bedeutung der IDG in der untersuchten Biografie als relevant angesehen werden. Als möglicher Grund für das Ausbleiben einer Auseinandersetzung der Biografin mit ihrer sexuellen Identität im Rahmen der IDG-Behandlungen, wird einerseits Ilius' Vermeidungshaltung gegenüber der Thematik angesehen. Andererseits wird vermutet, dass das charakteristische Phasenkonzept der IDG (Höck, 1981) dazu geführt haben könnte, dass der »Verlust« der emotionalen Beteiligungsbereitschaft der Biografin billigend in Kauf genommen wurde. Diese Hypothese kommt wie folgt zustande:

Wie eingangs erwähnt, sollten IDG-Patient:innen sich laut Konzept infolge des konsequent frustrierenden Verhaltens der Gruppenleitung schließlich dazu gezwungen sehen, ihr Bedürfnis nach Sicherheit und Orientierung nicht länger an die Therapeut:innen zu richten, sondern den Zusammenschluss der Gruppe zu suchen (Höck, 1975a, S. 159). Diese therapeutisch intendierte Mobilisierung des Wunsches nach Gruppenzugehörigkeit könnte im Fall Gisela Ilius durchaus erfolgreich gewesen sein: Die auch außerhalb der IDG-Behandlungen bestehende hohe Relevanz der sozialen Identität für Ilius' Selbstkonzept ließen den Schluss zu, dass ihre Neigung zur Suche nach Orientierung entlang sozialer Kategorisierungen im Verlauf der IDG verstärkt wurde.

Weder während ihrer ersten noch während der zweiten IDG-Behandlung scheint die Biografin ihren Wunsch nach Gruppenzugehörigkeit jedoch an die therapeutische Gruppe gerichtet zu haben. Begreift man die therapeutisch intendierte Verunsicherung in den ersten Gruppenphasen als eine Krisensituation, so ließe sich davon sprechen, dass die Hinwendung zur TherapiegruppeIlius nicht als geeignete Bewältigungsstrategie erschienen sein dürfte. Stattdessen entschied sie sich im Fall der ersten Gruppenpsychotherapie für den Weg der Integration in einer Gruppe von Mitpatient:innen außerhalb ihrer therapeutischen Gruppe, die dem von ihr idealisierten künstlerisch-intellektuellen Milieu angehörte. Im Fall der zweiten Therapie entschied sie sich für das vorzeitige Ausscheiden aus der therapeutischen Gruppe. Folglich ist zu vermuten, dass sich ihr beide Wege als günstigere Optionen im Umgang mit den eigenen Sicherheitsbedürfnissen darboten.

Diese Abwendung von der Therapiegruppe könnte eine Folge der Kehrseite des Phasenkonzeptes der IDG gewesen sein: Die im IDG-Konzept angelegte Konzentration der Psychotherapeut:innen auf Frustration und Provokation vor dem Kippvorgang (Höck, 1975b, S. 672) führte möglicherweise zwar zu einem spannungsreichen Gruppenklima, könnte aber nicht immer die Entstehung einer vertrauensvollen Atmosphäre gegenseitiger Akzeptanz gewährleistet haben. Die Adressierung der Therapiegruppe könnte für die Biografin somit keine attraktive Bewältigungsstrategie für die im Gruppenprozess hervorgerufene Krise geboten haben. Es wäre möglich, dass die therapeutisch gelenkte »Mobilisierung von [...] Fluchttendenzen« (Höck, 1975a, S. 159) im Fall Ilius im Gegenteil zu einem Ausweichverhalten gegenüber der Gruppe führte.

Die aus der biografischen Rekonstruktion des Falles Gisela Ilius gewonnenen Interpretationen bieten so auch die Möglichkeit, theoretischen Diskussionen um die IDG eine weitere Perspektive hinzuzufügen. Zugleich kann die Komplexität der rekonstruierten Phänomene im Fall Ilius als Plädoyer dafür gelten, Pauschalisierungen über die Bedeutung der IDG für die Biografie einzelner Patient:innen zu vermeiden. In der Lebensgeschichte manifestiert sich die Verwobenheit – unter bestimmten historischen Bedingungen – sozial geltender Regeln und individueller Bewältigungsstrategien von Lebenskrisen deutlich. Welche Relevanz die IDG für ehemalige Patient:innen im Rückblick auf ihre Lebensgeschichte einnimmt, ist damit von vielfältigen Bedingungen und Wechselwirkungen abhängig.

Literatur

Bartuschka, F. (1992). Intendiert-dynamische Gruppenpsychotherapie – Produkt, Reflexion (und Veränderung?) von DDR-Wirklichkeit. *Gruppenpsychotherapie und Gruppendynamik, 28*, 318–327.
Erikson, E. H. (1975). *Dimensionen einer neuen Identität.* Frankfurt a. M.: Suhrkamp.
Ersfeld-Strauß, K. (2000). Zwischen Auflehnung und Anlehnung. Auf der Suche nach einer psychotherapeutischen Identität. In B. Strauß & M. Geyer (Hrsg.), *Psychotherapie in Zeiten der Veränderung. Historische, kulturelle und gesellschaftliche Hintergründe einer Profession* (S. 347–355). Wiesbaden: Westdeutscher Verlag.
Froese, M. J. (1999). Zur Wiederbelebung der analytischen Psychotherapie in der DDR. Eine Erwiderung an Roland Härdtle und Wolfgang Schneider. *Forum der Psychoanalyse*, (15), 11.
Froese, M. J. & Seidler, C. (2002). Endlich Freiheit, endlich Psychoanalyse? In M. J. Froese & C. Seidler (Hrsg.), Die DDR-Psychotherapie zwischen Subversion und Anpassung. Beiträge der 1. Arbeitsgemeinschaft für Psychoanalyse und Psychotherapie Berlin (S. 12–34). Berlin: Edition Bodoni.
Geißler, G. (2015). *Schule und Erziehung in der DDR.* Erfurt: Landeszentrale für politische Bildung Thüringen.

Härdtle, R. & Schneider, W. (1997a). Ein Blick auf die stationäre Psychotherapie-Praxis der ehemaligen DDR. *Gruppenpsychotherapie und Gruppendynamik*, (33), 148–165.

Härdtle, R. & Schneider, W. (1997b). »Na wenn sie denn lachen könnten« – Zur Stellungnahme von H. Röhrborn und Mitarbeitern. *Gruppenpsychotherapie und Gruppendynamik*, (33), 369–370.

Härdtle, R. & Schneider, W. (1999). Die Intendiert-Dynamische Gruppenpsychotherapie als Paradigma der Psychotherapie in der DDR. Kontinuität oder Zäsur im Verhältnis zu psychoanalytischen Konzepten? *Forum der Psychoanalyse, 14*, 16.

Hirsch, M. (2019). Mangel – Macht – Missbrauch. Zur transgenerationalen Dynamik der sexuellen Perversion. In I. Moeslein-Teising, G. Schäfer & R. Martin (Hrsg.), *Geschlechter-Spannungen*. Gießen: Psychosozial-Verlag.

Höck, K. (1975a). Dynamische Gruppenpsychotherapie und therapeutische Gemeinschaft. In A. Uchtenhagen, R. Battegay & A. Friedemann (Hrsg.), *Gruppentherapie und soziale Umwelt* (S. 157–161). Bern: Verlag Hans Huber.

Höck, K. (1975b). Intendierte dynamische Gruppenpsychotherapie. In A. Uchtenhagen, R. Battegay & A. Friedemann (Hrsg.), *Gruppentherapie und soziale Umwelt* (S. 668–676). Bern: Verlag Hans Huber.

Höck, K. (1981). Konzeption der intendierten dynamischen Gruppenpsychotherapie. In K. Höck, J. Ott & M. Vorwerg (Hrsg.), *Theoretische Probleme der Gruppenpsychotherapie (Vol. 1)*. Leipzig: Johann Ambrosius Bath.

Höck, K. (1984). Zur Situation und Zielstellung der Arbeitsphase. In H. Hess & K. Höck (Hrsg.), *Untersuchungen zur Phänomenologie und Erfassung der Wechselwirkungsprozesse im Verlauf der intendierten dynamischen Gruppenpsychotherapie. Teil V/1 – Arbeitsphase Eröffnungssitzung* (S. 6–15). Berlin: Haus der Gesundheit.

Höck, K. (1985). Das abgestufte System der Diagnostik und Therapie neurotischer Störungen. Vortrag auf dem Fortbildungskurs für Psychotherapie Schwerin, Oktober 1973. In H. Hess (Hrsg.), *Zielstellungen und Entwicklung der Psychotherapie in der DDR – ausgewählte Schriften von Kurt Höck anläßlich seines 65. Geburtstages* (S. 36–44). Berlin: HdG Berlin.

Imhorst, E. (2019). Wir wären gerne so eindeutig! Geschlecht – Gender – Identität. In I. Moeslein-Teising, G. Schäfer & R. Martin (Hrsg.), *Geschlechter-Spannungen* (S. 28–40). Gießen: Psychosozial-Verlag.

Jelinski, J. (2012). *Es war nicht deine Schuld. Eine empirische Studie zur Bedeutung des Schuldgefühls bei weiblichen Opfern sexuellen Missbrauchs in der Familie*. Gießen: Psychosozial-Verlag.

Mummendey, A. (1984). *Verhalten zwischen sozialen Gruppen: die Theorie der sozialen Identität von Henri Tajfel (Vol. 113)*. Bielefeld: Universität Bielefeld, Fakultät für Soziologie.

Oevermann, U. (1981). *Fallrekonstruktionen und Strukturgeneralisierung als Beitrag der objektiven Hermeneutik zur soziologischstrukturtheoretischen Analyse*. Frankfurt a. M.: Universitätsbibliothek Johann Christian Senckenberg.

Oevermann, U. (1983). Zur Sache. Die Bedeutung von Adornos methodologischem Selbstverständnis für die Begründung einer materialen soziologischen Strukturanalyse. In L. von Friedeburg & J. Habermas (Hrsg.), *Adorno-Konferenz 1983* (S. 234–292). Frankfurt a. M.: Suhrkamp.

Oevermann, U. (2004). Sozialisation als Prozess der Krisenbewältigung. In D. Geulen &

H. Veith (Hrsg.), *Sozialisationstheorie interdisziplinär. Aktuelle Perspektiven* (S. 155–181). Stuttgart: Lucius & Lucius.
Pätzke, H. (2003). Von »Auftragskunst« bis »Zentrum für Kunstausstellungen«. Lexikon zur Kunst und Kunstpolitik in der DDR. In E. Blume & R. März (Hrsg.), *Kunst in der DDR. Eine Retrospektive der Nationalgalerie*. Berlin: Staatliche Museen zu Berlin.
Röhrborn, H., Schirbock, H. & Berger, C. (1997). Diskussionsbeitrag. *Gruppenpsychotherapie und Gruppendynamik*, (33), 363–369.
Rosenthal, G. (1995). Erlebte und erzählte Lebensgeschichte. Gestalt und Struktur biographischer Selbstbeschreibungen. Frankfurt a. M., New York: Campus Verlag.
Rosenthal, G. (2015). *Interpretative Sozialforschung. Eine Einführung*. Weinheim, Basel: Beltz Juventa.
Schütze, F. (1983). Biographieforschung und narratives Interview. *Neue Praxis, 13*, 283–293.
Seidler, C. (2001). Anfänge und Entwicklung der Gruppenpsychotherapie im Osten Deutschlands. In C. Seidler & I. Misselwitz (Hrsg.), *Die Intendierte Dynamische Gruppenpsychotherapie* (S. 67–86). Göttingen: Vandenhoeck & Ruprecht.
Seidler, C. (2015). Vom Überleben der Psychoanalyse in einem geschundenen Land. In C. Seidler (Hrsg.), *Psychoanalyse & Gesellschaft. Ein Lehr- und Erfahrungsbuch aus Deutschlands Osten* (S. 15–46). Berlin: edition bodoni.
Sommer, P. (1997). Zur Methode der intendierten dynamischen Gruppenpsychotherapie. *Gruppenpsychotherapie und Gruppendynamik*, (33), 213–242.
Sommer, P. (2000). Kurt Höck und die psychotherapeutische Abteilung am Haus der Gesundheit Berlin – institutionelle und zeitgeschichtliche Aspekte der Entwicklung der Gruppenpsychotherapie in der DDR. In H. Bernhardt & R. Lockot (Hrsg.), *Mit ohne Freud. Zur Geschichte der Psychoanalyse in Ostdeutschland*. Gießen: Psychosozial-Verlag.
Tajfel, H. (1974). Social identity and intergroup behaviour. *Social Science Information, 13*(2), 65–93. https://doi.org/10.1177/053901847401300204
Weise, K. (1990). Psychotherapie in der Psychiatrie. In A. Thom & E. Wulff (Hrsg.), Psychiatrie im Wandel. Erfahrungen und Perspektiven in Ost und West (S. 288–307). Bonn: Psychiatrie-Verlag.
Wundrak, R. (2019). Biographische Fallrekonstruktion nach Gabriele Rosenthal. In G. Jost & M. Haas (Hrsg.), *Handbuch zur soziologischen Biographieforschung. Grundlagen für die methodische Praxis* (S. 145–165). Opladen & Toronto: Verlag Barbara Budrich.

Biografische Notiz

Marie E. Busch, M. Sc. Psychologie, studierte zwischen 2016 und 2023 in Jena und Halle (Saale) und beschäftigte sich in Anbindung an das Forschungsprojekt Seelenarbeit im Sozialismus (SiSaP) im Rahmen ihrer Studienabschlussarbeiten mit der intendiert-dynamischen Gruppenpsychotherapie in der DDR. Sie befindet sich derzeit in einer Ausbildung zur psychologischen Psychotherapeutin an der Akademie für Psychotherapie in Erfurt.

TEIL III
Neurowissenschaftliche und psychologische Beiträge oder Perspektiven

Trügerische Erinnerungen

Neurowissenschaftliche und psychologische Perspektiven

Bernhard Strauß

»Unsere Vergangenheit ist eine Konstruktion – Warum wir unseren Erinnerungen nur bedingt trauen können«: Dies ist der Titel eines Vortrags von Aileen Oeberst, den diese anlässlich der Tagung, die diesem Buch zugrunde liegt, gehalten hat, der in der Sammlung der Tagungsaufsätze fehlen muss.

In diesem Vortrag ging es um das grundlegende psychologische Problem, dass wir Menschen uns unsere Welt errichten und denken, wie sie uns gefällt beziehungsweise wie sie am ehesten erträglich ist. Wir interpretieren Informationen auf der Basis von Wünschen, Vorerfahrungen, vielen anderen Einflüssen, die zu einer Verzerrung der Inhalte führen, was in der Psychologie gemeinhin als *Bias* bezeichnet wird. Beurteilungsfehler, Beeinträchtigungen unserer Wahrnehmungen und Entscheidungen sind ein traditionelles Thema der allgemeinen Psychologie, zu der auch die Gedächtnispsychologie gehört.

Es wird davon berichtet (z. B. Herrmann, 2022), dass die Psychologie mindestens etwa 200 Biases unterscheidet, die mit unbewussten Denkschemata zu tun haben, die letztendlich auch so etwas wie eine »Überforderungsprophylaxe« darstellen. Wir gleichen aus, dass unser Gedächtnis begrenzt ist, dass wir für die Verarbeitung von Informationen zu wenig Zeit haben, dass wir manchmal tatsächlich zu wenig Informationen bekommen, um objektive Entscheidungen zu treffen oder umgekehrt angesichts einer Informationsflut entscheidende Details von Informationen filtern müssen, die aber möglicherweise das Ganze gar nicht repräsentieren. All diese Verzerrungen und Biases sind naturgemäß auch im Kontext von Erinnerungen relevant. Dies zeigte Aileen Oeberst in ihrem Vortrag deutlich auf. Erst kürzlich haben Oeberst & Imhoff (2023) einen Versuch unternommen, die Biasforschung zusammenzufassen. Sie berichten ein Modell unbewusster Fehleinschätzungen, das nur die wesentlichen der zahlreichen Biases klassifiziert und zusammenfasst und somit ein »sparsameres« Modell für diesen Forschungsbereich vorsieht.

Die Gedächtnispsychologie hat im Lauf der letzten Jahrzehnte immense Fortschritte gemacht, die nicht zuletzt durch neurobiologische Methoden befördert wurden. In dem Beitrag von Markowitsch & Staniloiu werden die neurowissenschaftlichen Grundlagen des Erinnerns und gedächtnispsychologische Befunde anschaulich zusammengefasst und damit auch gezeigt, dass Erinnerungen oftmals sehr trügerisch sein können. Dies ist in zahlreichen psychologischen Experimenten belegt worden.

Eine der historisch wichtigen Forscherinnen auf diesem Gebiet ist Elizabeth Loftus, die schon in ihrer Dissertation Anfang der 1970er Jahre in einem simplen Experiment zeigen konnte, dass das menschliche Gedächtnis sowohl im Hinblick auf das Speichern als auch auf den Abruf von Inhalten höchst selektiv ist, leicht nachvollziehbar, angesichts der Vielzahl an Informationen, die ein Gehirn unentwegt erreichen. Somit wurde hier und in vielen anderen Experimenten gezeigt, dass Erinnerungen sich aus einzelnen Bestandteilen eines Ereignisses zusammensetzen, die immer wieder neu abgerufen, aber auch neu zusammengesetzt werden, weswegen die psychologische Schlussfolgerung ist, dass es sehr schwierig ist, sich auf Erinnerungen zu verlassen. Ein spezifisches Feld der Gedächtnispsychologie – auch hier war Elisabeth Loftus anfänglich maßgeblich beteiligt – ist das Phänomen der Pseudoerinnerungen oder »False Memories«, die immer wieder (jüngst in öffentlichen Diskussionen um Aspekte der ritualisierten Gewalt, vgl. z. B. GPTG, 2023) auch im therapeutischen Kontext erwähnt werden, wo – dies konnte Loftus zeigen – die »therapierte Erinnerung« gewissermaßen andere Erinnerungen ersetzt und somit verfälscht.

Nicht zuletzt aufgrund der Befunde der Gedächtnispsychologie, die den Wahrheitsgehalt von Erinnerungen stark in Zweifel ziehen, gibt es schon lange kritische Diskussionen um den Wert von Erinnerungen. So wurden beispielsweise in den Sozialwissenschaften Erinnerungen von Zeitzeugen kritisch gesehen (z. B. Welzer, 2000; Markowitsch, 2000). Welzer bezeichnet in Anlehnung an Benjamin »Erinnerungserzählungen als Medien der Erinnerung an Erinnerungen« (Welzer, 2000, S. 61). Dennoch, so Markowitsch, sollten trotz einer pessimistischen Sicht bezüglich der Güte der Behaltensleistung

> »Zeitzeugenbefragungen nicht aufgegeben werden. Man sollte sich nur der Bedingungen bewusst sein, die während ihres erstmaligen Erlebens, während

möglicher nachfolgender ›Reproduktionen‹ und während des aktuellen Abrufs herrschten. Hinzu kommt der Wandel der Zeit, in dem sich auch Individuen verändern: Diese Veränderungen finden sich auf der psychischen oder Verhaltensebene, aber auch mit zunehmendem Alter in nicht unbeträchtlichem Maße in Abbauvorgängen auf Hirnebene, die der ungestörten neuralen Repräsentation von Information entgegenstehen« (Markowitsch, 2000, S. 47).

Auch die Psychoanalyse, für die das Erinnern seit jeher ein ganz zentrales Element therapeutischer Arbeit ist (siehe z. B. Freuds Klassiker »Erinnern, Wiederholen und Durcharbeiten« aus dem Jahr 1914), wurde wegen ihrer vermeintlich vereinfachenden Gedächtniskonzeption immer wieder kritisiert.

Allerdings hat auch in der Psychoanalyse die Vorstellung von Gedächtnis einen massiven Wandel erfahren, der teilweise auch durchaus parallel verläuft zu Gedächtniskonzeptionen in der akademischen Psychologie. Leuzinger-Bohleber (2014) macht deutlich, dass Freud nur zu Beginn der Psychoanalyse einer – damals auch in der Psychologie üblichen – »Abbildtheorie« des Gedächtnisses folgte, die das Gedächtnis als System versteht, das Informationen, die über die Sinnesorgane gewonnen werden, speichert und abruft. Freud selbst hatte aber früh Zweifel an dieser Theorie (übrigens auch an der Annahme der Existenz früher infantiler Erinnerungen) und sprach davon, dass Erinnerungen »einem komplizierten Umarbeitungsprozess unterzogen werden« (Freud, 1909d). Parallel zu Entwicklungen in der Gedächtnispsychologie, die maßgeblich durch ihre Untersuchungsmethoden, insbesondere EEG und bildgebende Verfahren beeinflusst wurden, wurden Gedächtnis- und Erinnerungskonzepte in der Psychoanalyse – durchaus auch abhängig von der spezifischen psychoanalytischen Schulrichtung (Leuzinger-Bohleber, 2014) – interdisziplinär fortentwickelt (vgl. Fonagy et al., 2012). So wird, etwa in der Theorie eines Gegenwarts- und Vergangenheitsunbewussten von Sandler und Sandler die Bedeutung von Informationsverarbeitungsprozessen und die Konstruktionsarbeit im Kontext der Gedächtnistätigkeit betont (vgl. dazu auch den Beitrag von Quindeau in diesem Band).

Die psychologische Forschung macht deutlich, dass wir in unseren Urteilen und in unseren Erinnerungen einem Kohärenzprinzip folgen (vgl. den nachfolgenden Beitrag von Fink), wobei aus psychoanalytischer Sicht die Kohärenz unserer Erinnerungen einen wesentlichen Teil unserer Identität ausmacht. Luis Buñuel soll gesagt haben, dass ein »Leben ohne Erinnerung kein Leben« darstellt.

Mittlerweile ist anerkannt, dass die Psychoanalyse sich in einem sehr komplexen Spannungsfeld zwischen den verschiedenen Wissenschaften, der Biologie, der Soziologie, den Kultur- und Naturwissenschaften, zwischen einem hermeneutischen und nomothetischen Wissenschaftsverständnis findet. Dies impliziert, dass das Gedächtnis »weder ohne seine neurobiologische, noch seine sozialisationstheoretische Grundlage« verstanden werden kann und aufgrund der großen Bedeutung für die Identität immer ein Mittelpunkt psychoanalytischer Prozesse sein wird (vgl. Leuzinger-Bohleber, 2014).

Literatur

Fonagy, P., Kächele, H., Leuzinger-Bohleber, M. & Tylor, D. (2012). *The significance of dreams*. London: Karnac.
Freud, S. (1914). Erinnern, Wiederholen, Durcharbeiten. GW X, S. 125–136.
Freud, S. (1909d). Bemerkungen über einen Fall von Zwangsneurose. GW VII, S. 379–463.
GPTG (Gesellschaft für Psychotraumatologie, Traumatherapie und Gewaltforschung). Positionspapier zur psychotherapeutischen Behandlung der Folgen sexuellen Missbrauchs. https://www.gptg.eu/Positionspapier_Psychotherapeutenverb %C3%A4nde_BVVP_15.05.2023.pdf (27.02.2024).
Herrmann, S. (2022, 28./29. Mai). Verzerrte Welt. *Süddeutsche Zeitung*
Leuzinger-Bohleber, M. (2014). Gedächtnis. In W. Mertens (Hrsg.), Handbuch psychoanalytischer Grundbegriffe (4. Aufl.) (S. 287–293). Stuttgart: Kohlhammer.
Markowitsch, H. J. (2000). Die Erinnerung von Zeitzeugen aus der Sicht der Gedächtnisforschung. *BIOS, 13*, 30–50.
Oeberst, A. (2022). Unsere Vergangenheit ist eine Konstruktion – Warum wir unseren Erinnerungen nur bedingt trauen können. Vortrag, Erfurt, Workshop Erinnern und Vergessen, Universität Erfurt, 12.05.2022.
Oeberst, A. & Imhoff, R. (2023). Toward parsimony in bias research. *Perspectives on Psychological Science, 18*(6), 1464–1487.
Welzer, H. (2000). Das Interview als Artefakt: Zur Kritik der Zeitzeugenforschung. *BIOS, 13*, 51–63.

Biografische Notiz
Bernhard Strauß, Prof. Dr. phil., Dipl.-Psych., ist Psychologischer Psychotherapeut, Psychoanalytiker und Vertreter der Fächer Medizinische Psychologie, Medizinische Soziologie und Psychotherapie am Universitätsklinikum der Friedrich-Schiller-Universität Jena. Dort ist er Direktor des Instituts für Psychosoziale Medizin, Psychotherapie und Psychoonkologie. Vor der Tätigkeit in Jena war er wissenschaftlicher Mitarbeiter an der Abteilung für Sexualforschung des Universitätskrankenhauses Hamburg-Eppendorf

und an der Klinik für Psychotherapie und Psychosomatische Medizin der Uniklinik Kiel. Er ist Past President des Deutschen Kollegiums für Psychosomatische Medizin (DKPM), der Deutschen Gesellschaft für Medizinische Psychologie (DGMP) und der Society for Psychotherapy Research (SPR). Seine Arbeitsschwerpunkte sind u. a. Psychotherapieforschung, Ausbildungsforschung, Prävention, Psychologische Interventionen in der Medizin, Klinische Sexuologie, Psychosoziale Versorgung und psychische Gesundheit im Kontext des SED-Staats.

Neurowissenschaftliche Grundlagen von Erinnern und Gedächtnis

Hans J. Markowitsch & Angelica Staniloiu

Sich zu erinnern gilt als eine der zentralsten und für ein soziales Leben wichtigsten Eigenschaften in der Tierwelt. Insbesondere der Mensch ist während seines gesamten bewussten Lebens auf ein funktionierendes Gedächtnis angewiesen. Dies beschrieb schon der Physiologe Ewald Hering (1870) vor über 150 Jahren in seinem Buch *Über das Gedächtnis als eine allgemeine Funktion der organisierten Materie*. Er schrieb:

> Das Gedächtnis verbindet die zahllosen Einzelphänomene zu einem Ganzen, und wie unser Leib in unzählige Atome zerstieben müsste, wenn nicht die Attraktion der Materie ihn zusammenhielte, so zerfiele ohne die bindende Macht des Gedächtnisses unser Bewusstsein in so viele Splitter, als es Augenblicke zählt (ebd., S. 12)

In diesem Satz drückt er aus, dass wir in der Gegenwart auf die Vergangenheit zurückgreifen, um so die Zukunft gestalten zu können. (Ähnlich formulierte es Semon, 1904, um die Jahrhundertwende, der sein Buch *Die Mneme als erhaltendes Prinzip im Wechsel des organischen Geschehens* betitelte.) Rund 100 Jahre nach Hering wies Tulving (1972) in einem bis heute klassischen Buchkapitel darauf hin, dass man Gedächtnis nicht als Einheit betrachten sollte, sondern dass es sich in Systeme aufteilen lässt, die teilweise unabhängig voneinander arbeiten und – wie die Neurowissenschaften zeigten – auch unabhängig voneinander gestört sein können. Damit kam zu der schon länger bekannten zeitbasierten Unterteilung in Kurzzeit- und Langzeitgedächtnis noch eine inhaltliche Differenzierung hinzu. Auf beide Differenzierungen soll im Folgenden näher eingegangen werden.

Gedächtnisunterteilung nach der Zeit

Im allgemeinen Sprachgebrauch gilt als Kurzzeitgedächtnis, was man so ca. eine Stunde im Kopf behält. Insbesondere alten Menschen attestiert man zunehmend Probleme mit Erinnerungen, die eine derartige Zeitspanne umfassen (insbesondere auch bei Patienten mit Demenz). Die Psychologie und die Neurowissenschaften gehen beim Kurzzeitgedächtnis allerdings von einer weit geringeren Zeitspanne aus und grenzen diese auf meist weniger als eine Minute Dauer ein. Dies entspricht dann einer Zahlenspanne von fünf oder weniger Ziffern oder auch – informationstechnisch betrachtet – einer Bitgröße von rund vier bis sieben Informationseinheiten (Cowan, 2000, 2015; Cascella & Al Khalili, 2024). Alles zeitlich darüber Hinausgehende wird dem Langzeitgedächtnis zugerechnet. Abbildung 1 veranschaulicht diesen Zusammenhang.

Gedächtnisunterteilung nach dem Inhalt

Tulving schlug 1972 eine erste Unterteilung von Gedächtnis in ein *episodisches* und ein *semantisches* Gedächtnissystem vor. Das episodische Gedächtnis wurde später zum *episodisch-autobiografischen Gedächtnissystem* ausgeweitet und bezieht sich, kurz gesagt, auf Ereignisse der persönlichen Vergangenheit, die einen räumlichen und zeitlichen Kontext haben und in der Regel von einer emotionalen Bewertung gekennzeichnet sind. Das semantische Gedächtnis wurde später auch *Wissenssystem* genannt und bezieht sich auf kontextfreie Fakten, also Schul- und Weltwissen.

Später kamen dann noch weitere Gedächtnissysteme hinzu und die Unterteilung wurde – abgewandelt – auch von anderen Forschern aufgegriffen (z. B. Squire, 2004). Man hatte erkannt, was erste Forscher schon zu Beginn des letzten Jahrhunderts postuliert und untersucht hatten (Übersicht in Markowitsch & Staniloiu, 2016a), nämlich dass manche Gedächtnisbereiche auch bei hirngeschädigten Patienten noch normal arbeiten, während andere selektiv schwer gestört sein können (z. B. Squire et al., 1993). Diese Langzeitgedächtnissysteme sind in Abbildung 2 zusammengefasst.

Das *Prozedurale Gedächtnis* steht für Fertigkeiten wie Autofahren, Fahrradfahren, Klavierspielen, die zwar eher mühsam erlernt werden, dann aber hochautomatisiert (das heißt ohne großes Nachdenken) ablaufen. *Priming-*

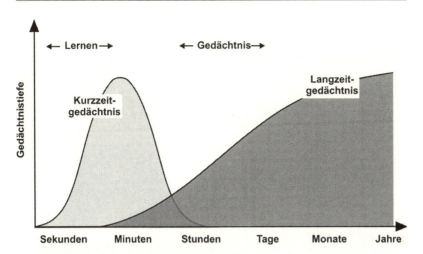

Abbildung 1: Zusammenhang zwischen Kurzzeit- und Langzeitgedächtnis. Die Dauer des Kurzzeitgedächtnisses wird im Bereich von Sekunden bis rund eine Minute angesetzt (»Merkspanne«), die des Langzeitgedächtnisses umfasst alle längeren Zeiträume.

Gedächtnis findet dann statt, wenn man auf einen Reiz (zum Beispiel einen Fernsehspot), den man früher schon einmal in gleicher oder ähnlicher Weise wahrgenommen hat, reagiert – ihn erkennt. In der Radio- und Fernsehwerbung werden deswegen Spots häufig wiederholt, weil man einen unbewussten Wiedererkennungseffekt annimmt. Bei diesen beiden Gedächtnissystemen spricht man auch von *implizitem Gedächtnis* (»unbewusstem Gedächtnis«), während die nächstfolgenden drei als *explizit* bezeichnet werden (»bewusstes Gedächtnis«). Das *Perzeptuelle Gedächtnis* steht für die Bekanntheit oder Familiarität von Reizen, die identifiziert werden, selbst wenn man sie in abgewandelter Form wahrnimmt (und möglicherweise aktuell nicht benennen kann). Das *Wissenssystem* bezieht sich auf alle Items, die wir im Laufe des Lebens gelernt und behalten haben. Das *episodisch-autobiografische* Gedächtnis enthält kontextbezogene Erlebnisse oder Ereignisse. Es hat einen klaren Selbstbezug und man unternimmt beim Erinnern eine mentale Zeitreise. Auch erfolgt beim Abruf eine emotionale Bewertung der Episode. Vermutlich aufgrund dieser Komplexität, die auch auf Hirnebene eine sehr interaktive Verarbeitung in einem Netzwerk von Strukturen nach sich zieht (Markowitsch & Staniloiu, 2011a, 2011b), kommt es nach Hirnschäden in erster Linie zu Störungen im episodisch-autobiografischen Gedächtnissystem, während die anderen Gedächtnissysteme in der Regel erhalten bleiben, wie insbesondere an Patient H. M., dem bekanntesten Fall in den Neurowissenschaften (Markowitsch & Staniloiu, 2017) gezeigt wurde (Markowitsch, 1985; Corkin, 2002; Squire, 2009;

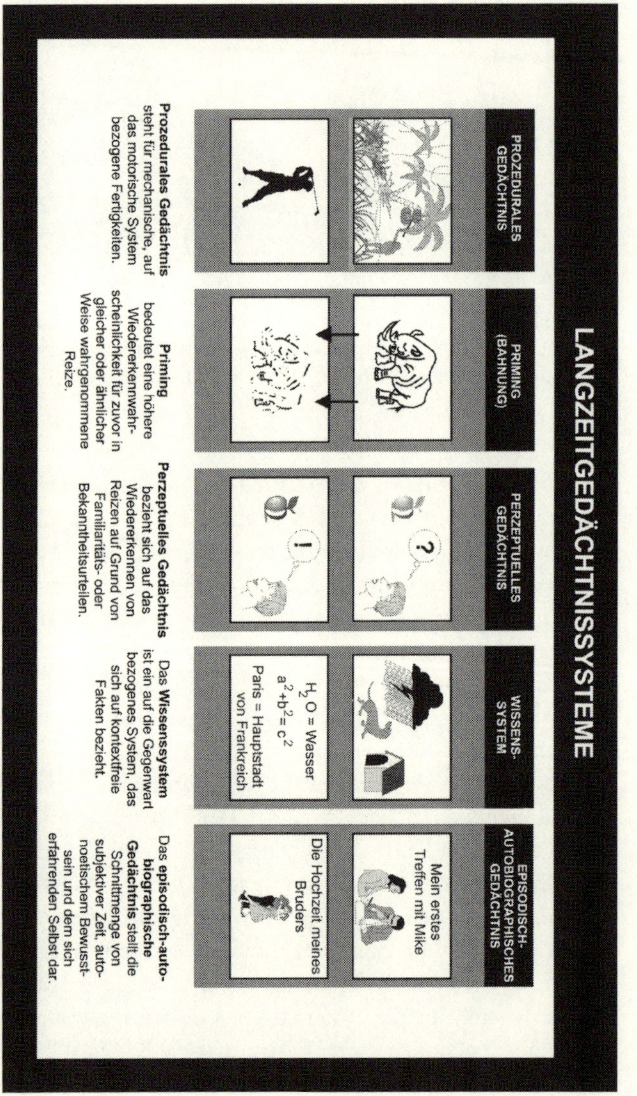

Abbildung 2: Die Langzeitgedächtnissysteme. Es wird angenommen, dass sich sowohl phylogenetisch wie ontogenetisch die Langzeitgedächtnissysteme von links nach rechts entwickeln. Die ersten beiden (das prozedurale Gedächtnis und das Priming-System gelten als »anoetisch« (unbewusst), die nächstfolgenden beiden als »noetisch« (bewusst) und das episodisch-autobiografische Gedächtnissystem als »autonoetisch« (selbstbewusst).

Squire & Wixted, 2011). Lediglich bei Patienten mit Demenzen wie der Alzheimer-Demenz kommt es zu einem fortschreitenden Gedächtnisabbau, der praktisch die ontogenetische Leiter rückwärts hinuntersteigt (vgl. Abb. 2). Die normale Sequenz des Gedächtniserwerbs ist in Abbildung 3 dargestellt (nach Nelson & Fivush, 2004).

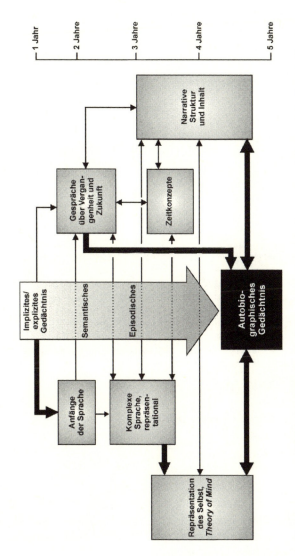

Abbildung 3: Hypothetische Beziehung zwischen dem Lebensalter (rechte Skala) und der Entwicklung verschiedener Gedächtnissysteme (nach Fig. 1 von Nelson & Fivush, 2004). Gezeigt wird, dass sich das autobiografische Gedächtnis erst im »höheren« Lebensalter ausbildet und unter anderem abhängig ist von der Entwicklung von sogenannten Theory-of-Mind-Funktionen (sich in andere hineinversetzen können, zum Beispiel Mitleid zeigen) und von der Ausbildung von Zeitkonzepten. (Pfeilstärken korrelieren mit der Bedeutung der jeweiligen Beziehung; gehen die Pfeile in beide Richtungen, so liegt eine reziproke Beziehung vor.)

Das SPI-Modell

Tulving postulierte 1995 die Existenz seines sogenannten *SPI-Modells*. S steht für *seriell*, P für *parallel* und *I* für *independent*, also unabhängig. Dessen Funktion und Mechanismus wird in Abbildung 4 erklärt.

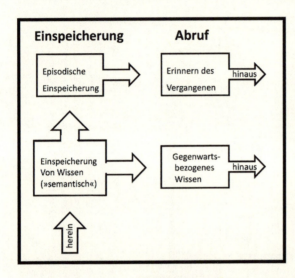

Abbildung 4: Skizze der Beziehungen zwischen Wissenssystem und episodisch-autobiographischem Gedächtnis nach Tulvings SPI-Modell. SPI steht dabei für serielles Einspeichern (also von »niedrigen«, einfachen Gedächtnissystemen hin zum komplexesten, dem episodisch-autobiographischen; vgl. Abb. 2), paralleles Ablagern (in jedes der Langzeitgedächtnissysteme) und unabhängiges (»independent«; aus jedem der Langzeitgedächtnissysteme) abrufen. Information kann also in das Wissenssystem unabhängig vom episodisch-autobiographischen Gedächtnis eingespeichert werden, muss aber in dieses »durch« das Wissenssystem hindurchgehend gelangen. (Kleinkinder lernen zum Beispiel zuerst Fakten und erst später im Leben persönliche Episoden der Erlebnisse; vgl. Abb. 3). Eingespeicherte und abgelegte Information ist für den Abruf potentiell aus allen Gedächtnissystemen möglich.

Einflüsse auf die Gedächtnisverarbeitung

Zustandsabhängigkeit

Schon früh erkannte man die Dynamik des (episodisch-autobiografischen) Gedächtnisses, die sich darin äußert, dass interne und externe Faktoren die Aufnahme und den Abruf von Episoden bestimmen – man spricht von der *Zustandsabhängigkeit* des Gedächtnisses (Semon,

1904). Das heißt, wenn wir in gehobener Stimmung sind und eine angenehme Umgebung vorfinden, nehmen wir neues Material positiver und lebhafter auf, als wenn wir in gedrückter Stimmung sind und/oder ein aversiv getöntes Umfeld uns umgibt. Gleiches gilt für den Abruf von abgespeichertem Material. Ideal für einen erfolgreichen Abruf ist es, wenn die Einspeichersituation der Abrufsituation möglichst nahekommt. Unterm Strich bedeutet die Zustandsabhängigkeit des Gedächtnisses, dass ein Vergleich zwischen Gehirn und Computer abwegig ist, da die »Festplatte« unseres Gehirns ständig dynamisch Informationen verändert, während der Arbeitsspeicher des Computers auf der Festplatte gespeicherte Informationen genauso wieder hervorholt, wie sie eingespeichert wurden.

Manchmal bleiben Erinnerungen über Jahrzehnte im Dunkeln, bis sie dann bei entsprechenden Umweltgegebenheiten reaktiviert werden können. Die Schriftstellerin Gertrud Ennulat ist hierfür ein Beispiel – sie erinnerte sich erst nach Jahrzehnten an das, was sie gegen Ende des Zweiten Weltkriegs durchgemacht hatte (Thimm, 2008).

Ein anderes Beispiel wurde uns vor Jahren in Briefform von einer älteren, inzwischen pensionierten Dame zugeschickt: Sie beschrieb, dass sie sich häufig in Bibliotheken und Archiven aufhielt, um Recherchen zu machen. In dieser – eher rückwärtsgewandten – Lebenssituation stand sie in ihrem Bürozimmer, an einem strahlendblauen Sommertag ins Grüne hinaussehend. Durch die geöffnete Balkontür drang unablässig das Brummen der Stadtautobahn an ihr Ohr. Plötzlich waren Sommertag und Stadtautobahn ausgeblendet und sie erlebte sich in der Zeit unmittelbar nach Ende des Zweiten Weltkriegs, wo sie amerikanischen Offizieren an einem langen Clubraumtisch gegenüberstand und von einem der Soldaten angesprochen wurde. In ihrer mentalen Zeitreise erlebte sie sich dann ebendiesem Offizier im Zwiegespräch in einer sternenklaren Sommernacht gegenüberstehend.

Das Ganze hatte sich vor mehr als einem halben Jahrhundert abgespielt, als die Briefschreiberin glücklich war, als Flüchtlingsmädchen eine Arbeit ergattert zu haben. Als sie sich dann wieder in die Gegenwart zurückversetzte, hatte sie den Eindruck, eine Zeitreise absolviert zu haben und sich in die Lebensperiode zurückversetzt zu haben, in der die Weichen für ihre Zukunft gestellt wurden. Neugierig fragte sie an, wie so etwas wie die temporäre Löschung der Gegenwart und das plötzliche eruptive Hinabtauchen in die Vergangenheit geschehen könne.

Rekonsolidierung

Die Dynamik des episodisch-autobiografischen Gedächtnisses zeigt sich auch in mehreren weiteren Phänomenen: Man geht von folgender Sequenz der Informationsverarbeitung bewussten ([auto-]noetischen, expliziten) Materials aus: *Wahrnehmung → Einspeicherung → Konsolidierung → Ablagerung/Abspeicherung → Abruf.*

Konsolidierung bedeutet Festigung, Integration des Materials in schon bestehende neurale Netzwerke. Angenommen wird, dass jeder Abruf von Episoden zu einer erneuten Einspeicherung (im gegenwärtigen Kontext/Zustand) und damit zu einer Rekonsolidierung führt. Da diese Rekonsolidierung bei jedem Abruf erfolgt, kann dies mit der Zeit zu Erinnerungsverfälschungen führen. Als extremes Beispiel kann man sich dies so vorstellen, als würde ein lyrisches Gedicht von Eichendorff vom Deutschen ins Französische und dann ins Japanische und zum Schluss wieder ins Deutsche rückübersetzt werden – es käme sicher ein ganz anderer Inhalt heraus.

Erinnerungshügel

Auf der anderen Seite kann die Rekonsolidierung zu einer Festigung von Gedächtnisinhalten führen. Dies zeigt sich im sogenannten *Erinnerungshügel* (reminiscence bump); hierunter versteht man das Phänomen, dass ältere Personen vor allem über Erinnerungen aus der Zeit zwischen dem 15. und 25. Lebensjahr berichten (und umgekehrt die Zeit um 55 einen Erinnerungstiefpunkt markiert. Dieser selektive Erinnerungshügel lässt sich vor allem dadurch erklären, dass die Zeit zwischen 15 und 25 Jahren die der größten und bedeutendsten Umbrüche darstellt – da also am meisten passiert. Auch werden vermutlich immer wieder Ereignisse aus dieser Zeit wieder abgerufen (und damit rekonsolidiert), was die Schwelle, sie zu erinnern, immer weiter senkt.

Infantile Amnesie

Das in gewisser Weise gegenteilige Phänomen stellt die frühkindliche (infantile) Amnesie dar: Sie bedeutet, dass wir als Erwachsene keine Erinnerungen an unsere ersten Lebensjahre haben. Die Gründe hierfür sind in einer – über die Zeit – mangelhaften (Re-)Konsolidierung zu suchen, die bedingt ist durch eine noch unzureichende Sprachentwicklung, eine unzureichende Hirnreifung und einen vom Erwachsenendasein stark abweichenden (Persönlichkeits-)Zustand.

Ribot'sches Gesetz

Die Bedeutung des Wiederabrufens und der Rekonsolidierung wird auch im sogenannten *Ribot'schen Gesetz* deutlich. Dieses besagt, dass weit zurückliegende Episoden im Alter viel besser und viel eher erinnert werden als jüngst zurückliegende. Im Englischen spricht man von »last in – first out«. Neben dem vermutlich häufigeren Wiederabruf lange gegenüber kurz zurückliegender Ereignisse spielt hier eine Rolle, dass länger zurückliegende Ereignisse in ein gesundes, noch wenig überladenes Gehirn vereinnahmt wurden und insofern die Interferenz (Überlagerung) mit ähnlichen Ereignissen eine geringe Rolle spielte.

Fehlerinnerungen/False-Memory-Syndrome

In Zusammenhang mit den Rekonsolidierungsvorgängen, wenn auch indirekter, steht auch ein weiteres Charakteristikum episodisch-autobiografischer Erinnerungen im Fokus – ihre Unzuverlässigkeit. Jeder weiß, wann er zu einem Tisch »Tisch« sagt (Wissenssystem), aber nicht jeder kann die Frage nach den Umständen des Beginns einer frühen Liebesbeziehung korrekt wiedergeben. Wir unterliegen hier möglicherweise dem, was man als *Fehlerinnerung, Pseudoreminiszenz, Erinnerungstäuschung, Erinnerungsfälschung*, oder – im extremen Fall – als *False-Memory-Syndrome* bezeichnet (Korsakow, 1891; Santos & Costa, 2016; Kühnel & Markowitsch, 2009). Auch das Phänomen des Déjà vu mit seinen Unterformen (bis hin zum Münchhausen-Syndrom) lässt sich hier eingliedern (Bošnjak Pašić et al., 2018; O'Connor et al., 2021; Tatu et al., 2018). Freud (1901) etwa schrieb »Es gibt im Allgemeinen keine Garantie für die Richtigkeit unseres Gedächtnisses; und doch überlassen wir uns weit häufiger dem Anspruch, dass wir seinen Information Glauben schenken können, als es objektiv gerechtfertigt wäre.«

Fehlerinnerungen in Form von falschen Zuordnungen von Daten, Personen, Orten kommen im Alltag immer wieder vor; wir haben nur kein Korrektiv, das uns anzeigen würde, wann wir diesen unterliegen. Experimentell lässt sich dagegen nachweisen, dass sie durchaus häufig sind (z. B. Loftus, 2000, 2003). Wir haben zum Beispiel Studierende zwei Kurzfilme anschauen lassen und ihnen anschließend, als sie im Hirnscanner lagen, Einzelbilder gezeigt, von denen ein Teil tatsächlich in den Filmen vorkamen, andere jedoch nicht. Erstaunlicherweise identifizierten die Versuchspersonen knapp 45 % der Bilder falsch – gaben also entweder an, das Bild so gesehen zu haben, obwohl es nicht im Film vorkam, oder umgekehrt sagten sie, ein Bild nicht gesehen zu haben, obwohl es tatsächlich im Film vorgekommen war (Kühnel et al., 2008). Vermutlich trug der Stress, eingepfercht in dem lauten Kernspintomografen zu liegen, zu der hohen Zahl der Fehlidentifikationen bei. Auf Hirnebene gab es dagegen eine klare Trennung zwischen korrekt und falsch erinnertem Reizmaterial: Das korrekt Erinnerte aktivierte Teile des Stirnhirns, das Fehlerinnerte den visuellen Assoziationscortex and eine Präcuneus genannte Region, die für visuelles Vorstellen (Imagination) relevant ist (Abb. 5). Auch weitere Studien mittels funktioneller Hirnbildgebung erbrachten ähnliche Ergebnisse (Risius et al., 2013; J. Yu et al., 2019) und wiesen, wie J. Yu et al. (2019) und Markowitsch, Thiel et al. (2000) auch darauf hin, dass sich zwischen Täuschen, Fehlerinnern und richtig Erinnern auf Hirnebene differenzieren lässt. Diese Forschungen haben auch für Glaubhaftigkeitsüberprüfungen im Bereich der Forensik Bedeutung (Markowitsch, 2006; Markowitsch & Merkel, 2011).

Schon in der sehr frühen Arbeit von Korsakow (1891) ging es um Erinnerungstäuschungen (Pseudoreminiszenzen) oder Erinnerungsfälschungen. Laut Korsakow nahmen diese delusionären Erlebnisse zwei Formen

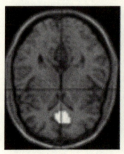 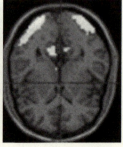

Abbildung 5: Mittels funktioneller Magnetresonanztomografie erzielte Hirnaktivierungen bei richtig (linker Bildteil) und falsch (rechter Bildteil) wiedererkannten Bildern (Daten von Kühnel et al., 2008)

an – sie traten entweder als Déjà-vu-Erlebnis auf oder als Ideen und Vorstellungen, die in dieser Form real nicht existiert hatten, dennoch aber einen wahren Hintergrund hatten. Korsakow (1891) nahm deswegen an, dass sie in den Überresten wirklicher Erinnerungen wurzelten, wobei den »Spuren des Gedächtnisses [...] höchstwahrscheinlich die Erhaltung der Function von Nervenelementen, wenn auch nur äusserst geringer Intensität« entspräche (S. 410). Diese Idee hat wohl bis heute Gültigkeit.

Fehlerinnerungen wie auch *Konfabulationen* – das Erzählen von Begebenheiten, die nicht oder so nicht in der Realität stattgefunden haben, finden sich gehäuft bei neurologischen und psychiatrischen (»neuropsychiatrischen«) Krankheitsbildern (Borsutzky et al., 2008, 2010; Markowitsch, von Cramon et al., 1993; Wiggins & Bunin, 2021), lassen sich aber auch durch spezifische Testparadigmen wie dem Deese-Roediger-McDermott-Paradigma provozieren (z. B. Roediger & McDermott, 1995). Hierbei wird eine Serie inhaltlich zusammengehöriger Wörter präsentiert (Krankenhaus, Schwester, Medizin, ...) und später nachgefragt, ob ein inhaltlich ähnliches Wort (zum Beispiel Arzt) in der Liste enthalten gewesen war, was aber tatsächlich nicht präsentiert worden war (s. z. B. Borsutzky et al., 2010; Van Damme & d'Ydewalle, 2008). Man findet aber auch im Alltag viele Beispiele, die schon bei Wahrnehmungstäuschungen beginnen, die zeigen, dass unsere Erinnerung fragil ist und durch ablenkende Reize auf falsche Fährten gelenkt werden kann. Ein Beispiel zeigt Abbildung 6.

> Sehr geehrter Herr Professor Markowitsch
>
> Als begeisterter Leser Ihrer Bücher und Hörer Ihrer Vorträge, habe ich mir gedacht, die kleine, lustige Geschichte, die ich vor Kurzem erlebt habe, könnte Ihnen gefallen. Es geht darum, wie die Umgebung unsere Wahrnehmung beeinflussen kann.
>
> Ich war mit meinem Sohn beim Chinesen. Nach dem Essen bekam jeder von uns beiden einen Glückskeks (das sind kleine Kekse, innen hohl, mit einem kleinen Streifen Papier, auf dem eine Lebensweisheit oder so etwas steht).
>
> Mein Sohn (18 Jahre) öffnete den Keks und las vor: »Sie haben das Zeug zu einer Frühlingsrolle.« »Wie bitte?« antwortete ich. »Ja, steht hier«, erwiderte mein Sohn und wiederholte den Satz. Ich nahm ihm den Papierstreifen ab, las konzentriert und musste lachen. Dort stand: Sie haben das Zeug zu einer Führungsrolle.
>
> Nachdem ich ihm die Befürchtung nehmen konnte, in seinem Kopf sei etwas nicht ganz in Ordnung, konnte auch er über seinen Fehler lachen.

> Interessant fand ich, dass mein Sohn, anfangs jedenfalls, diesen Satz für bare Münze nahm, obwohl es doch für jeden ersichtlich ist (oder sein sollte), dass er überhaupt keinen Sinn ergibt, ja absoluter Blödsinn ist.
>
> Soweit meine kleine Geschichte.
>
> Viele Grüße aus der schönen Soester Börde

Abbildung 6: Beispiel für eine kontextabhängige Fehlwahrnehmung

Vergessen

Man kann also festhalten, dass es vielfältige Ursachen und Faktoren gibt, wie Aufmerksamkeit, Kontext, Vorerfahrung, Wahrnehmungseinschränkungen, die bedingen, was wir wahrnehmen und erinnern. Gleichwohl lässt sich für den hirngesunden Menschen festhalten, dass wir wenig vergessen, wenngleich wir zu einem bestimmten Zeitpunkt durchaus Probleme mit dem Abruf von Fakten und Erinnerungen haben können (Pritzel & Markowitsch, 2017). Das Beispiel in Abbildung 7 zeigt, dass selbst im hohen Alter noch erstaunliche Erinnerungsleistungen auftreten können, die vermutlich dadurch begünstigt werden, dass Stress und Interferenz sich inzwischen abgemildert haben und so Vergessengeglaubtes wieder zutage tritt. Ähnlich kann Vergessengeglaubtes auch unter Hypnose oder nach Verabreichung einer »Wahrheitsdroge« (Natriumamytal-Abreaktion) reaktiviert werden (Levinson, 1965; Stuss & Guzman, 1988). Levinson berichtete 1965, dass zehn Patienten, die in tiefer Narkose auf dem Operationstisch lagen, gesagt bekamen, dass es Komplikationen gäbe. Einen Monat nach der Operation wurden sie hypnotisiert und in die OP-Situation zurückversetzt. Dies bewirkte, dass vier Patienten die Worte des OP-Arztes aufsagen konnten, vier weitere wurden sehr ängstlich und erwachten aus der Hypnose.

Alltagsnäher ist der Hinweis auf Abfragestrategien. Hier lässt sich eine Dreiteilung anführen: *Freier Abruf, Abruf mit Hinweisreizen, Wiedererkennen*. Am schwierigsten ist der *Freie Abruf*: Man zeigt zum Beispiel Bildporträts und fragt »Wer ist auf dem Bild zu sehen?« Die aktive Generierung des Namens ist am schwersten. Weniger schwierig ist der *Abruf mit Hinweisreizen*: Man erleichtert den Abruf, in dem man beispielsweise die ersten Buchstaben von Vor- und Nachnamen nennt. Und am leichtesten fällt das *Wiedererkennen:* Man gibt fünf Namensalternativen, von denen eine richtig ist. Dieses Beispiel zeigt, wir haben mehr »im Kopf«, als uns spontan einfallen mag.

```
Sehr geehrte  Herren Professoren!

Ich freute mich, dass im Gesundheitsmagazin endlich mal eine Sendung
kam über das Gehirn, dessen merkwürdige Tätigkeit mir Rätsel aufgibt:
Es geht bei mir um Folgendes.
Ich hielt mich für sehr vergesslich, was zeitennahe Dinge betreffen.
Nun wurde ich an Bismarcks Geburtstag 93 Jahre alt. Und erst im
Laufe der letzten zwei Jahre fallen mir Gedichte ein, die ich vor
75 bis 80 Jahren in der Schule lernte und zwar lückenlos, teils
lange Gedichte, wie "Die Bürgschaft" von Schiller oder "Des Sängers
Fluch" von Uhland. Nie habe ich in der langen Zwischenzeit an all
die Literatur aus dem Schulunterricht gedacht!
Ich habe zwar ein sehr bewegtes, abwechslungsreiches Leben hinter
mir, bei meinem hohen Alter begreiflich: Schulabschlussprüfungen,
Tanz, Theater, Reisen, Praktikantenjahre, Heirat, zwei Kinder,
Umzüge, zwei Kriege und Hungersnöte, mein Mann vier Jahre im Krieg,
gleichzeitig das zweite Kind geboren, furchtbare Fliegerangriffe
mit Tochter und Baby, Wohnungsverlust, elf Jahre Notwohnung, dann
Neubau mit großem Garten, Schulaushilfen noch mit 60 Jahren, Tod
meines Mannes, hier eine Kleinwohnung, eine Operation, schmerzhafte
Alterskrankheiten, Gehunfähigkeit, Rollstuhl, schöne Reisevorträge
über Auslandsreise mit meinem Mann.
Und nun ohne eine Veranlassung fallen mir erstmals wieder so viele
Gedichte ein, nach 75 bis 80 Jahren. So lange kann ein Gehirn
speichern, unbewusst? Meine Leute wundern sich auch, dass ich von
frühester Kindheit an noch ganz deutlich Wohnungen und Umgebung
vor mir sehe, an zwei Orten, wo ich nur vor meinem sechsten Lebensjahr
war.
Kennen Sie auch solche Ergebnisse von Ihren psychologischen Unter-
suchungen? Das würde mich interessieren!
```

Abbildung 7: Beispiel für ein Wiederkommen längst verloren geglaubter Erinnerungen

Gedächtnis und Gehirn

Schon Hippokrates – rund 400 Jahre vor unserer Zeitrechnung – war der Meinung, dass unser Gedächtnis durch unser Gehirn gesteuert wird. Diese Ansicht hat mit dem Beginn wissenschaftlicher Hirnforschung im vorletzten Jahrhundert einen großen Aufschwung genommen (Markowitsch & Staniloiu, 2016a). Die Möglichkeiten der statistischen und funktionellen Hirnbildgebung gegen Ende des letzten Jahrhunderts ließen dann wissenschaftliche Forschungsergebnisse in diesem Bereich exponenziell ansteigen. Die sogenannte funktionelle Lokalisation – also die Zuordnung bestimmter Verhaltensweisen und Funktionen zu bestimmten Hirnregionen – war zwar schon in der Zeit nach dem Ersten Weltkrieg betrieben worden, wobei die zahlreichen Kriegsveteranen als Studiengut dienten (z. B. Kleist, 1934a, 1934b); ihren eigentlichen Höhepunkt erreichte sie aber erst, als man nicht nur millimetergenau Strukturen im lebenden menschlichen Gehirn erfassen und kartieren konnte (Talairach & Tournaux, 1988), sondern als es darüber hinaus auch gelang, dem Gehirn bei der Arbeit zusehen zu können und als man diese Arbeit auch gezielt steuern und beeinflussen konnte. Hierzu dienten Techniken wie die Positronenemissionstomografie (Kessler et al., 1991) und die funktionelle Kernspintomografie (Shah et al., 2001). Insbesondere Letztere ist heute in der Gedächtnisforschung wegen ihrer im Vergleich zur radioaktiv belastenden Positronenemissionstomografie einfachen und nichtinvasiven Handhabung auch für viele Nichtmediziner zur Methode der Wahl geworden.

Allgemeine Prinzipien der Gedächtnisverarbeitung auf Hirnebene

Der früher recht grundsätzlich geführte Streit zwischen einer ganzheitlichen, holografischen Verarbeitung von Information gegenüber einer mit einer sehr engen Lokalisierbarkeit (»Großmutterzelle«, »gelber VW-Käfer-Zelle«) ist inzwischen einem Sowohl-als-auch gewichen. Man anerkennt die grundsätzliche Verwobenheit im Gehirn, wo Verbindungen zwischen Regionen eine größere Bedeutung haben als die Regionen selbst (Markowitsch, 1988a), sieht aber andererseits auch, dass es sehr umgrenzte Knotenpunkte oder Flaschenhälse gibt, durch die Information hindurch muss, um anschließend abgespeichert werden zu können (Markowitsch, 1988b; Brand & Markowitsch, 2003). Darüber hinaus gibt es natürlich einen weiten Weg der Informationsverarbeitung von der Wahrnehmung über Einspeicherung und Konsolidierung bis zu Ablagerung und Abruf (s. o. unter *Rekonsolidierung*). Auf die in diesen Bereichen relevanten Hirnregionen soll im Folgenden eingegangen werden. Zuvor soll noch auf Termini im Zusammenhang mit Gedächtnisstörungen hingewiesen werden. Gedächtnisstörungen können in zwei Richtungen erfolgen: Nach einem Hirnschaden – oder auch nach einem massiven Stress- oder Trauma-Erlebnis (s. unten unter *Psychisch bedingte Gedächtnisstörungen*) – kann es zu einer Unfähigkeit kommen, neue Informationen bleibend einzuspeichern – man spricht von anterograder Amnesie. Es kann aber auch unmöglich werden, schon abgespeichertes Material wieder abzurufen, dann spricht man von *retrograder Amnesie*. In seltenen Fällen können beide Phänomene gleichzeitig auftreten. Abbildung 8 veranschaulicht beide Phänomene.

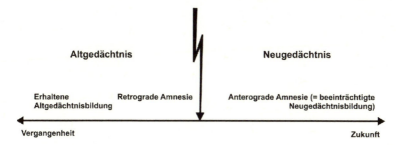

Abbildung 8: Beziehungen zwischen anterograder und retrograder Amnesie. Das Blitzsymbol repräsentiert den Zeitpunkt eines Hirnschadens oder eines bedeutenden psychotraumatischen Ereignisses, das entweder zu anterograder oder retrograder Amnesie oder zu beiden Formen von Amnesie führt. Zu beachten ist hinsichtlich retrograder Amnesie der häufig zu beobachtende Gradient – Ribot'sches Gesetz genannt (s. oben: Einflüsse auf die Gedächtnisverarbeitung: Ribot'sches Gesetz) –, der besagt, dass die älteren, bereits seit Langem abgespeicherten Gedächtnisinhalte bei retrograd amnestischen Patienten meist erhalten sind, während die nahe am Schadenszeitpunkt liegenden meist nicht mehr abgerufen werden können. Dies hat mehrere Gründe: Lange zurückliegende Episoden wurden in einem gesunden, wenig befrachteten Gehirn eingespeichert, sie sind meist emotional bedeutender konnotiert als neuere gleichartige und sie hatten durch wiederholten Wiederabruf die Chance einer tieferen und breiteren Reenkodierung und Rekonsolidierung und damit Vernetzung.

Einspeicherung und Konsolidierung

Bewusst wahrgenommene Reize werden initial im Kurzzeit- (oder Arbeitsgedächtnis; s. Baddeley, 2012; Baddeley et al., 2019) verarbeitet und auf Signifikanz geprüft. Hier spielen Teile des Stirnhirns und – mit Einschränkungen – der linke Scheitellappen eine Rolle (Markowitsch, Kalbe et al., 1999b; Markowitsch, 2009). Von diesen Regionen erfolgt eine Weiterleitung in Strukturen des sogenannten *Limbischen Systems*, eine Kombination aus eng verzahnten, phylogenetisch eher älteren Hirnstrukturen (Markowitsch, 1999a, 1999b). Diese teilen sich in zwei miteinander in Verbindung stehende Schaltkreise auf, einen (Teil A in Abb. 9), der eher mit kognitiven Aspekten der Informationsverarbeitung befasst ist (sog. *Papez'scher Schaltkreis*), und einen (Teil B in Abb. 9, der eher mit emotiven Anteilen befasst ist (sog. *Basolateraler limbischer Kreis*). In beiden »kreist« die aus dem Kurzzeitgedächtnis übergewechselte Information, wird weiter bewertet und dann gegebenenfalls zur Langzeitspeicherung (Ablagerung) weitergeleitet. Die im Limbischen System vereinten Strukturen sind gegen Schädigung außerordentlich sensitiv, das heißt, wenn eine der zentralen Flaschenhalsstrukturen oder Faserverbindungen in beiden Hirnhälften gleichzeitig geschädigt ist, kommt es zu keiner – oder allenfalls zu einer höchst rudimentären – Übertragung ins (bewusste, noetische oder autonoetische) Langzeitgedächtnis.

Hippocampus. Die bedeutendste Struktur im Limbischen System ist der Hippocampus (genauer: Hippocampale Formation). Bekannt als Flaschenhals für Gedächtnis wurde der Hippocampus insbesondere durch den berühmtesten Patienten der Neuropsychologie, H.M., der in wohl mehr als 100 Studien untersucht wurde (Scoville & Milner, 1957; Markowitsch, 1985; Corkin, 2002; Squire, 2009; Annese et al., 2014; Augustinack et al., 2014). H.M. wurden – als er Mitte 20 war – links und rechts beide Hippocampusareale chirurgisch entfernt, um so möglicherweise seine epileptischen Anfälle zum Stillstand zu bringen. Man wusste nicht, dass eine massive und sein Leben lang anhaltende anterograde Amnesie die Folge dieser Operation sein würde.

Menschen, die einen Geburtsschaden mit Sauerstoffunterversorgung des Gehirns hatten, bekommen zuallererst eine Hippocampusschädigung. Dieses hat bei einem jungen Mann, den wir ausführlich neuropsychologisch und mit Hirnbildgebung untersucht hatten, dazu geführt, dass er keinerlei persönliche Erinnerungen an sein gesamtes Leben hatte, während er umgekehrt ein intaktes Wissenssystem hatte, mit dem er sogar das Abitur schaffte (Staniloiu et al., 2013). Dieses, wie auch weitere Beispiele (Vargha-Khadem et al., 1997, 2003) von Menschen mit sogenannter *neurodevelopmental amnesia*, bestätigen die Bedeutung des Hippocampus für ein funktionierendes episodisch-autobiografisches Gedächtnis.

Mediales Zwischenhirn. Ähnlich wie eine Schädigung der Hippocampusformation hat auch eine beidhemisphärische Schädigung des medialen Thalamus (mit dem *mediodorsalen Nucleus* im Zentrum) eine anhaltende anterograde Amnesie zur Folge. Dies fanden wir beispielsweise bei einem ehemaligen Medizinprofessor und Klinikchef, der nach einem Hirninfarkt unfähig war, sich neue Information anzueignen und zusätzlich auch eine

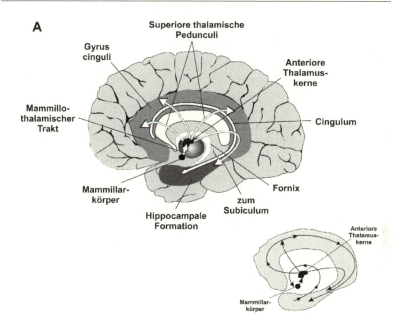
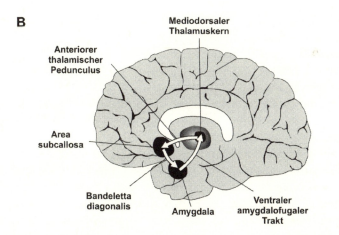

Abbildung 9: Das Limbische System, aufgeteilt in den Papez'schen (A) und den Basolateral limbischen Schaltkreis (B). Gezeigt werden die wesentlichen Strukturen und Verbindungen, die mit der initialen Verarbeitung episodisch-autobiografischer und das Wissenssystem betreffender Gedächtnisinhalte zu tun haben.

teilweise retrograde Amnesie entwickelte (Markowitsch, von Cramon et al., 1993). Anderen thalamusgeschädigten Patienten erging es ähnlich (Peper et al., 1991; Calabrese et al., 1993). Darüber hinaus führt eine Schädigung »weiter unten«, nämlich im Hypothalamus, genauer in den *Mammillarkörperchen* des Hypothalamus, zu Amnesie. Diese findet sich vor allem als eine Art Absterben *(Degeneration)* nach Mangelkrankheiten, insbesondere langjährigem Alkoholmissbrauch (sog. *Korsakowsyndrom;* Markowitsch, Kessler et al., 1986; Kessler et al., 1986; Fujiwara et al., 2002; Labudda et al., 2006, 2008; Markowitsch, 2010; Staniloiu et al., 2021).

Amygdala. Zusammen mit den weit weniger bedeutenden Septumkernen stellt die *Amygdala* diejenige Kernstruktur im Gehirn dar, die extensiv mit der Verarbeitung von Emotionen befasst ist und die – im Zusammenhang mit Gedächtnis – dafür sorgt, dass Gedächtnisinhalte »emotionalisiert« werden (Sarter & Markowitsch, 1985a, 1985b; Markowitsch & Staniloiu, 2011b). Eine beidhemisphärische Schädigung, wie sie nur sehr selten vorkommt (zum Beispiel bei genetisch bedingter Verkalkung – der Urbach-Wiethe Krankheit; Markowitsch, Calabrese, Würker et al., 1994; Siebert et al., 2003), führt dazu, dass beispielsweise der emotionale Gehalt einer erzählten Geschichte nicht begriffen wird und deswegen auf spätere Nachfrage eher Banalitäten nacherzählt werden (Cahill et al., 1995).

Septum. Die Septumkerne stellen eine Art Gegenpol zur Amygdala dar: Eine Aktivierung der Amygdala steigert Emotionen, eine Aktivierung des Septums hemmt sie. Umgekehrt wirkt sich dann eine Schädigung aus: Diese dämpft Emotionen (Amygdala), oder steigert sie umgekehrt (Septumschädigung). Dieses konnten wir anhand einer Patientin mit Septumschädigung nachweisen, die sich schon dann, wenn sie eine tragische Geschichte auch nur hörte, die Ohren zuhielt und darum bat, nicht weiter zu sprechen (Cramon et al., 1993).

Basales Vorderhirn. Die Septumkerne sind gleichzeitig Teil des *Basalen Vorderhirns*, dessen Schädigung ebenfalls mit Gedächtnisstörungen verbunden ist (Weniger et al., 1995; Rieger & Markowitsch, 1996; Babinsky et al., 1998; Borsutzky et al., 2008). Ursache sind hier vor allem geplatzte oder operierte (»geclippte«) Anteriore Communizierende Arterien *(ACoA-Aneurysmen).*

Limbische Faserverbindungen. Wie Abbildung 9 zeigt (insbesondere auch der kleine Abbildungsteil zwischen den Abbildungsteilen A und B) verlaufen zahlreiche Verbindungen (Fasern) innerhalb des Limbischen Systems, deren Schädigung ebenfalls zu bedeutenden Gedächtnisstörungen führt (z. B. Calabrese et al., 1995; Markowitsch, 1988a; Poreh et al., 2006; Staniloiu & Markowitsch, 2012).

Zusammengenommen gibt es grundsätzlich drei Arten von (vorwiegend) anterograden Amnesien: Die *medial temporalen Amnesien* (Schläfenlappen, Hippocampus), die *medial diencephalen Amnesien* (medialer Thalamus, Mammillarkörper) und die *Basalen Vorderhirnamnesien*. Messungen der Vergessensrate oder Vergessensgeschwindigkeit zeigen bei Patienten mit medial temporalen und medial diencephalen Hirnschäden grundsätzlich sehr ähnliche Werte (McKee & Squire, 1992; Kopelman & Stanhope, 1997) (basal frontal Hirngeschädigte wurden in diese Vergleiche nicht mit einbezogen).

Ablagerung/Abspeicherung

Aus den Strukturen des Limbischen Systems gelangt bewusst verarbeitete Information in neocorticale Strukturen, insbesondere des Schläfenlappens, wo sie bleibend abgespeichert wird. Ergebnisse an Patienten mit Demenz – insbesondere Alzheimerdemenz – hinsichtlich Langzeitgedächtnisstörungen bestätigen, dass weitflächige corticale Degeneration mit starken Verlusten insbesondere im Bereich des episodisch-autobiografischen Gedächtnisses einhergeht (Leyhe et al., 2009; Donix et al., 2010; Barnabe et al., 2012). Auf molekulare Mechanismen der Gedächtnisspeicherung gehen insbesondere Ortega-de San Luis und Ryan (2022) ein.

Abruf

Studien mit funktioneller Hirnbildgebung betonen vor allem die Bedeutung des Stirnhirns für den Abruf von episodisch-autobiografischen Episoden (Cabeza et al., 1997; Q. Yu et al., 2021). Daneben sind aber auch mehrere weitere Cortexregionen beteiligt (Rugg & Vilberg, 2013; Vanneste et al., 2021); insbesondere der Hippocampus – der ja auch ein (phylogenetisch alter) Cortex ist – wird immer wieder als auch in den Abruf involviert angesehen (z. B. Cipolotti et al., 2001; Roehri et al., 2022; Sekeres et al., 2021), wobei manche Autoren dieses Involvement als zeitlich begrenzt oder geringerwertig ansehen (Kapur, 1999; Henke et al., 1999; Gilmore et al., 2021).

Auf eine Hemisphärenasymmetrie beim Abruf von bewusstem Material wiesen Studien schon früh hin (z. B. Squire et al., 1992). Vier Jahre später fanden wir, dass das rechtshirnige Gebiet von vorderem Schläfenlappen *(Temporallappen)* und seitlichem Stirnhirn *(präfrontaler Cortex)* aktiviert wird, wenn man autobiografische Erinnerungen abruft (Fink et al., 1996). Schon zuvor und auch danach hatten wir umgekehrt gefunden, dass eine Schädigung dieser Gebiete in der rechten Hirnhälfte den Abruf biografischer Episoden unterbindet (Markowitsch, 1995a; Markowitsch, Calabrese, Liess et al., 1993; Calabrese et al., 1996; Kroll et al., 1997), eine Schädigung der korrespondierenden linken Regionenkombination dagegen den des Wissenssystems (Markowitsch, Calabrese, Neufeld et al., 1999a).

Kopelman (2000) argumentierte, dass (viele) Patienten mit sogenannter fokaler retrograder Amnesie eine psychogene oder dissoziative Komponente ihrer Amnesie haben. Dissoziative Amnesien sind klassischer Lehrmeinung nach durch Stress- oder Traumaereignisse hervorgerufene – in der Regel retrograde – Amnesien, die sich auf die persönliche Vergangenheit beziehen (Stracciari et al., 2008; Staniloiu & Markowitsch, 2014; Markowitsch & Staniloiu, 2016b). Man kann der Meinung sein, dass eine Dysfunktion dieser Regionen eine dissoziative Amnesie hervorruft oder – umgekehrt – dass in Fällen dissoziativer Amnesie diese Regionen dysfunktional werden. Tatsächlich fanden wir und andere (Piolino et al., 2005), dass dissoziative Amnesien mit einer Stoffwechselunterfunktion gerade dieses Regionenkomplexes einhergehen (vgl. Abb. 1 in Brand et al., 2009, oder Abb. 36.4 in Markowitsch & Staniloiu, 2016b). Auf das Feld der psychisch oder psychogen bedingten Gedächtnisstörungen soll im Folgenden eingegangen werden.

Psychisch bedingte Gedächtnisstörungen

Dass Menschen unter Stress Erinnerungsblockaden haben, ist aus dem Alltag bekannt: Nach einem Autounfall erinnert man sich möglicherweise nicht an die Zeit unmittelbar vor und nach dem Geschehen. Unter Stress fallen einem Wörter oder insbesondere Namen plötzlich nicht mehr ein. Man nennt das im Englischen Tip-of-the-tongue-Phänomen (*Zungenspitzenphänomen*, ein Wort liegt einem auf der Zunge, aber es ist momentan nicht aus dem mentalen Lexikon abrufbar). Ist der Stress- oder Traumazustand umfassender und schwerwiegender, dann liegt das Krankheitsbild der *dissoziativen Amnesie* oder *psychogenen Amnesie* vor (Markowitsch, 2003a). Bei diesem sind lange Zeitabschnitte oder die gesamte persönliche Vergangenheit nicht mehr abrufbar (Staniloiu & Markowitsch, 2014; Markowitsch & Staniloiu, 2016b). Historisch betrachtet wurde dieses Krankheitsbild schon umfassend im vorletzten Jahrhundert studiert und beschrieben, allerdings damals unter dem Namen *Hysterie* (oder hysterische Amnesie) (Breuer & Freud, 1895; Charcot, 1892; Janet, 1894; s. auch die Übersichtsarbeit von Markowitsch & Staniloiu, 2016b). Eine andere Bezeichnung ist die des *mnestischen Blockadesyndroms* (Markowitsch, 2002), die deswegen zutreffender ist, weil die Erinnerungen nicht gelöscht sind – mittels Therapie oder anderer geeigneter Methoden (zum Beispiel Hypnose) lassen sich die verschollenen Erinnerungen wieder reaktivieren.

Die Forschung über die letzten gut 100 Jahre hat gezeigt, dass die Betroffenen eine bestimmte Persönlichkeitskonstellation und einen bestimmten Lebenshintergrund aufweisen: Sie sind eher labile, ungefestigte Persönlichkeiten, haben häufig schon in Kindheit und Jugend massiven Stress oder Traumata durchgemacht und neigen in ihren Reaktionen auf neue Stresssituationen zu dem, was man in der klinischen Psychologie als *gelernte Hilflosigkeit* bezeichnet. Ursprünglich in der Tierforschung beschrieben (z. B. Seligman & Beagley, 1975; Maier & Seligman, 1976), geht es um Individuen, die aufgegeben haben, einer für sie negativen Situation oder Umgebung zu entkommen, und die sich sozusagen in ihr Schicksal fügen. Im Humanbereich findet sich eine derartige Fatalitätsüberzeugung bei Opfern wiederholter Überflutungen (Joy et al., 2021) oder bei Kindern, die in sehr schlecht geführten Waisenhäusern aufwuchsen (Fries et al., 2005). Auf Verhaltensebene finden sich bei Patienten mit dissoziativen Amnesien außerdem gehäuft Symptome von Depression, das Gefühl, nichts wert zu sein, Hoffnungslosigkeit, Verlust an Interessen und Freuden sowie ein sogenannter übergeneralisierter Gedächtniseffekt (overgeneral memory effect), der bedeutet, dass man eher allgemein und emotionsarm über die eigene Vergangenheit berichtet (Williams et al., 2007; Becquet et al., 2021; Sutin et al., 2021; Hakamata et al., 2021; Harrison et al., 2022).

Die Konzepte von gelernter Hilflosigkeit, Stress (Lupien et al., 2018) und Dissoziation (Loewenstein, 2018) sind eng verwoben (Bremner & Wittbrodt, 2020; Stein et al., 2011). Stress und Traumata führen zu Veränderungen in Emotionen verarbeitenden Hirnregionen (Ford et al., 2022; Hakamata et al., 2021; Meine et al., 2021; Caetano et al., im Druck), die wiederum – gerade was autobiografische Erlebnisse angeht – eng mit den oben genannten Flaschenhalsstrukturen des Limbischen Systems verknüpft sind. Schon Janet (1892) verwies auf einen anhedonieähnlichen Zustand, der »belle indifference«, bei Patienten mit Hysterie, der auch heutzutage regelhaft gefunden wird (z. B. Reinhold & Markowitsch, 2009 Staniloiu et al, 2020).

In einer inzwischen über 80 Jahre zurückliegenden Studie von Sargant und Slater (1941) an 1.000 Soldaten, die in Dünkirchen an der Front waren, konnten die Autoren zeigen, dass je mehr Stresssituationen die Soldaten ausgesetzt waren, umso eher wurden sie amnestisch. Bei schwer gestressten betrug der Prozentsatz an Amnestikern 35, bei moderat gestressten 13 und bei wenig gestressten Soldaten sechs Prozent. Interessanterweise beziehen sich die Gedächtnisstörungen bei Patienten mit dissoziativer Amnesie in der Regel nur auf das episodisch-autobiografische Gedächtnis (z. B. Staniloiu et al., 2018, 2020). Ausnahmen beziehen sich auf (negativ besetzte) emotionale Anteile des Wissenssystems, wie eine nur ungern gesprochene Fremdsprache (Staniloiu et al., 2020). Betrifft die Amnesie die gesamte persönliche Vergangenheit, kommt es – wie erwartbar – auch zu Veränderungen des Selbst (z. B. Fujiwara & Markowitsch, 2005; Markowitsch, Fink et al., 1997b; Staniloiu, Markowitsch & Brand, 2010; Markowitsch & Staniloiu, 2011a, 2012a; Markowitsch, 2003b, 2013).

Die Entstehung dissoziativer Amnesien haben wir in Publikationen zwischen dem Jahren 2000 (Markowitsch, 2000) und 2022 (Markowitsch & Staniloiu, 2022a) beschrieben und auch jeweils bildlich festgehalten (s. a. Staniloiu & Markowitsch, 2014; Markowitsch & Staniloiu, 2016b). Grundsätzlich gehen wir dabei von mehreren Stress- oder Traumaereignissen aus (»Two-hit-hypothesis«; Staniloiu & Markowitsch, 2014), wobei das erste häufig schon in der Kindheit oder Jugend auftrat und zu Veränderungen auf Hirnebene führte (Supersensitivität für erregende Überträgerstoffe). Entwickelt die betroffene Person nachfolgend keine ausreichenden Copingstrategien (vgl. zum Beispiel das weiter oben angeführte Beispiel der Waisenkinder; Fries et al., 2005), kann es bei Auftreten eines oder mehrerer weiterer Stress- oder Traumaereignisse zu einer Dissoziation zwischen emotiven und kognitiven Anteilen der Informationsverarbeitung kommen (Markowitsch & Staniloiu, 2022b) mit nachfolgender dissoziativer Amnesie (»mnestischem Blockadesyndrom«).

Eine Vielzahl funktioneller Hirnbildgebungsdaten untermauern die Ansicht einer entsprechenden Desynchronisation zwischen Emotion (Amygdala) und Kognition (Hippocampus, präfrontaler Cortex/Stirnhirn) bei Patienten mit dissoziativer Amnesie (Markowitsch, Calabrese, Fink et al., 1997a; Markowitsch, Fink et al., 1997b; Markowitsch, Thiel et al., 1997c; Markowitsch, Kessler, Van der Ven et al., 1998; Markowitsch, Kessler, Kalbe et al., 1999c; Markowitsch, Kessler, Russ et al., 1999d; Markowitsch, Kessler, Schramm et al., 2000; Brand et al., 2009; Staniloiu et al., 2011). Diese Gedächtnisblockaden werden dann dadurch aufrechterhalten, dass wann immer die Patienten versuchen, sich wieder zu erinnern, eine Kaskade an Stresshormonen freigesetzt wird, die dann als Circulus vitiosus die für den synchronen Abruf kritischen Hirnregionen überschwemmt (O'Brien, 1997). Neue Arbeiten aus der Arbeitsgruppe von Michael Anderson – die seit vielen Jahren zu aktiver Gedächtnisunterdrückung forscht – unterstützen die These, dass die Aktivität von Hippocampus und Amygdala durch hemmende präfrontale Aktivierungen verhindert wird, wenn Individuen versuchen, den Informationsabruf zu unterbinden (Anderson & Floresco, 2022; Anderson & Hulbert, 2021).

Dass es sich bei dissoziativer Amnesie um eine Erinnerungsblockade handelt (Markowitsch, 2002), wird deutlich durch Fälle, die eine spontane (Lucchelli et al., 1995) oder eine therapieinduzierte (Markowitsch, Kessler, Weber-Luxenburger et al., 2000) Gedächtniserholung zeigen. Lucchelli et al. beschrieben neben ihren eigenen beiden auch Fälle anderer, mit »spontaner«, meist durch bestimmte Umweltereignisse induzierter Erholung. Sie verwiesen auch auf den Patienten von Stuss und Guzman (1988), der nach Injektion einer »Wahrheitsdroge« (Natriumamytal) – einer selten verwendeten therapeutischen Technik – seine Erinnerung »deblockierte«, wie es in der Arbeit heißt. In der Arbeit von Staniloiu und Markowitsch von 2018 findet sich die Natriumamytal-Therapie sowie eine Reihe weiterer therapeutischer Ansätze zur Behandlung von Patienten mit dissoziativen Amnesien.

Schlussfolgerungen

Gedächtnis ist kein einheitliches System, sondern eines, dass sich in bewusst und unbewusst ablaufende Prozesse und in mehrere voneinander unabhängige Speichersysteme untergliedert. Diese interagieren dynamisch, und insbesondere das phylogenetisch höchststehende, vermutlich nur dem Menschen eigene episodisch-autobiografische Gedächtnissystem ist vielfältigen Einflüssen von der Einspeicherung bis zum Abruf unterworfen. Es ist zustandsabhängig, was die initiale Aufnahme von Information und deren späteren Abruf angeht. »Zustandsabhängig« bedeutet, dass es inneren und äußeren Einflussgrößen unterliegt, die es so modifizieren, dass es sich in unsere emotionale und motivationale Befindlichkeit einfügt und beim Abruf immer wieder neu und – entsprechend gegenwärtiger situativer Gegebenheiten – verändert reenkodiert und rekonsolidiert wird. Abweichungen von der Wirklichkeit – sogenannte Fehlerinnerungen – sind deswegen an der Tagesordnung, auch wenn sie nicht bewusst erkannt werden. Wir »zimmern« uns unsere Erinnerungen, damit wir zu einem homöostatischen Gleichgewicht mit unseren Motiven und Motivationen und unseren äußeren Lebensumständen kommen.

Unterstützt und ermöglicht werden diese Adaptationen durch die Beschaffenheit und die Gegebenheiten des Gehirns, das in einer Mischung analoger und diagonaler Funktionen arbeitet und uns zu eigenbewussten Lebewesen macht (Markowitsch, 1995b). Über unsere Sinne aufgenommene Informationen werden in unterschiedlichen Hierarchieebenen und mit unterschiedlicher Präzision erfasst, analysiert und assoziiert, wobei die funktionelle Neuroanatomie sogar den Ausdruck »Assoziationscortex« kreiert hat, um Cortexregionen zu definieren, in denen Information integriert und gespeichert wird (z. B. Markowitsch, 1988c. Distinkte Hirnschäden in sogenannten Flaschenhalsstrukturen *(Limbisches System)* beeinträchtigen oder unterbinden eine erfolgreiche Einspeicherung von Information, distinkte, aber auch weitflächige corticale Schäden führen zu einer Auflösung abgespeicherten Materials (Markowitsch, 1984, 1987, 2007, 2012; Markowitsch & Pritzel, 1985; Irle et al., 1987; Markowitsch, Kessler, Schramm et al., 2000; Seidl et al., 2006; Markowitsch & Staniloiu, 2011c, 2012b). Was den Abruf bewusster Kenntnisse und Erinnerungen angeht, sind ebenfalls sowohl distinkt-umgrenzte wie weitflächige primär corticale Hirnregionen involviert (Fink et al., 1996; Risius et al., 2013; Lux et al., 2015), wobei hier hinzukommt, dass es eine Unsicherheit gibt, ob der Abruf primär hirnschadenbedingt oder primär psychisch bedingt ist (Markowitsch, 1996). Die *dissoziativen Amnesien* stellen eine faszinierende Krankheitsgruppe dar, bei der dann, wenn die gesamte Vergangenheit nicht mehr abrufbar ist, auch das Selbst sich verändert (Levine et al., 1998; Markowitsch & Staniloiu, 2012c, 2012d). Letztendlich mag es eine »akademische« Frage sein, ob psychisch oder organisch, da im Grund alle Verhaltensveränderungen auf das Gehirn zurückführbar sind. Dies war schon im vorletzten Jahrhundert bekannt und wurde von damals wie heute berühmten Wissenschaftlern postuliert, die alle drei betonten, dass alle psychischen Ereignisse letztendlich durch Anatomie und Physiologie erklärbar sein sollten (Maudsley, 1870; Meynert, 1884; Flechsig, 1896). Maudsley (1870, S. 41) schrieb: »Mental disorders are neither more nor less than nervous diseases in which mental symptoms predominate, and their entire separation from other nervous diseases has been a sad hindrance to progress.«

Literatur

Anderson, M. C. & Floresco, S. B. (2022). Prefrontal-hippocampal interactions supporting the extinction of emotional memories: the retrieval stopping model. *Neuropsychopharmacology, 47*, 180–195.

Anderson, M. C. & Hulbert, J. C. (2021). Prefrontal-hippocampal interactions supporting the extinction of emotional memories: the retrieval stopping model. *Annual Review of Psychology, 72*, 1–36.

Annese, J., Schenker-Ahmed, N. M., Bartsch, H., Maechler, P., Sheh, C., Thomas, N., Kayano, J., Ghatan, A., Bresler, N., Frosch, M. P., Klaming, R. & Corkin, S. (2014). Postmortem examination of patient H. M.'s brain based on histological sectioning and digital 3D reconstruction. *Nature Communications, 5*, 3122. https://doi.org/10.1038/ncomms4122

Augustinack, J. C., van der Kouwe, A. J., Salat, D. H., Benner, T., Stevens, A. A., Annese, J., Fischl, B., Frosch, M. P. & Corkin, S. (2014). H. M.'s contributions to neuroscience: a review and autopsy studies. *Hippocampus, 24*, 1267–1286.

Babinsky, R., Markowitsch, H. J. & Engel, H. (1998). Remote memory after basal forebrain damage. *Neuropsychiatry, Neuropsychology, and Behavioral Neurology, 11*, 106–107.

Baddeley, A. (2012). Working memory: theories, models, and controversies. *Annual Review of Psychology, 63*, 1–29.

Baddeley, A. D., Hitch, G. J. & Allen, R. J. (2019). From short-term store to multicomponent working memory: The role of the modal model. *Memory and Cognition, 47*, 575–588.

Barnabe, A., Whitehead, V., Pilon, R., Arsenault-Lapierre, G. & Chertkow, H. (2012). Autobiographical memory in mild cognitive impairment and Alzheimer's disease: a comparison between the Levine and Kopelman interview methodologies. *Hippocampus, 22*, 1809–1825.

Becquet, C., Cogez, J., Dayan, J., Lebain, P., Viader, F., Eustache, F. & Quinette, P. (2021). Episodic autobiographical memory impairment and differences in pronoun use: Study of self-awareness in functional amnesia and transient global amnesia. *Frontiers in Psychology, 12*, Art. 624010 https://doi.org/10.3389/fpsyg.2021.624010

Borsutzky, S., Fujiwara, E., Brand, M. & Markowitsch, H. J. (2008). Confabulations in alcoholic Korsakoff patients. *Neuropsychologia, 46*, 3133–3143.

Borsutzky, S., Fujiwara, E., Brand, M. & Markowitsch, H.J. (2010). Susceptibility to false memories in patients with ACoA aneurysm. *Neuropsychologia, 48*, 2811-2823.
Bošnjak Pašić, M., Horvat Velić, E., Fotak, L., Pašić, H., Srkalović Imširagić, A., Milat, D., Šarac, H., Bjedov, S. & Petelin GadŽe, Ž. (2018). Many faces of déjà vu: a narrative review. *Psychiatria Danubina, 30*, 21-25.
Brand, M., Eggers, C., Reinhold, N., Fujiwara, E., Kessler, J., Heiss, W.-D. & Markowitsch, H.J. (2009). Functional brain imaging in fourteen patients with dissociative amnesia reveals right inferolateral prefrontal hypometabolism. *Psychiatry Research: Neuroimaging Section, 174*, 32-39.
Brand, M. & Markowitsch, H.J. (2003). The principle of bottleneck structures. In R.H. Kluwe, G. Lüer & F. Rösler (Hrsg.), *Principles of learning and memory* (S. 171-184). Basel: Birkhäuser.
Bremner J.D. & Wittbrodt, M.T. (2020). Stress, the brain, and trauma spectrum disorders. *International Review of Neurobiology, 152*, 1-22.
Breuer, J. & Freud, S. (1895). *Studien über Hysterie*. Wien: Deuticke.
Cabeza, R., Kapur, S., Craik, F.I M., McIntosh, A. R., Houle, S. & Tulving, E. (1997). Functional neuroanatomy of recall and recognition: A PET study of episodic memory. *Journal of Cognitive Neuroscience, 9*, 254-265.
Caetano, I., Amorim, L., Castanho, T.C., Coelho, A., Ferreira, S., Portugal-Nunes, C., ... & Sousa, N. (2022). Association of amygdala size with stress perception: Findings of a transversal study across the lifespan. *European Journal of Neuroscience, 56*, 5287-5298.
Cahill, L., Babinsky, R., Markowitsch, H.J. & McGaugh, J.L. (1995). Involvement of the amygdaloid complex in emotional memory. *Nature, 377*, 295-296.
Calabrese, P., Haupts, M., Markowitsch, H.J. & Gehlen, W. (1993). The cognitive-mnestic performance profile of a patient with bilateral asymmetric thalamic infarction. *International Journal of Neuroscience, 71*, 101-106.
Calabrese, P., Markowitsch, H.J., Durwen, H.F., Widlitzek, B., Haupts, M., Holinka, B. & Gehlen, W. (1996). Right temporofrontal cortex as critical locus for the ecphory of old episodic memories. *Journal of Neurology, Neurosurgery, and Psychiatry, 61*, 304-310.
Calabrese, P., Markowitsch, H.J., Harders, A.G., Scholz, A. & Gehlen, W. (1995). Fornix damage and memory: A case report. *Cortex, 31*, 555-564.
Cascella, M. & Al Khalili, Y. (2024). Short term memory impairment. *StatPearls* [Internet]. Treasure Island (FL): StatPearls Publishing; 2024 Jan–. PMID: 31424720 (14.07.2024).
Charcot, J.M. (1892). Sur un cas d'amnesie retro-anterograde. *Revue de Medicine, 12*, 81-96.
Cipolotti, L., Shallice, T., Chan, D., Fox, N., Scahill, R., Harrison, G., Stevens, J. & Rudge, P. (2001). Long-term retrograde amnesia ... the crucial role of the hippocampus. *Neuropsychologia, 39*, 151-172.
Corkin, S. (2002). What's new with the amnesic patient H.M.? *Neuroscience, 3*, 153-160.
Cowan, N. (2000). The magical number 4 in short-term memory: A reconsideration of mental storage capacity. *Behavioral and Brain Sciences, 24*, 87-185.
Cowan, N. (2015). George Miller's magical number of immediate memory in retrospect: Observations on the faltering progression of science. *Psychological Review, 122*, 536-541.

Cramon, D. Y von, Markowitsch, H. J. & Schuri, U. (1993). The possible contribution of the septal region to memory. *Neuropsychologia, 31*, 1159–1180.

Donix, M., Brons, C., Jurjanz, L., Poettrich, K., Winiecki, P. & Holthoff, V. A. (2010). Overgenerality of autobiographical memory in people with amnestic mild cognitive impairment and early Alzheimer's disease. *Archives of Clinical Neuropsychology, 25*, 22–27.

Fink, G. R., Markowitsch, H. J., Reinkemeier, M., Bruckbauer, T., Kessler, J. & Heiss, W.-D. (1996). Cerebral representation of one's own past: neural networks involved in autobiographical memory. *Journal of Neuroscience, 16*, 4275–4282.

Flechsig, P. (1896). *Gehirn und Seele*. Leipzig: Veit & Comp.

Ford, J. H., Kim, S. Y., Kark, S. M., Daley, R. T., Payne, J. D. & Kensinger, E. A. (2022). Distinct stress-related changes in intrinsic amygdala connectivity predict subsequent positive and negative memory performance. *European Journal of Neuroscience, 56*, 4744–4765.

Freud, S. (1901). Zum psychischen Mechanismus der Vergesslichkeit. *Monatsschrift für Psychiatrie und Neurologie, 4/5*, 436–441.

Fries, A. B., Ziegler, T. E., Kurian, J. R., Jacoris, S. & Pollak, S. D. (2005). Early experience in humans is associated with changes in neuropeptides critical for regulating social behavior. *Proceedings of the National Academy of the U.S.A., 102*, 17237–17240.

Fujiwara, E., Brand, M. & Markowitsch, H. J. (2002). Emotionale Bewertung und Gedächtnis bei Patienten mit alkoholbedingtem Korsakow-Syndrom. *Praxis Klinische Verhaltensmedizin und Rehabilitation, 60*, 275–281.

Fujiwara, E. & Markowitsch, H. J. (2005). Autobiographical memory disorders. In T. E. Feinberg & J. P. Keenan (Hrsg.), *The lost self: Pathologies of the brain and identity* (S. 65–80). New York: Oxford University Press.

Gilmore, A. W., Quach, A., Kalinowski, S. E., González-Araya, E. I., Gotts, S. J., Schacter, D. L. & Martin, A. (2021). Evidence supporting a time-limited hippocampal role in retrieving autobiographical memories. *Proceedings of the National Academy of Sciences of the USA, 118*(12), e2023069118. https://doi.org/10.1073/pnas.2023069118

Hakamata, Y., Mizukami, S., Izawa, S., Moriguchi, Y., Hori, H., Matsumoto, N., Hanakawa, T., Inoue, Y. & Tagaya, H. (2021). Childhood trauma affects autobiographical memory deficits through basal cortisol and prefrontal-extrastriate functional connectivity. *Psychoneuroendocrinology, 127*, 105172. https://doi.org/10.1016/j.psyneuen.2021.105172.

Harrison, P., Lawrence, A. J., Wang, S., Liu, S. & Xie, G., Yang, X. & Zahn, R. (2022). The psychopathology of worthlessness in depression. *Frontiers in Psychiatry, 13*, 818542. https://doi.org/10.3389/fpsyt.2022.818542

Henke, K., Kroll, N. E., Behniea, H., Amaral, D. G., Miller, M. B., Rafal, R. & Gazzaniga, M. S. (1999). Memory lost and regained following bilateral hippocampal damage. *Journal of Cognitive Neuroscience, 11*, 682–697.

Hering, E. (1870). *Ueber das Gedächtnis als eine allgemeine Funktion der organisierten Materie. Vortrag gehalten in der feierlichen Sitzung der Kaiserlichen Akademie der Wissenschaften in Wien am XXX. Mai MDCCCLXX*. Leipzig: Akademische Verlagsgesellschaft.

Irle, E., Kessler, J., Markowitsch, H. J. & Hofmann, W. (1987). Primate learning tasks reveal strong impairments in patients with presenile or senile dementia of the Alzheimer type. *Brain and Cognition, 6*, 429–449.

Janet, P. (1892). *L'état mental des hystériques (Vol. 1: les stigmates mentaux)*. Paris: Rueff.
Janet, P. (1894). *Der Geisteszustand der Hysteriker (Die psychischen Stigmata)*. Leipzig und Wien: Deuticke.
Joy, L. K., Ramachandran, M. & George, S. (2021). Learned helplessness, psychological wellbeing, and proenvironment care behavior among victims of frequent floods in Kerala. *Journal of Neurosciences in Rural Practice, 12,* 137–144.
Kapur, N. (1999). Syndromes of retrograde amnesia: a conceptual and empirical synthesis. *Psychological Bulletin, 125,* 800–825.
Kessler, J., Huber, M., Pawlik, G., Heiss, W.-D. & Markowitsch, H. J. (1991). Complex sensory cross integration deficits in a case of corpus callosum agenesis with bilateral language representation: positron-emission-tomography and neuropsychological findings. *International Journal of Neuroscience, 58,* 275–282.
Kessler, J., Irle, E. & Markowitsch, H. J. (1986). Korsakoff and alcoholic subjects are severely impaired in animal tasks of association memory. *Neuropsychologia, 24,* 671–680.
Kessler, J., Markowitsch, H. J. & Bast-Kessler, C. (1987). Memory of alcoholic patients, including Korsakoff's, tested with a Brown-Peterson paradigm. *Archives of Psychology, 101,* 115–132.
Kleist, K. (1934a). Kriegsverletzungen des Gehirns in ihrer Bedeutung für die Hirnlokalisation und Hirnpathologie. In K. Bonhoeffer (Hrsg.), *Handbuch der Aerztlichen Erfahrungen im Weltkriege 1914/18, Bd. 4: Geistes- und Nervenkrankheiten* (S. 343–1360). Leipzig: Barth.
Kleist, K. (1934b). *Gehirnpathologie*. Leipzig: Barth.
Kopelman, M. D. (2000). Focal retrograde amnesia and the attribution of causality: an exceptionally critical review. *Cognitive Neuropsychology, 17,* 585–621.
Kopelman, M. D. & Stanhope, N. (1997). Rates of forgetting in organic amnesia following temporal lobe, diencephalic, or frontal lobe lesions. *Neuropsychology, 11,* 343–356.
Korsakow, S. S. (1891). Erinnerungstäuschungen (Pseudoreminiscenzen) bei polyneuritischer Psychose. *Allgemeine Zeitschrift für Psychiatrie, 47,* 390–410.
Kroll, N., Markowitsch, H. J., von Cramon, D. Y. & Knight, R. (1997). Retrieval of old memories – the temporo-frontal hypothesis. *Brain, 120,* 1377–1399.
Kühnel, S. & Markowitsch, H. J. (2009). *Falsche Erinnerungen*. Heidelberg: Spektrum.
Kühnel, S., Woermann, F. G., Mertens, M. & Markowitsch, H. J. (2008). Involvement of the orbitofrontal cortex during correct and false recognitions of visual stimuli. Implications for eyewitness decisions on an fMRI study using a film paradigm. *Brain Imaging and Behavior, 2,* 163–176.
Labudda, K., Brand M. & Markowitsch, H. J. (2006). Kognitive Defizite bei Patienten mit alkoholbedingtem Korsakow-Syndrom. *NeuroGeriatrie, 3,* 120–129.
Labudda, K., Todorovski, S., Markowitsch, H. J. & Brand, M. (2008). Judgment and memory performance for emotional stimuli in patients with alcoholic Korsakoff syndrome. *Journal of Clinical and Experimental Neuropsychology, 30,* 224–235.
Levine, B., Black, S. E., Cabeza, R., Sinden, M., McIntosh, A. R., Toth, J. P., Tulving, E. & Stuss, D. T. (1998). Episodic memory and the self in a case of isolated retrograde amnesia. *Brain, 121,* 1951–1973.
Levinson, B. W. (1965). States of awareness during general anaesthesia. *British Journal of Anaesthesia, 37,* 544–546.
Leyhe, T., Müller, S., Milian, M., Eschweiler, G. W. & Saur, R. (2009). Impairment of episodic

and semantic autobiographical memory in patients with mild cognitive impairment and early Alzheimer's disease. *Neuropsychologia, 47*, 2464–2469.
Loewenstein, R.J. (2018). Dissociation debates: everything you know is wrong. *Dialogues in Clinical Neuroscience, 20*, 229–242.
Loftus, E.F. (2000). Remembering what never happened. In E. Tulving (Hrsg.), *Memory, consciousness, and the brain: The Tallinn conference* (S. 106–118). Philadelphia, PA: Psychology Press.
Loftus, E.F. (2003). Our changeable memories: Legal and practical implications. *Nature Neuroscience, 4*, 232-233.
Lucchelli, F., Muggia, S. & Spinnler, H. (1995). The ›Petites Madeleines‹ phenomenon in two amnesic patients: sudden recovery of forgotten memories. *Brain, 118*, 167–183.
Lupien, S.J., Juster, R.-P., Raymond, C. & Marin, M.-F. (2018). The effects of chronic stress on the human brain: From neurotoxicity, to vulnerability, to opportunity. *Frontiers in Neuroendocrinology, 49*, 9–105.
Lux, S., Bindrich, V.N., Markowitsch, H.J. & Fink, G.R. (2015). Medial temporal lobe activation during autobiographical context memory retrieval of time and place and its dependency upon recency. *Neurocase, 21*, 23–32.
Maier, S.F. & Seligman, M.E.P. (1976). Learned helplessness: theory and evidence. *Journal of Experimental Psychology: General, 105*, 3–46.
Markowitsch, H.J. (1982). Thalamic mediodorsal nucleus and memory: A critical evaluation of studies in animals and man. *Neuroscience and Biobehavioral Reviews, 6*, 351–380.
Markowitsch, H.J. (1984). Can amnesia be caused by damage of a single brain structure? *Cortex, 20*, 27–45.
Markowitsch, H.J. (1985). Der Fall H.M. im Dienste der Hirnforschung. *Naturwissenschaftliche Rundschau, 38*, 410–416.
Markowitsch, H.J. (1987). Demenz im Alter. *Psychologische Rundschau, 38*, 145–154.
Markowitsch, H.J. (1988a). Diencephalic amnesia: a reorientation towards tracts? *Brain Research Reviews, 13*, 351–370.
Markowitsch, H.J. (1988b). Long term memory processing in the human brain: On the influence of individual variations. In J. Delacour & J.C.S. Levy (Hrsg.), *Systems with learning and memory abilities* (S. 153–176). Amsterdam: North-Holland.
Markowitsch, H.J. (1988c). Introducing information processing by the brain. In H.J. Markowitsch (Hrsg.), *Information processing by the brain* (S. 1–4). Toronto: Huber.
Markowitsch, H.J. (1995a). Which brain regions are critically involved in the retrieval of old episodic memory? *Brain Research Reviews, 21*, 117–127.
Markowitsch, H.J. (1995b). Cerebral bases of consciousness: A historical view. *Neuropsychologia, 33*, 1181–1192.
Markowitsch, H.J. (1996). Organic and psychogenic retrograde amnesia: two sides of the same coin? *Neurocase, 2*, 357–371.
Markowitsch, H.J. (1999a). Limbic system. In R. Wilson & F. Keil (Hrsg.), *The MIT encyclopedia of the cognitive sciences* (S. 472–475). Cambridge, MA: MIT Press.
Markowitsch, H.J. (1999b). *Gestalt* view of the limbic system and the Papez circuit – another approach on unity and diversity of brain structures and functions. *Behavioral and Brain Sciences, 22*, 459–460.
Markowitsch, H.J. (2000). Repressed memories. In E. Tulving (Hrsg.), *Memory, conscious-*

ness, and the brain: The Tallinn conference (S. 319-330). Philadelphia, PA: Psychology Press.
Markowitsch, H.J. (2002). Functional retrograde amnesia – mnestic block syndrome. *Cortex, 38*, 651-654.
Markowitsch, H.J. (2003a). Psychogenic amnesia. *NeuroImage, 20*, S132-S138.
Markowitsch, H.J. (2003b). Autonoëtic consciousness. In A.S. David & T. Kircher (Hrsg.), The self in neuroscience and psychiatry (S. 180-196). Cambridge University Press.
Markowitsch, H.J. (2006). Implikationen neurowissenschaftlicher Erkenntnisse für die Jurisprudenz am Beispiel von Glaubwürdigkeitsfeststellungen. *Kriminalistik, 10*, 619-625.
Markowitsch, H.J. (2007). Amnesien. In F. Schneider & G.R. Fink (Hrsg.), *Funktionelle MRT in Psychiatrie und Neurologie* (S. 479-490). Heidelberg: Springer.
Markowitsch, H.J. (2008). Anterograde amnesia. In G. Goldenberg & B.L. Miller (Hrsg.), *Handbook of clinical neurology (3rd Series, Vol. 88: Neuropsychology and behavioral neurology)* (S. 155-183). New York: Elsevier.
Markowitsch, H.J. (2009). *Das Gedächtnis: Entwicklung – Funktionen – Störungen.* München: C.H. Beck.
Markowitsch, H.J. (2010). Korsakoff's syndrome. In G.F. Koob, M. Le Moal & R.F. Thompson (Hrsg.), *Encyclopedia of behavioral neuroscience* (Vol. 2, R. Poldrack, Hrsg.) (S. 131-136). Oxford: Academic Press.
Markowitsch, H.J. (2012). Amnesien. In F. Schneider & G.R. Fink (Hrsg.), *Funktionelle MRT in Psychiatrie und Neurologie* (2. Aufl.) (S. 621-632). Heidelberg: Springer.
Markowitsch, H.J. (2013). Memory and self – Neuroscientific landscapes. *ISRN Neuroscience*, Art. ID 176027. http://dx.doi.org/10.1155/2013/176027
Markowitsch, H.J. & Brand, M. (2010). Forgetting: A historical perspective. In S. Della Sala (Hrsg.), *Forgetting* (S. 23-34). Hove, UK: Psychology Press.
Markowitsch, H.J., Calabrese, P., Fink, G.R., Durwen, H.F., Kessler, J., Härting, C., König, M., Mirzaian, E.B., Heiss, W.-D., Heuser, L. & Gehlen, W. (1997a). Impaired episodic memory retrieval in a case of probable psychogenic amnesia. *Psychiatry Research: Neuroimaging Section, 74*, 119-126.
Markowitsch, H.J., Calabrese, P., Liess, J., Haupts, M., Durwen, H.F. & Gehlen, W. (1993). Retrograde amnesia after traumatic injury of the temporo-frontal cortex. *Journal of Neurology, Neurosurgery and Psychiatry, 56*, 988-992.
Markowitsch, H.J., Calabrese, P., Neufeld, H., Gehlen, W. & Durwen, H.F. (1999a). Retrograde amnesia for famous events and faces after left fronto-temporal brain damage. *Cortex, 35*, 243-252.
Markowitsch, H.J., Calabrese, P., Würker, M., Durwen, H.F., Kessler, J., Babinsky, R., Brechtelsbauer, D., Heuser, L. & Gehlen, W. (1994). The amygdala's contribution to memory – A PET-study on two patients with Urbach-Wiethe disease. *NeuroReport, 5*, 1349-1352.
Markowitsch, H.J., Fink, G.R., Thöne, A.I.M., Kessler, J. & Heiss, W.-D. (1997b). A PET study of persistent psychogenic amnesia covering the whole life span. *Cognitive Neuropsychiatry, 2*, 135-158.
Markowitsch, H.J. Kalbe, E., Kessler, J., von Stockhausen H.-M., Ghaemi, M. & Heiss, W.-D. (1999b). Short-term memory deficit after focal parietal damage. *Journal of Clinical and Experimental Neuropsychology, 21*, 784-796.
Markowitsch, H.J., Kessler, J. & Denzler, P. (1986). Recognition memory and psychophys-

iological responses towards stimuli with neutral and emotional content. A study of Korsakoff patients and recently detoxified and longterm abstinent alcoholics. *International Journal of Neuroscience, 29*, 1–35.

Markowitsch, H.J., Kessler, J., Kalbe, E. & Herholz, K. (1999c). Functional amnesia and memory consolidation. A case of persistent anterograde amnesia with rapid forgetting following whiplash injury. *Neurocase, 5*, 189–200.

Markowitsch, H.J., Kessler, J., Russ, M.O., Frölich, L., Schneider, B. & Maurer, K. (1999d). Mnestic block syndrome. *Cortex, 35*, 219–230.

Markowitsch, H.J., Kessler, J., Schramm, U. & Frölich, L. (2000). Severe degenerative cortical and cerebellar atrophy and progressive dementia in a young adult. *Neurocase, 6*, 357–364.

Markowitsch, H.J., Kessler, J., Van der Ven, C., Weber-Luxemburger, G. & Heiss, W.-D. (1998). Psychic trauma causing grossly reduced brain metabolism and cognitive deterioration. *Neuropsychologia, 36*, 77–82.

Markowitsch, H.J., Kessler, J., Weber-Luxemburger, G., Van der Ven, C., Albers, M. & Heiss, W.D. (2000). Neuroimaging and behavioral correlates of recovery from mnestic block syndrome and other cognitive deteriorations. *Neuropsychiatry Neuropsychology and Behavioral Neurology, 13*, 60–66.

Markowitsch, H.J. & Merkel, R. (2011). Das Gehirn auf der Anklagebank. Die Bedeutung der Hirnforschung für Ethik und Recht. In T. Bonhoeffer & P. Gruss (Hrsg.) *Zukunft Gehirn* (S. 210–240). München: CH. Beck.

Markowitsch, H.J. & Pritzel, M. (1976). Reward related neurons in cat association cortex. *Brain Research, 111*, 185–188.

Markowitsch, H.J. & Pritzel, M. (1985). The neuropathology of amnesia. *Progress in Neurobiology, 25*, 189–287.

Markowitsch, H.J. & Staniloiu, A. (2011a). Memory, autonoetic consciousness, and the self. *Consciousness and Cognition, 20*, 16–39.

Markowitsch, H.J. & Staniloiu, A. (2011b). Amygdala in action: Relaying biological and social significance to autobiographic memory. *Neuropsychologia, 49*, 718–733.

Markowitsch, H.J. & Staniloiu, A. (2011c). Amnesia: Neuropsychology, neurology, and psychiatry. In F. Columbus (Hrsg.), *Amnesia: Causes, diagnosis and treatments*. Hauppauge, NY: Nova Science Publishers.

Markowitsch, H.J. & Staniloiu, A. (2012a). Autonoetic consciousness and the self. In A.E. Cavanna & A. Nani (Hrsg.), *Consciousness: States, mechanisms and disorders* (S. 85–110). Nova Science Publishers.

Markowitsch, H.J. & Staniloiu, S. (2012b). Amnesic disorders. *Lancet, 380*(9851), 1429–1440.

Markowitsch, H.J. & Staniloiu, A. (2012c). A rapprochement between emotion and cognition: amygdala, emotion and self relevance in episodic-autobiographical memory. *Behavioral and Brain Sciences, 35*, 164–166.

Markowitsch, H.J. & Staniloiu, A. (2012d). The contribution of the amygdala for etablishing and maintaining an autonomous self and autobiographical memory. In D. Yilmazer-Hanke (Hrsg.), *Insights into the amygdala: Structure, function and implications for disorders* (S. 277–318). Hauppauge, NY: Nova Science Publishers.

Markowitsch, H.J. & Staniloiu, A. (2016a). History of memory. In W. Barr & L.A. Bielauskas (Hrsg.), *Oxford handbook of the history of clinical neuropsychology*. Oxford University Press. http://doi.org/10.1093/oxfordhb/9780199765683.013.31

Markowitsch, H. J. & Staniloiu, A. (2016b). Functional (dissociative) retrograde amnesia. In M. Hallett, J. Stone & A. Carson (Hrsg.), *Handbook of clinical neurology (3rd series): Functional neurological disorders* (S. 419-445). Elsevier.

Markowitsch, H. J. & Staniloiu, A. (2017). Lehrstück der Medizingeschichte. Die Machtspiele der Forscher um einen berühmten Patienten. *Gehirn und Geist, Nr. 6*, 81-82.

Markowitsch, H. J. & Staniloiu, A. (2022a). Behavioral, neurological and psychiatric frailty of autobiographical memory *WIREs Cognitive Science*, e1617, 1-27. https://doi.org/10.1002/wcs.1617

Markowitsch, H. J. & Staniloiu, A. (2022). The importance of a synchrony between emotion and memory - Cases with dissociative amnesia. In C. Pracana & M. Wang (Hrsg.), Psychological Applications and Trends (S. 47-51). Lisbon, Portugal: inScience Press.

Markowitsch, H. J., Thiel, A., Kessler, J., von Stockhausen, H.-M. & Heiss, W.-D. (1997c). Ecphorizing semi-conscious episodic information via the right temporopolar cortex - a PET study. *Neurocase, 3*, 445-449.

Markowitsch, H. J., Thiel, A., Reinkemeier, M., Kessler, J., Koyuncu, A. & Heiss, W.-D. (2000). Right amygdalar and temporofrontal activation during autobiographica, but not during fictitious memory retrieval. *Behavioural Neurology, 12*, 181-190.

Markowitsch, H. J., von Cramon, D. Y. & Schuri, U. (1993). Mnestic performance profile of a bilateral diencephalic infarct patient with preserved intelligence and severe amnesic disturbances. *Journal of Clinical and Experimental Neuropsychology, 15*, 627-652.

Maudsley, H. (1870). *Body and mind: an inquiry into their connection and mutual influence, specially in reference to mental disorders*. London: Macmillan and Co.

McKee, R. D. & Squire, L. R. (1992). Equivalent forgetting rates in long-term memory for diencephalic and medial temporal lobe amnesia. *Journal of Neuroscience, 12*, 3765-3772.

Meine, L. E., Meier, J., Meyer, B. & Wessa, M. (2021). Don't stress, it's under control: Neural correlates of stressor controllability in humans. *NeuroImage 245*, 118701. https://doi.org/10.1016/j.neuroimage.2021.118701

Meynert, T. (1884). *Psychiatrie. Klinik der Erkrankungen des Vorderhirns, begründet auf dessen Bau, Leistungen und Ernährung*. Wien: Braumüller.

Nelson, K. & Fivush, R. (2004). The emergence of autobiographical memory: A social cultural developmental theory. *Psychological Review, 111*, 486-511.

O'Brien, J. T. (1997). The ›glucocorticoid cascade‹ hypothesis in man. *British Journal of Psychiatry, 170*, 199-201.

O'Connor, A. R., Wells, C. & Moulin, C. J. A. (2021). Déjà vu and other dissociative states in memory. *Memory, 29*, 835-842.

Ortega-de San Luis, C. & Ryan, T. J. (2022). Understanding the physical basis of memory: Molecular mechanisms of the engram. *Journal of Biological Chemistry, 298*, 101866. https://doi.org/10.1016/j.jbc.2022.101866

Peper, M., Seier, U., Krieger, D. & Markowitsch, H. J. (1991). Impairment of memory in a patient with reversible bilateral thalamic lesions due to internal cerebral vein thrombosis. *Restorative Neurology and Neuroscience, 2*, 155-162.

Piolino, P., Hannequin, D., Desgranges, B., Girard, C., Beaunieux, H., Giffard, B., Lebreton, K., Eustache, F. (2005). Right ventral frontal hypometabolism and abnormal sense

of self in a case of disproportionate retrograde amnesia. *Cognitive Neuropsychology, 22,* 1005–1034.
Poreh, A., Winocur, G., Moscovitch, M., Backon, M., Goshen, E., Ram, Z. & Feldman, Z. (2006). Anterograde and retrograde amnesia in a person with bilateral fornix lesions following removal of a colloid cyst. *Neuropsychologia, 44,* 2241–2248.
Pritzel, M. & Markowitsch, H.J. (2017). *Warum wir vergessen.* Berlin: Springer.
Reinhold, N. & Markowitsch, H.J. (2009). Retrograde episodic memory and emotion: a perspective from patients with dissociative amnesia. *Neuropsychologia, 47,* 2197–2206.
Rieger, B. & Markowitsch, H.J. (1996). Implicit and explicit mnestic performance of patients with prefrontal, medial temporal, and basal ganglia damage. *Neurology, Psychiatry and Brain Research 4,* 53–74.
Risius, U.-M., Staniloiu, A., Piefke, M., Maderwald, S., Schulte, F., Brand, M. & Markowitsch, H.J. (2013). Retrieval, monitoring and control processes: A 7 Tesla fMRI approach to memory accuracy. *Frontiers in Behavioral Neuroscience, 7,* 24. https://doi.org/10.3389/fnbeh.2013.00024
Roediger, H.L. III & McDermott, K.B. (1995). Creating false memories: Remembering words not presented in lists. *Journal of Experimental Psychology: Learning, Memory, and Cognition, 21,* 803–814.
Roehri, N., Bréchet, L., Seeber, M., Pascual-Leone, A. & Michel, C.M. (2022). Phase-amplitude coupling and phase synchronization between medial temporal, frontal and posterior brain regions support episodic autobiographical memory recall. *Brain Topography, 35,* 191–206.
Rugg, M.D. & Vilberg, K.L. (2013). Brain networks underlying episodic memory retrieval. *Current Opinion in Neurobiology, 23,* 255–260.
Santos, G. & Costa, V. (2016). False memory syndrome: A review and emerging issues, following a clinical report. *European Psychiatry, 33 (Suppl.),* S561.
Sargant, W. & Slater, E. (1941). Amnesic syndromes in war. *Proceedings of the Royal Society of Medicine, 34,* 757–764.
Sarter, M. & Markowitsch, H.J. (1985). The amygdala's role in human mnemonic processing. *Cortex, 21,* 7–24.
Sarter, M. & Markowitsch, H.J. (1985). The involvement of the amygdala in learning and memory: A critical review with emphasis on anatomical relations. *Behavioral Neuroscience, 99,* 342–380.
Scoville, W.B. & Milner, B. (1957). Loss of recent memory after bilateral hippocampal lesions. *Journal of Neurology, Neurosurgery, and Psychiatry, 20,* 11–21.
Seidl, U., Markowitsch, H.J. & Schröder, J. (2006). Die verlorene Erinnerung. Störungen des autobiographischen Gedächtnisses bei leichter kognitiver Beeinträchtigung und Alzheimer-Demenz. In H. Welzer & H.J. Markowitsch (Hrsg.), *Warum Menschen sich erinnern können. Fortschritte in der interdisziplinären Gedächtnisforschung* (S. 286–302). Stuttgart: Klett.
Sekeres, M.J., Moscovitch, M., Winocur, G., Pishdadian, S., Nichol, D. & Grady, C.L. (2021). Reminders activate the prefrontal-medial temporal cortex and attenuate forgetting of event memory. *Hippocampus, 31,* 28–45.
Seligman, M.E. & Beagley, G. (1975). Learned helplessness in the rat. *Journal of Comparative and Physiological Psychology, 88,* 534–541.

Semon, R. (1904). *Die Mneme als erhaltendes Prinzip im Wechsel des organischen Geschehens.* Leipzig: Wilhelm Engelmann.

Shah, N. J., Marshall, J. C., Zafiris, O., Schwab, A., Zilles, K., Markowitsch, H. J. & Fink, G. R. (2001). The neural correlates of person familiarity. A functional magnetic resonance imaging study with clinical implications. *Brain, 124,* 804–815.

Siebert, M., Markowitsch, H. J. & Bartel, P. (2003). Amygdala, affect, and cognition: Evidence from ten patients with Urbach-Wiethe disease. *Brain, 126,* 2627–2637.

Squire, L. R. (2004). Memory systems of the brain: A brief history and current perspective. *Neurobiology of Learning and Memory, 82,* 171–177.

Squire, L. R. (2009). The legacy of patient H. M. for neuroscience. *Neuron, 61,* 6–9.

Squire, L. R., Knowlton, B. & Musen, G. (1993). The structure and organization of memory. *Annual Review of Psychology, 44,* 453–495.

Squire, L. R., Ojemann, J. G., Miezin, F. M., Petersen, S. E., Videen, T. O. & Raichle, M. E. (1992). Activation of the hippocampus in normal humans: a functional anatomical study of memory. *Proceedings of the National Academy of Sciences of the United States of America, 89,* 1837–1841.

Squire, L. R. & Wixted, J. T. (2011). The cognitive neuroscience of human memory since H. M. *Annual Review of Neuroscience, 34,* 259–288.

Staniloiu, A., Borsutzky, S., Woermann, F. & Markowitsch, H. J. (2013). Social cognition in a case of amnesia with neurodevelopmental mechanisms. *Frontiers in Cognition, 4,* Art. 342, 1–28. https://doi.org/10.3389/fpsyg.2013.00342

Staniloiu, A. & Markowitsch, H. J. (2018). Dissociative amnesia – a challenge to therapy. *International Journal of Psychotherapy Practice and Research, 1,* 34–47. https://doi.org/10.14302/issn.2574-612X.ijpr-18-2246

Staniloiu, A., Markowitsch, H. J. & Kordon, A. (2018). Psychological causes of amnesia: A study of 28 cases. *Neuropsychologia, 110,* 134–147.

Staniloiu, A., Kordon, A. & Markowitsch, H. J. (2020). Stress- and trauma-related blockade of episodic-autobiographical memory processing. *Neuropsychologia, 139,* Art. 107364. https://doi.org/10.1016/j.neuropsychologia.2020.107364

Staniloiu, A., Kordon, A. & Markowitsch, H. J. (2021). Korsakoff's syndrome and alcoholism. In S. Della Sala (Hrsg.), *Encyclopedia of Behavioral Neuroscience (Vol. 3)* (S. 182–189). New York: Elsevier.

Staniloiu, A. & Markowitsch, H. J. (2012). The splitting of the brain: A reorientation towards fiber tracts damage in amnesia. In A. J. Schäfer & J. Müller (Hrsg.), *Brain damage: Causes, management, and prognosis* (S. 41–70). Hauppauge, NY: Nova Science Publishers.

Staniloiu, A. & Markowitsch, H. J. (2014). Dissociative amnesia. *Lancet Psychiatry, 1,* 226–241.

Staniloiu, A., Markowitsch, H. J. & Brand, M. (2010). Psychogenic amnesia – A malady of the constricted self. *Consciousness and Cognition, 19,* 778–801.

Stein, D. J., Craske, M. G., Friedman, M. J. & Phillips, K. A. (2011). Meta-structure issues for the DSM-5: how do anxiety disorders, obsessive-compulsive and related disorders, post-traumatic disorders, and dissociative disorders fit together? *Current Psychiatry Reports, 13,* 248–250.

Stracciari, A., Fonti, C. & Guarino, M. (2008). When the past is lost: Focal retrograde amnesia. Focus on the »functional« form. *Behavioural Neurology, 20,* 113–125.

Stuss, D.T. & Guzman, D.A. (1988). Severe remote memory loss with minimal anterograde amnesia: a clinical note. *Brain and Cognition, 8*, 21–30.
Sutin, A.R., Luchetti, M., Aschwanden, D., Stephan, Y. & Terracciano, A. (2021). Sense of purpose in life, cognitive function, and the phenomenology of autobiographical memory. *Memory, 29*, 1126–1135.
Talairach, J. & Tournaux, P. (1988). *Co-planar stereotaxic atlas of the human brain*. New York: Thieme.
Tatu, L., Aybek, S. & Bogousslavsky, J. (2018). Munchausen syndrome and the wide spectrum of factitious disorders. *Frontiers in Neurology and Neuroscience, 42*, 81–86.
Thimm, K. (2008). »Sie sind beste Kriegsware!« *Der Spiegel, 12*, 135.
Tulving, E. (1972). Episodic and semantic memory. In E. Tulving & W. Donaldson (Hrsg.), *Organization of memory* (S. 381–403). New York: Academic Press.
Tulving, E. (1995). Organization of memory: Quo vadis. In M.S. Gazzaniga (Hrsg.), *The cognitive neurosciences* (S. 839–847). Cambridge, MA: MIT Press.
Van Damme, I. & d'Ydewalle, G. (2008). A cognitive neuropsychological approach to false memory: Korsakoff patients and the DRM paradigm. *Netherlands Journal of Psychology, 64*, 96–111.
Vanneste, S., Luckey, A., McLeod, S.L., Robertson, I.H. & To, W.T. (2021). Impaired posterior cingulate cortex-parahippocampus connectivity is associated with episodic memory retrieval problems in amnestic mild cognitive impairment. *European Journal of Neuroscience, 53*, 3125–3141.
Vargha-Khadem, F., Gadian, D.G., Watkins, K.E., Connelly, A., Van Paesschen, W. & Mishkin, M. (1997). Differential effects of early hippocampal pathology on episodic and semantic memory. *Science, 277*, 376–380.
Vargha-Khadem, F., Salmond, C.H., Watkins, K.E., Friston, K.J., Gadian, D.G. & Mishkin, M. (2003). Developmental amnesia: Effect of age at injury. *Proceedings of the National Academy of Sciences of the United States of America, 100*, 10055–10060.
Weniger, G., Markowitsch, H.J. & Irle, E. (1995). Anterograde and retrograde mnemonic deficits after unilateral damage of neostriatal, ventral striatal, and basal forebrain structures. *Neurocase, 1*, 231–238.
Wiggins, A. & Bunin, J.L. (2021). Confabulation. StatPearls [Internet]. Treasure Island, FL: StatPearls Publishing.
Williams, J.M.G., Barnhofer, T., Crane, C., Hermans, D., Raes, F., Watkins, E. & Dalgleish, T. (2007). Autobiographical memory specificity and emotional disorder. *Psychological Bulletin, 133*, 122–148.
Yu, J., Tao, Q., Zhang, R., Chan, C.C.H. & Lee, T.M.C. (2019). Can fMRI discriminate between deception and false memory? A meta-analytic comparison between deception and false memory studies. *Neuroscience and Biobehavioral Reviews, 104*, 43–55.
Yu, Q., Cheval, B., Becker, B., Herold, F., Chan, C.C.H., Delevoye-Turrell, Y.N., Guérin, S.M.R., Loprinzi, P., Mueller, N. & Zou, L. (2021). Episodic memory encoding and retrieval in face-name paired paradigm: An fNIRS study. *Brain Sciences, 11*, 951. https://doi.org/10.3390/brainsci11070951

Biografische Notizen

Hans J. Markowitsch, Prof. Dr. rer. nat., war seit 1991 Lehrstuhlinhaber für Physiologische Psychologie an der Universität Bielefeld. Davor hatte er Professuren in Konstanz und Bochum inne und hatte Rufe an australische und kanadische Universitäten. Er beschäftigt sich vor allem mit Gedächtnis und Gedächtnisstörungen und war als Gutachter zu Glaubhaftigkeit vor Gerichten. Er ist Autor oder Koautor von über 700 wissenschaftlichen Arbeiten.

Angelica Staniloiu, Dr. rer. nat, lehrt an den Universitäten von Bielefeld und Bukarest. Sie studierte Medizin und Psychologie an den Universitäten von Bukarest, Boston und Bielefeld und ist lizensiert, Medizin und Psychiatrie zu praktizieren durch das Massachusetts Board of Registration in Medicine, das Royal College of Physicians and Surgeons (Ontario, Canada), den Medical Council of Canada, das American Board of Psychiatry and Neurology und den Regierungsbezirk Nordrhein-Westfalen und die Ärztekammer Münster. Sie ist Oberärztin für Psychiatrie und Psychotherapie an der Oberbergklinik in Hornberg/Schwarzwald. Sie hat zahlreiche Publikationen zu Gedächtnis und Gedächtnisstörungen, Bewusstsein und Emotion, darunter Übersichtsartikel in *Lancet* zu »Amnesic disorders« und in *Lancet Psychiatry* zu »Dissociative amnesia«.

Erinnerung als Antwort auf einen Anspruch

Psychoanalytische Konzeptualisierungen[1]

Ilka Quindeau

»Erinnerungen sind geschmeidig, und wir müssen zu begreifen suchen, wie und von wem sie geformt werden« (Burke, 1993, S. 291). Mit diesen Worten fasst der Kulturwissenschaftler Peter Burke den Paradigmenwechsel hinsichtlich der gegenwärtigen Konzepte von Erinnerung und Gedächtnis zusammen. Über lange Zeit prägten Abbild- und Speichertheorien die Vorstellungen vom Gedächtnis; das Alltagsverständnis, nach dem erlebte Szenen als Erinnerungen gespeichert und unter bestimmten Bedingungen unverändert wieder abgerufen werden können, steht im Einklang mit der philosophischen Tradition von Aristoteles über den Empirismus bis hin zum logischen Positivismus. Inzwischen wurden diese »historistischen« Konzeptionen durch »konstruktivistische« Konzepte ersetzt und der Einsicht Rechnung getragen, dass der Prozess des Erinnerns – analog zur Geschichtsschreibung – Ereignisse nicht einfach widerspiegelt, sondern dass Erinnern eine Konstruktionsleistung darstellt.

Am Phänomen der Erinnerung lassen sich grundlegende Einblicke in die Funktionsweise des Psychischen gewinnen. Eine psychoanalytische Theorie der Erinnerung füllt die Lücke zwischen Hirnforschung und Kulturwissenschaften. Während sich Erstere mit den somatischen Grundlagen von Erinnerungsprozessen befasst, jedoch nicht erklären kann, wie und vor allem welcher Sinn dabei entsteht, geht Letztere deren symbolischen Codierungen und kulturellen Semantiken nach, ohne jedoch die Einzelnen mit ihren leiblich-seelischen Bezügen und sozialen Erfahrungen in den Blick zu bekommen. Hier setzt die psychoanalytische Erinnerungstheorie an und legt den Akzent auf das lebensgeschichtliche, intersubjektive Bezie-

---

1 Eine überarbeitete Version dieses Beitrags ist erschienen in: Kratz, M., Dlugosch, A. & Heß, M. (Hrsg.). (2024). *Biografisches Erzählen in der Hochschulbildung. Impulse für pädagogische Professionalisierungsprozesse.* Gießen: Psychosozial-Verlag.

hungsgeschehen und dessen Niederschlag in der psychischen Struktur. Erinnerungen formieren diese psychische Struktur, sie gründen auf leiblichen Einschreibungen, auf Spuren vergangener Interaktionen.

Viele Erinnerungstheorien gehen mehr oder weniger explizit von einem Subjekt der Erinnerung aus, das heißt, sie stellen die erinnernde Person oder eine Gruppe von Personen in den Mittelpunkt ihrer Betrachtungen. Als Ausgangs-und Bezugspunkt der neueren sozialwissenschaftlichen Gedächtnisforschung findet sich dies etwa in den wegweisenden Theorien von Maurice Halbwachs (1925), beispielsweise bei der Frage nach Auswahl- oder Deutungsvorgängen. Aber auch neurowissenschaftliche Forschungen unterstellen ein solches Subjekt, wenn sie etwa isoliert auf neurophysiologische Bahnungen einer einzelnen Person fokussieren (vgl. Markowitsch & Staniloiu in diesem Band). Ich möchte diese subjektzentrierte Perspektive umdrehen und Erinnerung als einen Prozess beschreiben, der vom Anderen herkommt: Ich verstehe Erinnerung als Antwort auf einen Anspruch.

Um diese Thesen zu erläutern, werde ich in einem ersten Schritt zunächst auf Freuds Konzept der Umschrift und der Nachträglichkeit eingehen. Der Metapher der Erinnerungsspur kommt dabei zentrale Bedeutung zu. Sinnvoll erscheint diese Metapher vor allem, um die Aspekte des Bewahrens und der Kontinuität von Erinnerungen zum Ausdruck zu bringen, die den Gegenpol zur permanenten Veränderung und Flexibilisierung von Gedächtnisprozessen beschreiben. Diese beiden Pole finden sich im Schrift-Modell einerseits sowie im Konzept der Nachträglichkeit andererseits. Die räumliche Metapher der Schrift und die zeitliche Metapher der Nachträglichkeit erscheinen dabei komplementär; in der Gedächtnistheorie werden sie im Begriff der Umschrift zusammengedacht. Diese theoretischen Konzepte werde ich anhand einer Krankengeschichte Freuds – der Geschichte von Emma – exemplarisch erläutern und fünf Merkmale einer psychoanalytischen Erinnerungstheorie benennen.

In einem zweiten Schritt wird Erinnerung – dem Traum analog – als psychische Arbeit konzipiert, die in einem sozialen, einem intersubjektiven Raum, im Raum zwischen dem Ich und dem Anderen, angesiedelt wird und auf den Anspruch des Anderen antwortet. Mit diesen Überlegungen suche ich das Freud'sche Konzept der psychischen Arbeit, das aus der Einpersonen-Psychologie stammt, aus der Perspektive der allgemeinen Verführungstheorie von Jean Laplanche (1986) darzustellen, die mir als der gegenwärtig avancierteste Versuch erscheint, die Objektbeziehungstheorie wieder mit der Triebtheorie zu verbinden und beides weiterzuentwickeln.

In einem dritten Schritt möchte ich die Frage nach der Wahrheit von Erinnerungen diskutieren. Aus der Gedächtnisforschung gibt es spektakuläre Befunde, welche die Täuschungsanfälligkeit und Suggestibilität unserer Erinnerungen belegen. Das ist zum einen für mich als Psychologin und Psychotherapeutin klinisch relevant, zum anderen aber natürlich auch gesellschaftlich bedeutsam, wenn es um das kollektive Gedächtnis geht.

Freuds Konzept der Umschrift und der Nachträglichkeit

Freud vertritt schon früh die Überzeugung, dass es keine Erinnerungen aus der Kindheit, sondern höchstens an die Kindheit gebe, dass Kindheitserinnerungen »als solche nicht mehr zu haben sind« (Freud, 1899a, S. 553). Am prägnantesten formuliert er sein Erinnerungskonzept in der Arbeit *Über Deckerinnerungen* (Freud, 1899a); er widerspricht der Vorstellung, dass eine »Reproduktion eines ursprünglichen Eindrucks« möglich wäre:

> »Unsere Kindheitserinnerungen zeigen uns die ersten Lebensjahre, nicht wie sie waren, sondern wie sie späteren Erweckungszeiten erschienen sind. Zu diesen Zeiten der Erweckung sind die Kindheitserinnerungen nicht, wie man zu sagen gewohnt ist, *aufgetaucht*, sondern sie sind damals *gebildet* worden, und eine Reihe von Motiven, denen die Absicht historischer Treue fern liegt, hat diese Bildung sowie die Auswahl der Erinnerungen mitbeeinflusst« (ebd., S. 553f.).

Ich möchte nun folgenden Fragen nachgehen: Woraus werden Kindheitserinnerungen gebildet, und welches sind die Motive, die diese Bildung beeinflussen?

Das Konzept der Nachträglichkeit beschreibt den wesentlichen Modus, in dem Erinnerungen gebildet werden. In diesem Modus werden frühere Erfahrungen, Eindrücke und Erinnerungsspuren nach dem jeweils erreichten Entwicklungsstand sowie aufgrund neuer Erfahrungen umgearbeitet. So erhalten sie einen neuen Sinn und eine neue psychische Wirksamkeit (Laplanche & Pontalis, 1972).

In einem Brief an Wilhelm Fließ vom 6. Dezember 1896 skizziert Freud seine grundlegend neuen Ansichten über die Arbeitsweise des Gedächtnisses, die über eine Wiederholung hinausgeht und stattdessen in einer permanenten Umschrift vorhandener Gedächtnisinhalte besteht:

>»Du weißt, ich arbeite mit der Annahme, daß unser psychischer Mechanismus durch Aufeinanderschichtung entstanden ist, indem von Zeit zu Zeit das vorhandene Material von Erinnerungsspuren eine *Umordnung* nach neuen Beziehungen, eine *Umschrift* erfährt. Das wesentlich Neue an meiner Theorie ist also die Behauptung, daß das Gedächtnis nicht einfach, sondern mehrfach vorhanden ist, in verschiedenen Arten von Zeichen niedergelegt« (Freud, 1986, S. 217).

Diese These von der mehrfachen Kodierung und Umstrukturierung von Gedächtnisinhalten im Sinne von nachträglichen Umschriften macht den Kern der psychoanalytischen Gedächtnistheorie aus. Die Entwicklung der Gedächtnistheorie steht im Zusammenhang mit Freuds Studien über Hysterie, deren Ätiologie er zentral auf Erinnerungen zurückführt.

Welcher Art sind nun diese Erinnerungen an Erlebnisse, die nachträglich solche Wirkung entfalten? Das Prinzip der Nachträglichkeit, mit dem früheren Erfahrungen und Erlebnissen respektive den Erinnerungsspuren ein neuer Sinn zugeschrieben wird, soll an einer frühen Krankengeschichte Freuds veranschaulicht werden (Freud, 1895); sie passt auch hervorragend zum gegenwärtigen Diskurs über sexuelle Gewalt in der Kindheit.

Emma litt als Erwachsene unter der Unfähigkeit, allein in einen Laden zu gehen. In der Behandlung erinnert sie sich daran, als Zwölfjährige einkaufen gegangen zu sein und dort zwei Handelsvertreter getroffen zu haben, die gelacht hätten. Daraufhin sei sie erschrocken weggelaufen. Sie habe dieses Lachen mit ihrem Kleid in Verbindung gebracht, außerdem habe ihr einer von den beiden sehr gut gefallen (Szene I).

Diese zunächst unverständliche, übertrieben erscheinende Szene (dass sie erschrocken und weggelaufen ist) wird durch eine weitere Erinnerung ergänzt:

>»Als Kind von acht Jahren ging sie zweimal in den Laden eines Greißlers allein, um Näschereien einzukaufen. Der Edle kniff sie dabei durch die Kleider in die Genitalien. Trotz der ersten Erfahrung ging sie ein zweites Mal hin. Nach dem zweiten blieb sie aus. Sie macht sich nun Vorwürfe, daß sie zum zweitenmal hingegangen, als ob sie damit das Attentat provozieren hätte wollen« (ebd., S. 445).

Im Lichte dieser Szene II wird nun die erste Szene verständlich. Das Lachen der beiden Männer rief die Erinnerung an das Grinsen des Kaufmanns hervor, beide Szenen sind unbewusst miteinander assoziiert. Die in der Zwischenzeit erfolgte pubertäre Reifung hat der Zwölfährigen die sexuelle Dimension dieser früheren Erfahrung offenbart. Darüber ist sie dann erschrocken und weggelaufen. Die Erinnerung erhält damit einen Affekt, den das Erlebnis nicht hatte.

Die damals unverstandene Bedeutung erschreckt das Mädchen nachträglich und verkehrt sich in Schuldgefühle und Selbstvorwürfe. Was für den Bereich des Sexuellen gilt, verhält sich ähnlich im Bereich des Politischen. Nach einem Systemwechsel verändern sich die moralischen Maßstäbe und bringen Scham- und Schuldgefühle hervor, die zur Zeit des früheren Erlebens nicht da waren. Das ließ sich nach dem Ende des Nationalsozialismus ebenso beobachten wie nach dem Ende der DDR. Ein Aphorismus von Nietzsche mag dies prägnant verdeutlichen: »Das habe ich getan, sagte mein Gedächtnis. Das kann ich nicht getan haben, sagte mein Stolz, und siehe, das Gedächtnis gab nach« (Nietzsche, 1886, S. 625).

Mit verändertem kognitivem und moralischem Horizont kann somit den früheren Erlebnissen ein anderer Sinn zugeschrieben werden. Dieser Sinn bleibt jedoch an die zugrundeliegenden körperlichen Prozesse gebunden. Diese leibgebundene Verankerung von Sinnbildungsprozessen erscheint mir nun besonders wichtig. Denn damit wird im Unterschied zu anderen konstruktivistischen Gedächtnistheorien deutlich, dass der Spielraum für die Sinnbildung begrenzt ist. Den früheren Erlebnissen wird also nicht willkürlich irgendein Sinn zugeschrieben.[2] Vielmehr basiert diese Sinnbildung auf »Erinnerungsspuren«, die Freud als neurologische Bahnungen, als Einschreibungen in den Körper, konzipierte. Diese Einschreibungen müssen nun fortlaufend übersetzt werden. Erst im Zuge dieser Übersetzungen erhalten sie – nachträglich – ihre Bedeutung. Es gibt somit kein »Original«, das in der Erinnerung rekonstruiert werden könnte, sondern nur verschiedene Übersetzungen, das heißt, die Erinnerungsspuren werden einer permanenten Umschrift unterzogen.

Zentral an diesem Modell der Umschrift ist die Vorstellung, dass es sich nicht um eine rückwirkende Zuschreibung von Sinn zu vergangenen Erlebnissen handelt. Die Vergangenheit wird nicht willkürlich konstruiert, sondern die unbewusste, konflikthafte Dimension früherer Erlebnisse drängt

---

2 Diese leibgebundene Verankerung von Sinnbildungsprozessen erscheint mir unverzichtbar, um den Interpretationsspielraum – über seine intersubjektive Begrenzung hinaus – konzeptualisieren zu können, siehe den metapsychologischen Exkurs unten.

zu fortwährend neuen Umschriften. Das Konzept der Nachträglichkeit bezeichnet eine komplexe zeitliche Bewegung, die sowohl von der Gegenwart in die Vergangenheit wirkt als auch umgekehrt von der Vergangenheit in die Gegenwart.

Mithilfe einer Anekdote, die Freud in der Traumdeutung (Freud, 1900a) erzählt, lässt sich die Nachträglichkeit des Sexuellen veranschaulichen:

> »An der Frauenbrust treffen sich Liebe und Hunger. Ein junger Mann, erzählt die Anekdote, der ein großer Verehrer der Frauenschönheit wurde, äußerte einmal, als die Rede auf die schöne Amme kam, die ihn als Säugling genährt: es tue ihm leid, die gute Gelegenheit damals nicht besser ausgenützt zu haben« (ebd., S. 211).

Wenden wir uns noch einmal der Krankengeschichte Emmas zu: In diesem Fall erhält ein vergangenes Erlebnis in der Erinnerung den Charakter eines Traumas. Der Begriff des Traumas wird von Freud nicht als äußeres Ereignis, sondern rein ökonomisch, das heißt als energetisches Konzept, verstanden. Mit diesem Konzept überwindet er die starre Gegenüberstellung von Innen und Außen und lässt das Trauma zu einem relationalen Begriff werden, der die jeweils individuelle Bewältigungskapazität der psychischen Struktur übersteigt. Im Falle Emmas bestand das Trauma darin, dass die *Erinnerung* an die Szene beim Kaufmann ein so hohes Maß an affektiver Erregung freisetzte, dass sie nicht adäquat abgeführt werden konnte und dadurch in das Erschrecken und die Flucht umgewandelt wurde. Es ist noch einmal hervorzuheben, dass das Trauma nicht in dem Übergriff des Kaufmanns, das heißt in dem Ereignis selbst, besteht, sondern im Zusammenwirken der beiden Szenen in der Erinnerung. Das Trauma ist in der Erinnerung zu sehen, die das Ansteigen der Erregung und die Flucht nach sich zieht.

Eine weitere Lesart der Krankengeschichte von Emma besteht darin, ihr Verhalten nicht nur auf ein Trauma, sondern auch auf einen psychischen Konflikt zurückzuführen. Dieser ergibt sich aus einer dem Ich unverträglichen Vorstellung, die aus dem Bewusstsein verdrängt werden muss.[3] In

---

[3] Die Verbindung der ökonomischen Dimension des Traumas mit der psychologischen Ebene des psychischen Konflikts in der frühen Traumatheorie Freuds erscheint besonders bemerkenswert im Hinblick auf die spätere psychoanalytische Theoriebildung, die diese beiden Konzepte in der Ätiologie einander als beinahe unvereinbar gegenüberstellt.

diesem Falle etwa das Schuldgefühl, den sexuellen Übergriff selbst provoziert zu haben, oder den Konflikt zwischen einem sexuellen Wunsch und dessen Verbot. Diese Konflikte formen die Erinnerung an die Szene beim Kaufmann.

Zusammenfassend möchte ich fünf Aspekte der Freud'schen Erinnerungstheorie noch einmal kurz benennen, die sich von anderen Erinnerungstheorien unterscheiden:

1) *Das Konzept der Nachträglichkeit:* Dieser Modus beschreibt eine zentrale Funktionsweise des psychischen Geschehens, er macht gleichsam den Kern des Psychischen aus. Das wird an vielen Stellen des Freud'schen Werkes deutlich, allerdings hat Freud selbst dieses Konzept nie wirklich ausgearbeitet. Zentral an diesem Konzept scheint mir die Vorstellung eines Zusammenwirkens mehrerer lebensgeschichtlicher Szenen zu verschiedenen Zeitpunkten, die erst zusammen Bedeutung entfalten. Erinnerung ist damit ein konstitutiver Akt, in dem etwas entsteht und nicht reproduziert wird. Erinnern kann aufgefasst werden als Form der Verarbeitung – als Umschrift – von Erinnerungsspuren. Solch eine Umschrift erfolgt dann, wenn diese Spuren in konflikthaften Konstellationen zusammentreffen, die eine Verarbeitung fordern. Erinnern stellt in dieser Weise eine Antwort auf unbewusste Konflikte dar.

2) *Der Zusammenhang von Erinnerung und Trauma:* Zum einen kann einer Erinnerung traumatische Wirkung zukommen. Zum anderen kann das Trauma als unbewusste Erinnerung konzipiert werden. Es besteht weder in dem äußeren Ereignis, das ihm vorangeht, noch in dem inneren Zustand, der ihm folgt, sondern es entsteht in einer psychischen Syntheseleistung, im Zusammenwirken mindestens zweier (lebensgeschichtlicher) Szenen. Die auch im psychoanalytischen Diskurs verbreitete Sichtweise vom Trauma als einem äußeren Ereignis (wie beispielsweise Krieg, politische Verfolgung, Naturkatastrophen u.Ä.) fällt hinter Freuds Denken zurück und ist eher an einem traditionellen, medizinischen Traumamodell orientiert. Mit dem Konzept der Erinnerung wird dagegen der Akzent der Traumatheorie auf die psychische Verarbeitung gelegt. Nicht das Ereignis besitzt ätiologische Bedeutung, sondern dessen psychische Verarbeitung in der Erinnerung, denn diese schafft erst eine Verbindung von Symptom und infantiler Szene.

3) Die wechselseitige Konstitution von Erinnerung und Konflikt: Nach Freuds früher Traumatheorie entsteht ein Trauma aus einem psychi-

schen Konflikt und dem Versagen der Abwehr. Eine dem Ich unverträgliche Vorstellung kann nicht genügend aus dem Bewusstsein verdrängt oder modifiziert werden. Unverträglich wird diese Vorstellung jedoch erst durch die Erinnerung, durch das Zusammenwirken verschiedener Szenen. Der Konflikt entsteht damit aus der unbewussten Erinnerung, wie auch umgekehrt der Konflikt eine Erinnerung formt. Der Konflikt fordert zu psychischer Arbeit auf, treibt stets aufs Neue zu Übersetzungsversuchen an, was die Variabilität der Erinnerungen, ihre permanente Modifikation zu verschiedenen Zeiten des Lebens verbürgt.

4) *Die Materialität von Erinnerung:* Die Leibbezogenheit von Erinnerung findet sich in der Krankengeschichte von Emma vermittelt über den Aspekt der pubertären Reifung. Das Konzept der Erinnerungsspuren sowie der Umschrift dieser Spuren, die als neuronale Bahnungen, und damit als Einschreibungen in den Körper, gedacht sind, scheint geeignet, die Leibgebundenheit von Erinnerungen über den Bereich der Sexualität hinaus zu begründen. Weiterhin findet sich diese im Phänomen der Konversion, das heißt in der Umwandlung von Erregung in körperliche Innervationen wie beispielsweise bei hysterischen Lähmungen, Sehstörungen etc. Das körperliche Symptom wird somit zum Erinnerungssymbol.

Erinnerung als psychische Arbeit, als Antwort auf den Anspruch des Anderen

Jetzt gehe ich über Freud hinaus und modernisiere gleichsam seine Erinnerungstheorie. Aus dem Gesagten ist deutlich geworden, dass Erinnerungen die Vergangenheit niemals so, wie sie »wirklich« gewesen ist, wiedergeben, sondern dass Erinnerungen eine psychische Verarbeitung dieser Vergangenheit darstellen. Den Gegenstand der Erinnerung bilden nicht – wie das Alltagsbewusstsein annimmt – vergangene Ereignisse oder Erlebnisse, sondern Szenen. Eine Szene stellt bereits eine psychische Verarbeitung eines Ereignisses, das heißt dessen psychischen Niederschlag, dar. Sie umfasst sowohl den situativen Kontext als auch die darin enthaltenen Beziehungsmuster und Handlungsentwürfe einschließlich der unbewussten Wünsche und Ängste. Die Szene beschreibt einen intersubjektiven Raum. Dieser bildet nicht nur den Gegenstand von Erinnerungen, sondern ermöglicht zugleich den Prozess des Erinnerns.

Diesen intersubjektiven Raum verstehe ich im Sinne von Laplanche als einen Raum, der durch den, die oder das Andere strukturiert ist. Ich nehme bei dieser Sichtweise allerdings weniger die Subjekte in den Blick – als sich selbst bewusste und autonom Handelnde, wie sie häufig verstanden werden. Sondern ich schließe mich Laplanche an, der deutlich machte, dass im Kern des Subjekts das Andere, Fremde, Unverfügbare angesiedelt ist. Er spricht vom Sexualen, von dem sogenannte rätselhafte Botschaften ausgehen, die jede menschliche Interaktion begleiten und »kompromittieren«, weil sie dem intentionalen Sinn unserer Handlungen nicht selten zuwiderlaufen. Das Sexuale ist also nicht beschränkt auf den Bereich der Sexualität, sondern ist wie der ursprüngliche Freud'sche Begriff des Unbewussten oder des Triebs ubiquitär. Im Anschluss an Bernhard Waldenfels (u. a. 1997) möchte ich den Begriff der Botschaft etwas präzisieren und den Anspruch betonen, der damit verbunden ist. Statt um eine wechselseitige Interaktion geht es hier um eine einseitige, asymmetrische Beziehungsstruktur, und zwar um eine wechselseitig asymmetrische. Solch eine Struktur finden wir etwa in der Linguistik in der Form einer Anrede. So ist jede Anrede mit einem Anspruch verbunden, auf den der/die Angesprochene reagieren muss; der Begriff des Anspruchs ist dabei in einem Doppelsinn von Anrede und Prätention zu verstehen.[4] Der Anspruch enthält verschiedene Ebenen; psychologisch von Interesse ist insbesondere die unbewusste Dimension, die mit jeder Anrede transportiert wird.

Die Erinnerung als Umschrift stellt eine mögliche Übersetzung dieser unbewussten Botschaft dar. Sie kann diese jedoch aufgrund ihres unbewussten Gehalts niemals vollständig in Sprache fassen. Der fortbestehende rätselhafte Charakter dieser Botschaften treibt zu weiterer psychischer Arbeit, zu neuen Übersetzungsversuchen an, was die Variabilität der Erinnerungen, ihre permanente Modifikation zu verschiedenen Zeiten des Lebens, verbürgt.

Das Verständnis von Erinnerung als psychischer Arbeit unterstreicht,

---

4   Im Beispiel für den einfachen Fall einer Aufforderung: »Peter, mach bitte das Fenster auf«, kann der Angesprochene nicht nicht-reagieren, egal, ob er der Bitte nachkommt oder nicht. Der Anspruch findet sich dabei in zweifachem Sinne: in der Anrede ebenso wie in der Prätention, die jemand mit dieser Aufforderung erhebt (vgl. Waldenfels, u.a. 1997). Ähnlich wie in der phänomenologischen Philosophie geht es in der alteritätstheoretischen Psychoanalyse um die Botschaft, die vom Anderen ausgeht und sich an das Subjekt richtet. Damit wird die Beziehungsstruktur, wie wir sie zu denken gewohnt sind, in gewisser Weise umgekehrt.

dass Erinnerung – im Unterschied zu traditionellen Abbild- und Speicherkonzepten – einen konstruktiven, umfassenden psychischen Vorgang darstellt, bei dem Erinnerungen in einer oszillierenden Bewegung zwischen den beiden Polen des Primär- und des Sekundärprozesses gebildet werden. Unter Primärprozess wird die Arbeitsweise des Unbewussten verstanden, in dem das Lustprinzip dominiert und die Regeln des bewussten Denkens wie Logik, Konsistenz, Plausibilität außer Kraft gesetzt sind. Das Sekundärprinzip ist hingegen vom Realitätsprinzip geleitet und umfasst das vernünftige Denken.

Als Paradigma der psychischen Arbeit dient in der Psychoanalyse der Traum beziehungsweise die Traumarbeit, die in Form von Regression, Verdichtung, Verschiebung, sekundärer Bearbeitung erscheint. Anhand der sogenannten Deckerinnerungen, die Erinnerungen an die Kindheit beinhalten und somit in neuerer Terminologie weitgehend dem autobiografischen Gedächtnis entsprechen, lässt sich zeigen, wie die unbewussten, primärprozesshaften Formen psychischer Arbeit, insbesondere Verdichtung und Verschiebung, auch an der Bildung von Erinnerungen beteiligt sind. Als Kriterien für ein Überwiegen der primärprozesshaften Formen gegenüber dem Sekundärprozess in diesem Bildungsvorgang können die sinnliche Qualität einer Erinnerung sowie ihre Konflikthaftigkeit angesehen werden. So bedürfen konflikthafte Erinnerungen einer stärkeren Umformung beziehungsweise einer anderen Akzentuierung, um die zensorische Instanz zum Bewusstsein überschreiten zu können, was Freud mit dem Konzept der Deckerinnerungen beschrieb. Diese sind durch eine hohe Intensität ihres Eindrucks ausgezeichnet, eine ganze Szene des Kindheitserlebens oder auch Elemente aus mehreren scheinen sich in einem Bild zu verdichten. Wichtig für den Prozess der Erinnerung erscheint auch der Modus der Verschiebung, bei dem die psychischen Besetzungen so verändert werden, dass aus zentralen, hoch besetzten Vorstellungen belanglose werden und umgekehrt. Die Diskussion der Analogie von Traum- und Erinnerungsarbeit legt es nahe, allgemein bei der Entstehung bewusstgewordener Erinnerungsbilder – nicht nur im Falle der Deckerinnerungen – der Traumarbeit analoge Verdichtungs- und Verschiebungsvorgänge anzunehmen. Zu diesen Vorgängen tritt noch die sekundäre Bearbeitung hinzu: Im Falle des Traums ist darunter zu verstehen, dass die Entstellung durch die unbewusste Traumarbeit teilweise wieder aufgehoben wird, jedoch nicht im Sinne der latenten Traumgedanken, sondern in einer dem Ich verträglichen Weise. Genau dieser Vorgang, die Plausibilisierung unverständlicher

Szenen, kann auch bei der Erinnerungsarbeit, der Bewusstwerdung verdrängter oder unbewusst gebliebener Erinnerungen angenommen werden; unter dem Einfluss des Sekundärvorgangs werden die Erinnerungsspuren in einer konsistenten, plausiblen Szene zusammengefügt, die den Eindruck eines tatsächlichen Ereignisses macht. Eine provozierende These im Zusammenhang der Analogie von Traum- und Erinnerungsarbeit ergibt sich aus der Frage nach der Wunscherfüllung, die Freud als zentrale Funktion psychischer Arbeit auffasste. Die Frage, ob der Vorgang der Erinnerung als Modus einer Wunscherfüllung – analog zum Traum oder zur Fantasie – verstanden werden kann, lässt sich vielleicht mithilfe folgender Differenzierung beantworten: Bei einer bestimmten Art von Erinnerungen, den Deckerinnerungen, kommt der Charakter der Wunscherfüllung besonders deutlich zum Ausdruck, bei anderen weniger. Die Deckerinnerungen entstehen als Kompromiss zwischen konflikthaften Eindrücken und dienen der Abwehr unerträglicher Erinnerungsspuren. Diese Deckerinnerungen formieren im Wesentlichen das autobiografische Gedächtnis. Als eine zentrale Funktion dieses autobiografischen Gedächtnisses kann daher die Wunscherfüllung betrachtet werden. Im Unterschied zum Alltagsverständnis ist unter Wunscherfüllung im psychoanalytischen Sinne allerdings kein ausschließlich angenehmer, erstrebenswerter Zustand gemeint. So gibt es beispielsweise Bestrafungswünsche, die zwar Schuldgefühle mildern, aber mit durchaus unangenehmen Folgen verbunden sein können. Ein weiteres, extremes Beispiel für gravierende negative Folgen einer Wunscherfüllung wäre die Erfüllung ödipaler Wünsche, wie sie sich etwa beim Inzest ereignen, die massive Traumatisierungen und psychotische Dekompensierungen nach sich ziehen können.

Nun noch mal zum Abschluss der theoretischen Überlegungen ein Perspektivwechsel: Erinnerung stellt eine Gelenkstelle zwischen materieller, »äußerer« und psychischer, »innerer« Realität dar. Über den Begriff der Erinnerung als psychischer Verarbeitung äußerer und innerer Realität werden beide Kategorien, die materielle und die psychische Realität, »Innen« und »Außen«, miteinander verbunden. Die Erinnerung transformiert etwas von »außen«, aus dem Bereich materieller Wirklichkeit Kommendes in die psychische Struktur und bleibt zugleich auf diese Wirklichkeit als Referenz bezogen, um als Erinnerung – etwa im Unterschied zur Fantasie – identifiziert werden zu können. Der Prozess der Erinnerung lässt sich im Hinblick auf die Position des erinnernden Subjekts mit den einander ständig abwechselnden, komplementären Bewegungen von Dezentrierung und Rezentrierung beschreiben. Der Begriff der Dezentrierung beschreibt die Bezugnahme auf das von Außen kommende, das zu erinnernde vergangene Ereignis, aber auch die unbewusste, dem Subjekt unverfügbare Erinnerung beziehungsweise Erinnerungsspur; die Rezentrierung meint die Integration der Erinnerung in die psychische Struktur, mit der sich das Subjekt diese Vergangenheit als bewusste Erinnerung aneignet. Das Verhältnis der beiden komplementären Bewegungen von Dezentrierung und Rezentrierung lässt sich auch in den Begriffen von Botschaft oder Anspruch und Antwort fassen. Die Repräsentation der Vergangenheit, die in den Körper eingeschriebenen leiblichen »Erinnerungsspuren« enthalten solche Botschaften, Ansprüche, die das Subjekt zur Antwort, zur Erinnerungsarbeit, auffordern. Die Erinnerungen werden in dieser Weise als Antworten auf einen Anspruch verstanden. Diese Antworten erfolgen im Modus einer »originalfreien« Übersetzung oder Umschrift. Dieser nicht abzuschließende Prozess der Umschrift erfolgt in einem permanenten Wechsel einer exzentrischen und einer rezentrischen Bewegung. Erinnerungen entstehen, indem sie auf Ansprüche, auf Botschaften antworten und mit dieser Antwort zugleich selbst einen Anspruch erheben.

Die Frage nach der Wahrheit von Erinnerungen

Bedeutet die Konzeptualisierung von Erinnerung als psychischer Arbeit, als Konstruktionsleistung, dass sich die Frage nach der Wahrheit von Erinnerungen nicht mehr stellen lässt? In diesem Zusammenhang scheint mir die Metapher der Spur, der Erinnerungsspur, von großer Bedeutung. Es gibt im Bereich sozialwissenschaftlicher Gedächtnistheorien häufig die Formulierung der »Erfindung« von Erinnerung, mit der man sich von Abbild- und Speichertheorien abgrenzen möchte. Dies erweckt jedoch den Anschein, als ob die Erinnerungen in der Verfügungsgewalt des oder der Einzelnen stünden. Immer wieder sind in den Tageszeitungen die Befunde der neueren Gedächtnisforschung zu lesen, pointiert etwa vor einiger Zeit in der *SZ:* »In unseren Erinnerungen verdrehen, vereinfachen und erfinden wir. Menschliche Gehirne halten Gelesenes, Gehörtes, Gewünschtes und von anderen Erlebtes für ihre eigene, präzise Erinnerung. Sie erinnern sich sogar an Vorfälle, die niemals geschehen sind« (*SZ* vom 23./24./25./26.12.2017). Solche Schlagzeilen sind nicht neu. Bereits in den 1980er Jahren gab es in den USA eine breite Diskussion um sogenannte »recovered memories« (vgl. Patihis & Pendergrast, 2018). Erinnerungen an sexuelle Übergriffe, die im Rahmen von Therapien aufgetaucht sind. Die Frage war damals, inwieweit sie überhaupt ein reales Geschehen abbilden oder auf Fantasien der Betroffenen und suggestive Einflüsse der Therapeut:innen zurückgehen.

Nun sind diese empirischen Befunde nicht von der Hand zu weisen, ich halte sie aber in ihrer Reichweite für überschätzt. Paul Ricœur (2000) hat als Alterswerk eine fulminante Gedächtnistheorie vorgelegt und weist in seiner Einleitung selbstironisch darauf hin, dass er auf der gnadenlos veralteten und überholten Idee beharre, dass der letzte Referent des Gedächtnisses das Vergangene bleibe (ebd., S. 25). Dem kann ich mich als Analytikerin nur anschließen, denn in der täglichen analytischen Arbeit bekommt man einen sehr eindrucksvollen Einblick in die Wirkmächtigkeit des Vergangenen, gerade des symbolisch nicht repräsentierten Vergangenen. So erscheinen die modischen konstruktivistischen Ansichten, dass sich jede Person ihre eigene Vergangenheit schafft, doch sehr fern. Gerade Freuds Konzept der mehrfachen Kodierung von Erlebtem, wie er es so pointiert an seinen Freund Wilhelm Fließ geschrieben hat, und die Vorstellung einer leiblichen Einschreibung stehen einer solchen Willkür des Gedächtnisses entgegen. Denn diese Einschreibungen drängen auf psychische Verarbeitung, auf eine Übersetzung. Genau wie Freud den Trieb beschrieben hat als Arbeitsanforderung an das Psychische. Wenn jemand etwa Gewalt erlitten hat, dann schlägt sich dies als Erinnerungsspur nieder, die zwar sprachlich stumm bleiben kann, aber auf irgendeine Weise verarbeitet wird, und sei es in körperlichen Symptomen. Ein Problem bleibt allerdings, dass dies nicht justiziabel ist. Es gibt im Psychischen kein Kriterium, das die historische Wahrheit einer Erinnerung verbürgt. Ich würde daher von einer psychologischen Wahrheit sprechen; das ist es, was man in einer Therapie erarbeiten kann. Für die historische Wahrheit brauchen wir jedoch andere Quellen. Das ist wichtig auch für die Frage von Zeugenschaft: Die Zeugin zeugt für das Erleben, nicht für das Ereignis.

Ich habe soeben ausgeführt, dass Erinnerungen nur aus der Perspektive der Gegenwart gebildet werden können. Das Gedächtnis stellt daher eine Funktion der Gegenwart dar. Damit meine ich als Analytikerin, dass die zentrale Bedeutung der Erinnerung in ihrer Funktion für die Gegenwart besteht. Das heißt, Erinnerung – Erinnerungsarbeit in der Analyse, aber auch in biografischen Interviews in sozialwissenschaftlicher Forschung – hat die Aufgabe, die Gegenwart erträglicher zu machen. Im Bereich der

Therapie heißt dies auch, eine weniger leidvolle Konstruktion der Vergangenheit zu schaffen und damit Lebensentwürfe für die Zukunft formulieren zu können.

Das psychische Leiden besteht häufig darin, dass es überhaupt keine Vergangenheit gibt. Der Wiederholungszwang des Traumas etwa ist dadurch gekennzeichnet, dass jegliche Veränderung der Umstände und jegliche zeitliche Differenz im Erleben einer traumatisierten Person eingeebnet ist. Sie fühlt sich zurückversetzt in die traumatogene Situation und reagiert so, als befände sie sich immer noch oder wieder in dieser Situation und nicht in der aktuellen Gegenwart. Im Trauma haben wir es mit einer fortdauernden Gegenwart zu tun, die eben keine zeitliche Strukturierung aufweist. Die Aufgabe der Analyse in diesem Fall ist es, dem Erleben nachträglich eine Zeitstruktur einzuschreiben: Die Vergangenheit als Vergangenheit zu erkennen und nicht länger als Gegenwart, die nicht aufhört, wahrzunehmen. Im analytischen Prozess konstituiert sich insofern die Zeitlichkeit, eine lineare Abfolge von Vergangenheit, Gegenwart und Zukunft. Pointiert könnte man sagen, dass das Vergangene nicht erinnert wird, sondern durch die Erinnerung zur Vergangenheit wird.

Literatur

Burke, P. (1993). Geschichte als soziales Gedächtnis. In A. Assmann & D. Hardt (Hrsg.), *Mnemosyne. Formen und Funktionen der kulturellen Erinnerung* (S. 289–304). Frankfurt a.M.: Fischer.
Freud, S. (1895). Entwurf einer Psychologie. *GW Nachtragsband*, S. 387–477.
Freud, S. (1899a). Über Deckerinnerungen. *GW I*, S. 531–554.
Freud, S. (1900a). *Die Traumdeutung. GW II/III*, S. 1–642.
Freud, S. (1986). *Briefe an Wilhelm Fließ 1887–1904*. Brief Nr. 112 (S. 217). Frankfurt a.M.: S. Fischer.
Halbwachs, M. (1925). *Das Gedächtnis und seine sozialen Bedingungen*. Frankfurt a.M.: Suhrkamp 1985.
Laplanche, J. (1987). *Neue Grundlagen für die Psychoanalyse*. Gießen: Psychosozial-Verlag 2011.
Laplanche, J. & Pontalis, JB (1972). *Das Vokabular der Psychoanalyse*. Frankfurt a.M.: Suhrkamp.
Markowitsch H.J. & Staniloiu, A. (2023). Neurowissenschaftliche Grundlagen von Erinnern und Gedächtnis. In diesem Band.
Nietzsche, F. (1886). *Jenseits von Gut und Böse. Werke in drei Bänden. Band 2*. München 1954.
Patihis, L. & Pendergrast, M. (2018). Reports of Recovered Memories of Abuse in

Therapy in a Large Age-Representative U.S. National Sample: Therapy Type and Decade Comparisons. *Clinical Psychological Science, 7*(1). https://doi.org/10.1177/2167702618773315

Ricœur, P. (2000). *Geschichte, Gedächtnis, Vergessen.* Paderborn: Fink 2004.

Waldenfels, B. (1997). *Topographie des Fremden. Studien zur Phänomenologie des Fremden I.* Frankfurt a.M.: Suhrkamp.

Biografische Notiz

Ilka Quindeau, Prof. Dr., ist Psychoanalytikerin, Lehranalytikerin (DPV/IPA) und arbeitet seit 2020 als Fellow am Zentrum für Antisemitismusforschung der TU Berlin. Von 2018 bis 2020 war sie Präsidentin der International Psychoanalytic University in Berlin. Sie ist zudem Professorin für Klinische Psychologie und Psychoanalyse an der Frankfurt University of Applied Sciences. Ihre Forschungsschwerpunkte liegen in den Feldern der individuellen und gesellschaftlichen Auseinandersetzung mit Nationalsozialismus und Holocaust, sowie der Biographie-, Trauma- und Geschlechterforschung.

Normative Spannungen im Erinnern-mit-anderen

Sascha Benjamin Fink

Große Spannungen entbergen sich zwischen Menschen, wenn sie gemeinsam versuchen, sich an ihre geteilte Vergangenheit zu erinnern. Lässt man Paare davon erzählen, wie sie sich kennenlernten, so mögen beide darauf beharren, dass man selbst den ersten Schritt tat. Teils überschneiden sich diese persönlichen Erinnerungen auch mit historischen Ereignissen. In *Grauzone – Der Wert unserer Erinnerung* (Erstausstrahlung im MDR am 06.02.2021) bringt die Autorin Judith Burger folgende Anekdote vor:

> »Meine Mutter erzählt: ›Weißt Du noch, ich habe früh das Radio angestellt und dann zu Dir gesagt: »Hör mal, die Mauer ist offen!« Und Du hast es mir nicht geglaubt und dann gesagt: »Was für ein Quatsch.«‹ Ich höre meiner Mutter zu und fasse es nicht. Was Sie erzählt, ist meine Erinnerung. Ich habe damals früh das Radio angestellt und den Tumult gehört. Ich bin zu meiner Mutter in die Küche gegangen und habe verstört gestammelt: ›Du Mami, die Mauer ist offen.‹ Und meine Mutter hat etwas geantwortet wie ›Psst. Erzähl doch nicht sowas! Und erzähl das erst recht nicht in der Schule, nachher kommen wir in Teufelsküche.‹ So habe ich diesen Morgen in Erinnerung. Und ich habe natürlich recht. Aber meine Mutter ist empört. Sie beharrt darauf, dass es ihre Erinnerung ist. [...] Wir müssen das Thema wechseln, sonst beginnen wir zu streiten.«

Warum sollte die fehlende Deckung zwischen Frau Burgers Erinnerung und der ihrer Mutter mit Streit und Empörung einhergehen? Weil das Erinnern mit anderen auch damit zu tun hat, wo und als wer man sich in dieser Gruppe, diesem Kollektiv, verortet. Widerspruch und Inkongruenz mit den Erzählungen anderer Personen vereiteln eine eindeutige und geteilte Verortung im sozialen Raum und gefährden so damit verbundene Persönlichkeitskonstrukte: Ich verstehe mich so, aber du siehst mich anscheinend anders – wer bin ich nun für *uns*? Autobiografische Erinnerungen in Zweifel zu ziehen, kann daher als Angriff auf das eigene Selbst (oder zumindest: Selbstbild) erlebt werden.

Die Szene lässt ahnen, dass es im Erinnern manchmal um mehr geht als nur um die epistemisch-faktische Frage: Was geschah wirklich? Vielleicht stehen hier eher Fragen im Vordergrund wie: Wer war ich in jenem Moment? Wer soll ich für uns sein? Wie wurde ich, wer ich heute bin? Wie sehen wir diesen gemeinsamen Moment? Wie prägte er uns und unser Miteinander?

Gerade wenn soziale Beziehungen und deren Ausformung und Deutung beim Erinnern im Vordergrund stehen, können leicht *normative* Ansprüche erhoben werden. Wenn wir Erinnern als *Rekonstruktion* der Vergangenheit begreifen, so geht es nicht immer nur darum, was war, sondern auch, was hätte sein sollen.

Diese normativen Ansprüche können Einfluss darauf haben, was überhaupt von anderen als Erinnerung anerkannt wird. Oder welche Erinnerungen überhaupt geteilt werden. Oder wie sie formuliert werden. Teils ist es unangebracht, nach Erinnerungen zu fragen, an ihnen zu zweifeln, auf Ungereimtheiten hinzuweisen oder Gegenbelege anzubringen. So können normative Ansprüche auch in Spannung stehen mit der Suche nach dem wahren Verlauf der Geschichte: Erinnerungen können verzerrt, editiert, oder unterdrückt werden, um normativen Ansprüchen zu genügen. Pseudoerinnerungen über Dinge, die nie stattgefunden haben, können aus denselben Gründen an ihre Stelle treten. Die Normativität im Erinnern-mit-anderen kann damit zur Hürde für eine Geschichtsschreibung werden, die auf den Erinnerungen Einzelner aufbaut, der *Oral History*.

Solange wir *Oral History* nicht nur aus reinem Interesse an Geschichtsbildern, sondern auch aus einem Interesse an historischen Fakten betreiben, müssen wir natürlich fragen: Was geschah wirklich? Was ist hinzugefügt, konfabuliert, zensiert, überformt? Wo konfligieren Werte oder Selbstbild mit Wahrheitsanspruch? Der grundlegende methodische Zweifel, die notwendige kritische Einstellung gegenüber den historischen Quellen, wird hier jedoch eben nicht einem Schriftstück entgegengebracht, sondern dem, was eine Person als ihre Lebensgeschichte ansieht – also etwas, in dem sich ihr Selbstbild ausdrückt und das sie zutiefst zu der Person macht, als die sie sich versteht. Wann ist es angebracht, eine Autobiografie anzuzweifeln? Wann müssen wir autobiografische Erinnerungen korrigieren? Aus historischer Sicht mag man sich vielleicht eine Pflicht, zu erinnern, wünschen; aber gerade Traumatisierte haben wohl auch ein Recht darauf, zu vergessen.

Es scheint als hadert Clio, die Muse der Geschichtsschreibung, mit ihrer Mutter Mnemosyne, der Göttin der Erinnerung. Erinnern als individualpsychischer Prozess, das *Erinnern-für-sich,* steht in Spannung zu Erinnern in gesellschaftlich-sozialem Kontext, dem *Erinnern-mit-anderen.* Dieser Artikel fragt: Wie sind diese Spannungen zu verstehen? Sind sie auflösbar? Sind Clio und Mnemosyne versöhnbar?

Spannungen entstehen, wenn die Maximierung eines Wertes auf Kosten eines anderen geht. Ich kann hier nur *pars pro toto* auf einige Werte eingehen und erhebe daher keinerlei Anspruch auf Vollständigkeit. Ich versuche jedoch, diese Werte so zu wählen, dass sie mit grundlegenden kognitiven Funktionen verknüpft sind und dann hinreichend verbreitet wären, um etwas Allgemeines über Spannungen im Erinnern-mit-anderen zu verdeutlichen. Es ist hier aber nicht möglich, eine systematische »Höflichkeit des *Erinnerns-mit-anderen*« oder gar eine Ethik des Erinnerns als Teil einer Bewusstseinsethik (Metzinger, 2002, 2023; Fink, 2018) zu formulieren. Mein Ziel ist mehr deskriptiv als normativ: zu analysieren, welche Spannungen bestehen und warum. Zwei Kontexte illustrieren die Möglichkeit solcher Spannungen besonders klar: einerseits die Geschichtsschreibung, insbesondere der *Oral History*, welche Narrative von Einzelpersonen, die diese als ihre Lebenserinnerungen präsentieren, sammelt, um daraus historische Thesen zu destillieren, welche einen Wahrheitsanspruch erheben können sollen. Das Ziel hier ist primär deskriptiv und epistemisch. Andererseits das psychiatrische Gespräch, in dem Personen ebenfalls Narrative als Lebenserinnerungen präsentieren, wobei das Ziel hier zumeist eher kurativ-karitativ als epistemisch ist.

Lassen sich solche Spannungen im Erinnern-mit-anderen auflösen? Ich bin skeptisch: Es wird zumeist unmöglich sein, allen Ansprüchen, die an Erinnerungen herangetragen werden können, immer gleichermaßen gerecht zu werden. *Something has got to give.* Es gibt aber keine Wertsystemunabhängige Methode, mit der wir diese Spannungen zwischen Werten auflösen können. Da Wertsysteme unter den Mitgliedern großer Kollektive (wie Nationen und Gesellschaften) aber nie homogen sind, wird Erinnern und Vergessen in sozialen Kontexten immer ein Prozess sein, der notwendig spannungsgeladen und kontrovers ist, weil es neben der Verhandlung von *Fakten* eben implizit um die Verhandlung von *Wertsystemen* geht. Dies berührt auch die Frage, unter welchen Umständen wir den Status als Erinnerung bei autobiografischen Narrativen (als Ausdruck des Selbstbild oder als vermeintlicher Zeitzeugenbericht) anzweifeln dürfen. Es kann somit sein, dass wir manchmal die Frage, wer *de facto* richtig lag, vernachlässigen werden zugunsten der Frage, wer aufgrund welcher bestehenden Normen den Anspruch erheben darf, richtig zu liegen.

Dies sind meine beiden Hauptthese: Erstens stehen Erinnern und Vergessen als individualpsychologische Phänomene in Spannung mit Erinnern und Vergessen im Rahmen eines zwischenmenschlichen Miteinanders oder einer gesellschaftlich vermittelten Erinnerungskultur. Zweitens sind diese Spannungen unauflösbar, weswegen wir die spannungsgeladenen Diskussionen um das »richtige« Erinnern in einer offenen Gesellschaft einfach aushalten müssen. Mnemosyne und Clio bleiben unversöhnlich.

Erinnern-für-sich und Erinnern-mit-anderen

Wie ist das Verhältnis von Erinnern-für-sich zum Erinnern-mit-anderen? Primär scheinen Erinnern und Vergessen intra-personale und individualpsychische Phänomene zu sein. Eine Einzelperson erinnert sich an etwas oder vergisst es. Auch ohne jemand anderen sind wir zu diesen kognitiven Leistungen fähig. Jedoch sind diese individual-psychischen, intra-personalen Prozesse des Erinnerns und Vergessens eingebettet in soziale Kontexte, vom rein Zwischenmenschlichen des Alltags bis zur Gedächtnis- und Erinnerungskultur innerhalb von Gruppen, Gesellschaften, Nationen, etc.

Dieses Erinnern-mit-anderen ist damit ontologisch abhängig vom individualpsychischen Erinnern der Kollektivmitglieder: Eine Gesellschaft kann sich nur an etwas erinnern, an das sich zumindest eine Person erinnert. Kollektives Vergessen ist ebenso abhängig vom Vergessen der Mitglieder des Kollektivs.

Erinnern als aktiver Prozess in einer Einzelpsyche wird jedoch durch die kulturelle und soziale Umwelt, in der er stattfindet, mitgeformt und ist damit nicht unabhängig vom Erinnern-mit-anderen. Denn wir erinnern uns nicht nur selbst an Dinge, sondern regen auch andere zum Erinnern an – durch soziale Interaktion (u. a. Ansprachen, Fragen, Aufforderungen), Artefakte (u. a. Merkzettel, Plaketten, Statuen), Rituale (u. a. Gedenktage, Prozessionen) und mehr. Wir fördern bestimmte Formen des Erinnerns oder können sinnvoll erbitten, dass man dieses oder jenes vergessen möge.

Viele soziale Interaktionen gehen mit Normativität einher und so auch das Erinnern-mit-anderen: Wir tadeln jemanden, etwas vergessen zu haben; wir loben jemanden, uns an etwas erinnert zu haben. Eine Gastwirtin mag eine Küchenhilfe tadeln, dass sie vergaß, Brot zu kaufen, aber sie loben, dass sie sich eigenständig an den Wein erinnert hat. Eine Gruppe mag einer anderen Geschichtsvergessenheit vorwerfen und Gesellschaften würdigen Historiker:innen, die schmerzhafte Aspekte einer Nationalgeschichte aufarbeiten, für ihre Arbeit. Vor Gericht mögen Erinnerungen sowie leichtfertig vorgebrachte Pseudoerinnerungen – also mentale Prozesse, die sich wie Erinnerungen anfühlen, jedoch etwas falsch widerspiegeln – juristische Konsequenzen nach sich ziehen. Dass man also Vergangenes nicht nur korrekt oder inkorrekt im gegenwärtigen Geiste behält, sondern dies auch auf gute oder schlechte, lobens-, tadelns- oder gar bestrafenswerte Weise tun kann, verdeutlicht, dass eben manche Ansprüche an Erinnern in gesellschaftlichen Kontexten *normativ* sind.

Die normative Bewertung von etwas, das als Erinnern dargestellt wird, (ob etwas gut oder schlecht, lobens- oder tadelnswert ist) kann von dessen epistemischer Bewertung (ob etwas korrekt oder wahr ist) abweichen. Das Vortragen einer Erinnerung – beispielsweise die lange und detailsgetreue Erzählung eines meiner peinlichsten Kindheitserlebnisse durch meine Mutter – mag wahrheitsgetreu sein, aber dennoch tadelnswert; und eine Pseudoerinnerung als Erinnerung vorzugeben – beispielsweise, dass man ja damals gar nicht so gekränkt war – mag entschuldbar sein.

Aber normative Ansprüche sind nicht ganz losgelöst von epistemischen Ansprüchen. Denn sie können formend auf Erinnerungsprozesse einwirken und damit einer Wahrheitssuche hinderlich oder förderlich sein. Es lohnt sich daher, die Spannungen zwischen normativen und epistemischen Ansprüchen im Erleben zu beleuchten. Ich möchte dafür zuerst auf die Funktion Erinnern und deren Stellenwert in unserer mentalen Landschaft eingehen.

Funktionen der Erinnerung

Meine Analyse baut auf funktionalistischen Überlegungen auf, einem Standardparadigma innerhalb der Kognitionswissenschaft: Mentale Vorgänge werden hier struktural als Funktionen aufgefasst, da sie bestimmte Klassen von Inputs via bestimmte Übergangszustände auf bestimmte Klassen an Outputs abbilden. Akuter Schmerz wurde beispielsweise von

Putnam (1967) analysiert als diejenige Funktion, die Gewebeschädigung über negative Emotion an Vermeidungsverhalten knüpft.

An der Peripherie des kognitiven Systems sind Inputs zumeist Stimulationen von Sinneszellen und Outputs Muskelbewegungen oder Drüsenausschüttungen. Insofern wäre ein kruder Funktionalismus nah an einem Behaviorismus. Auch wenn wir in psychologischen Experimenten operational auf Verhalten und Stimulation angewiesen sind, so ist es nicht immer angebracht, alle mentalen Prozesse direkt auf Stimuli-Verhaltens-Paare herunterzubrechen. Viele kognitive Prozesse werden in der klassischen Kognitionswissenschaft daher mit internen mentalen Repräsentationen, deren Aufbau und deren Veränderung in Verbindung gebracht.

Verstehen wir die Prozesse des Erinnerns und Vergessens als kognitiv, so können wir fragen, zu welchen Repräsentationen und deren Veränderungen sie beitragen. Dadurch, dass psychologische Prozesse in unser Verhalten eingreifen, dieses wiederum unsere Interaktion mit unserer ökologischen und sozialen Nische bestimmt, liegt es nahe, dass sie auch evolutionärem Druck unterliegen (in Analogie zu Emotionen, siehe Darwin, 1872; für moderne Diskussionen siehe Millikan, 1989). Wenn wir also gute Indikatoren dafür haben, dass Erinnerungen zu bestimmten Repräsentationen beitragen, so können wir weiter fragen, welchen Selektionsvorteil genau diese Art von Repräsentationen gehabt haben könnten. Man sieht dann diese Prozesse als adaptiv an (für Kritik siehe Gould & Lewontin, 1979) – die Funktionen sind nicht reine Assoziationen, sondern erfüllen einen *Zweck für den Organismus als Ganzes*. Evolutionsbiologische Hypothesen bereichern so das kognitionswissenschaftliche Bild. Im Folgenden fokussiere ich auf drei Aspekte von Erinnern, um daraufhin Spektren an Spannungen zwischen *Erinnern-für-sich* und *Erinnern-für-andere* zu analysieren.

Was aber meine ich überhaupt mit *Erinnern* in diesem kognitiven Kontext? Naiv verstehen wir *Erinnern* als ein Wiederwachrufen: Zu einem Zeitpunkt t_0 bildete unser Geist eine Repräsentation R von etwas aus und zu einem späteren Zeitpunkt t_1 wird eine Repräsentation R' aufgebaut, die R mehr oder minder widerspiegelt und dementsprechend vom Subjekt auch als R widerspiegelnd behandelt wird. *Vergessen* ist dann das Ausbleiben oder Nicht-Wachrufen-Können von R'. Erinnern und Vergessen sind also an einen Zeitpunkt gebundene Prozesse: Ich erinnere mich *jetzt* an meine Kindergartenzeit vor Jahrzehnten und habe *jetzt* den Namen meiner Kindergärtnerin von damals vergessen. Diese Zeitpunkt-Gebundenheit unterscheidet Erinnern vom *Gedächtnis:* Die Repräsentationen, die für das Erinnern zur Verfügung stehen, sind Teil unseres Gedächtnisses, müssen dazu aber nicht aktiv wachgerufen werden. »Ich habe es irgendwo im Gedächtnis, komme aber gerade nicht drauf.«, ist damit ein sinnvoller Satz: Das Gedächtnis ist potenziell, das Erinnern aktuell. Im Folgenden wird es mir um das Erinnern gehen, weniger um das Gedächtnis.

Meine Analyse ist minimal, da sie nicht festlegt, *an was* wir uns erinnern oder wie. Dadurch sind unterschiedliche Formen des Erinnerns erfassbar. Prozedurales Gedächtnis – sich erinnern, wie man Klavier spielt – baut vermutlich auf Repräsentationen von Motormustern, semantisches Gedächtnis auf propositionalen Repräsentationen auf. Weiterhin ist diese Analyse minimal, da sie nicht sagt, *zu welchem Maße* sich R und R' ähneln müssen: Wäre R identisch mit R', so hätten wir das perfekte Gedächtnis; aber unter manchen Umständen mag es ausreichen, sich nur an Bruchstücke zu erinnern. Beim Augenzeugenbericht mag das Fabrikat des Autos wichtig sein, nicht aber, ob der Fahrer den Scheitel rechts oder links trug. Unter Alzheimer leidend mögen wir uns nur noch daran erinnern, dass wir geheiratet haben, aber nicht mehr daran, wen wir geheiratet haben. Dennoch: Auch wenn R' massiv detailsärmer ist als R oder sogar Details falsch wiedergegeben oder hinzufügt wurden, so erinnern wir uns dennoch an Aspekte, die R' mit R teilt. Bernecker und Grundmann (2017) weisen darauf hin, dass detailsarme Erinnerungen sogar einen epistemischen Vorteil haben können: Sie sind weniger fehleranfällig. Es ist beispielsweise eher wahr, dass mich *ein Auto* angefahren hat, als dass es *ein roter 1997er viertüriger Fiat Panda* war. Ersteres ist im Falle des Fiat wahr, aber auch im Falle eines Mercedes, Audi, Porsche, Tesla, etc. Wichtig ist nur, dass es Überschneidungen im Gehalt von R und R' gibt, damit R' als Erinnerung zählen kann.

Die Analyse setzt zudem voraus, dass das, was wir erinnern, schon einmal in unserem Geist gewesen sein muss, um zu einem späteren Zeitpunkt erinnert zu werden. Erinnerungen an die Vergangenheit sind also abhängig von der Aufnahmefähigkeit des Geistes zu dem Zeitpunkt, als jenes Damals ein Jetzt war. Streng genommen erinnern wir uns also, indem wir Repräsentationen zu rekonstruieren versuchen, die wir dereinst schon einmal gebildet hatten. Jedoch wäre es falsch zu sagen, dass wir uns somit *an* die damaligen Repräsentationen erinnern. Vielmehr erinnern wir uns *durch* sie: Wir nutzen sie als Krücke, um uns daran zu erinnern, *was* sie repräsentieren. Wir erinnern uns an den Gehalt von Repräsentationen, nicht an Repräsentationen selbst.

Gleichzeitig ist diese Analyse anspruchsvoller als manche andere, denn sie verlangt nicht nur das Wiederaufbauen von Repräsentationen, sondern auch eine bestimmte *Einstellung* zu ihnen: Wir müssen Rʻ *als ehemaligen Repräsentationen ähnelnd behandeln.* Warum? Nehmen wir als Beispiel Henry Gustav Molaison (Patient HM), der durch einen operativen Eingriff die Fähigkeit verlor, neue semantische Langzeiterinnerungen aufzubauen (sogenannte anterograde Amnesie, vgl. Corkin, 2013, S. 19). Nehmen wir an, HM hätte jeden Tag dieselbe Folge der Simpsons geschaut. In diesem Falle hätte er gestern eine Repräsentation R und heute eine Repräsentation Rʻ ausgebildet, die sich exakt gleichen. Aber er hätte eben dennoch keine Erinnerung an diese Folge, da rein die externen Umstände – was im Fernseher läuft – bedingen, dass sich gleichende Repräsentationen aufbauen. Aber auch bei interner Generation von Repräsentationen kann der Zufall dazu führen, dass wir zweimal dieselbe Repräsentation aufbauen, beispielsweise beim Raten. Selbst wenn ich richtig läge, welche Farbe meine Hose bei der Einschulung hatte – es wäre keine Erinnerung, wenn ich nur richtig geraten hätte. Deswegen scheint es mir hier zentral, die Einstellung zu den Repräsentationen, die wir aufbauen, zu einer weiteren Bedingung für das Erinnern zu machen: Nur, wo wir Repräsentationen über Vergangenes *als Erinnerungen behandeln*, können normative Ansprüche geltend gemacht werden.

Welche Rolle spielen nun Erinnerungen in unserem Geiste? Zu was tragen sie bei?

Zwischen Veridikalität und Verwechselbarkeit

Die angesprochene Zweiteilung in Repräsentation und Einstellung zur Repräsentation ermöglicht eine bestimmte Art von Fehler: Wir können diese Einstellung, etwas als Erinnerung zu behandeln, auch zu Repräsentationen einnehmen, die *de facto* keine Erinnerungen sein können. Wir können uns beispielsweise die Erinnerungen anderer aneignen (Brown et al., 2015) oder Pseudoerinnerungen aufbauen, das heißt *falsche* Repräsentationen über die Vergangenheit *als Erinnerungen behandeln*.

Wenn solche Pseudoerinnerungen aber *keine* Erinnerungen sein sollen, so liegt dies daran, dass das Ziel des Erinnerns *epistemisch* ist: Es geht uns um Wissen und Wahrheit. Beim Erinnern soll etwas aus der Vergangenheit so, *wie es war*, im gegenwärtigen Geiste präsent sein. Wir wollen durch

Erinnern etwas über Vergangenes *wissen.* »Erinnern, dass ...« legt somit Faktizität nahe: Wir können nur erinnern, was wirklich der Fall war. »Vergessen, dass ...« erbt diesen Anspruch: Wir können nur vergessen, was wirklich passierte. Wir können uns aber weder an etwas erinnern noch etwas vergessen, dass so nicht stattfand.

Falls wir uns irren und behaupten, etwas zu erinnern, das *nicht* passiert ist, so haben wir eben *Pseudo*erinnerungen. Diese werden manchmal verwirrenderweise »falsche Erinnerungen« oder »false memories« genannt. Wenn Erinnerungen aber essenziell einen Wahrheitsanspruch in sich tragen, dann kann es keine *falschen* Erinnerungen geben. Es gibt nur fehlgeleitete Einstellungen, etwas als Erinnerungen zu behandeln, was keine ist. Pseudoerinnerungen entstehen aus solchen fehlgeleiteten Einstellungen.

Warum behandeln wir manchmal etwas als Erinnerung, das keine Erinnerung ist? Eine Möglichkeit wäre, dass sowohl Erinnerungen als auch Pseudoerinnerungen ein bestimmtes Gefühl verursachen und dadurch leicht verwechselt werden können. Dies wäre leicht der Fall, wenn (wie Dijkstra et al., 2017 nahelegen) die mentalen Prozesse des Vorstellens und Wahrnehmens zum Teil auf dieselben neuralen Prozesse zurückgreifen. Wenn Erinnern ein Wieder-Vorstellen ist, dann kann es gut sein, dass es sich ähnlich anfühlt wie ein Neu-Vorstellen – insbesondere, wenn es dieselben neuralen Ressourcen verwendet wie ein Neu-Vorstellen. Dann wäre es leicht, sie zu verwechseln. Unter diesen Umständen würde dann ein Gefühl, das wir mit Erinnern assoziieren, uns die Einstellung, etwas als Erinnerung zu behandeln, nahelegen. Dieses Gefühl wäre dann aber unabhängig von Veridikalität.

Es gibt demnach zwei Aspekte von mentalen Zuständen, die wir als Erinnerungen behandeln, denen wir aber (je nach Kontext) unterschiedliche Wertigkeiten zuweisen könnten: Erstens, ein *Gefühl des Erinnerns,* egal ob dieses Gefühl der Realität entspricht oder nicht, und zweitens die *Veridikalität des Erinnerns,* also die Deckungsgleichheit mit der Realität.

Pseudoerinnerungen teilen mit Erinnerungen also, dass sie als Erinnerung behandelt werden, möglicherweise weil sie sich in der Art ähneln, wie sie sich anfühlen. Aus der Perspektive des erlebenden Subjekts sind sie dadurch verwechselbar. Der Unterschied zwischen Erinnerungen und Pseudoerinnerungen liegt nur darin, ob ihr Gehalt (also das, was sie repräsentieren) die Wirklichkeit widerspiegelt oder nicht, ob sie also faktisch sind oder nicht. Aber gerade wenn die Wirklichkeit, die widergespiegelt werden soll, nicht mehr direkt zugänglich ist – weil sie eben vergangen ist –, kann es schwer sein für eine Person, Erinnerungen und Pseudoerinnerungen jemals wieder auseinanderzuhalten.

Die Chance, dass also einiges, an das wir uns zu erinnern glauben und auf dem wir unseren Lebensentwurf aufbauen, Pseudoerinnerungen sind, ist nicht vernachlässigbar. Unser Selbstverständnis mag deswegen sowohl geprägt sein von Re-Konstruktionen aber auch *Ex-novo*-Konstruktionen. Dies wiederum deutet auf eine weitere Funktion von autobiografischem Erinnern hin: der Aufbau einer Persönlichkeit und eines narrativen Selbstbildes.

Erinnern und Selbstverständnis

Insbesondere autobiografisches Erinnern ist der Kern dessen, was wir als unser Selbst ansehen – als dasjenige, was über die Zeit gleichbleibt. John Locke (1690, XXVII.11) sah die bewusste Erinnerung an die eigene Vergangenheit als Grundbedingung für die Identität einer Person über die Zeit hinweg an: »[A]s far as this consciousness can be extended backwards to any past Action or Thought, so far reaches the Identity of that Person; it is the same self now it was then.«

Diese Art von Selbst, welches sich in Autobiografien widerspiegelt, sollte nun als eine aktive Konstruktion verstanden werden. Sie spiegelt wider, als wer wir uns zu einem Zeitpunkt *verstehen*, gegeben die in diesem Moment relevanten und salienten Repräsentationen, die wir als Erinnerungen behandeln. Dieses »*center of narrative gravity*« (Dennett, 1986) unterscheidet sich damit von der personalen Identität, welche *de facto* über die Zeit hinweg bestehen könnte. Selbst wenn Person *A* vergaß, dass sie die Lampe umschlug, war es dennoch *A*, deretwegen die Lampe zerbrach. Obwohl *A* dies nicht als Teil ihrer Biografie ansieht, können wir von *A* Schadensersatz und eine Entschuldigung verlangen, eben wenn eine *De-facto*-Identität unabhängig der Erinnerungen von *A* besteht.

Das narrative Selbstverständnis einer Person mag jedoch in vielen Fällen für sie wichtiger sein als ihre *De-facto*-Identität über die Zeit hinweg. Denn es ist gerade dieses Selbstverständnis, aufgrund dessen eine Person ihren Handlungsspielraum erschließt: Dadurch, dass wir eine Idee haben, wie wir zu der Person wurden, die wir sind – welche Erfahrungen und Fehler wir machten –, können wir erahnen, wer wir werden und wie wir unsere Zukunft gestalten können. Durch das gnadenvolle Vergessen peinlicher

Umstände, von Fehlgeschlagenem, von externen Beeinflussungen oder Schmerzhaftem fühlen wir uns eher in der Lage, bestimmte Situationen zu meistern. Hingegen lähmt es eine Person, wenn sie nur Scheitern in ihrer Autobiographie sieht, auch wenn sie *de facto* erfolgreich war. Dieses selektive Editieren unserer Erinnerungen beeinflusst also, ob wir bereit sind, uns in eine riskante Situation hineinzubegeben. Beispielsweise mag es gerade das selektive Vergessen von negativen Ereignissen während des ersten Gebärens sein (vgl. Niven & Murphy-Black, 2000 für einen Überblick), das zur Bereitschaft beitragen kann, ein weiteres Kind auch nur in Betracht zu ziehen.

Um ein narratives Selbstverständnis aufzubauen, werden unsere Erinnerungen teils rekontextualisiert, verändert oder mit Pseudoerinnerungen angereichert, um eine homogenisierte Version der Ereignisse zu kreieren, die es ermöglicht, ein kohärentes Selbstbild zu schaffen und uns dadurch eine halbwegs realistische, aber gleichzeitig mit unseren Werten übereinstimmende Einschätzung unserer Handlungsspielräume zu ermöglichen.

Ein Teil unseres Handlungsspielraumes betrifft die Koordination mit anderen und in Kollektiven. Betrachten wir dies als nächstes.

Erinnern und Kollektividentität

Neben dem Aufbauen einer narrativen Identität für Einzelpersonen spielt Erinnern auch im Aufbau von Kollektividentität eine entscheidende Rolle. Der Mensch ist, bedingt durch seine evolutionäre Herkunft, ein soziales Wesen, dessen Miteinander durch Hierarchien mitbestimmt wird. Bei Säugetieren sind diese Hierarchien prinzipiell flexibel und können unter bestimmten Umständen neu verhandelt werden.

Gleichzeitig ist es nachteilig, wenn Sozialgefüge bei jeder Begegnung neu verhandelt werden müssten – es gäbe dann keine Stabilität im Kollektiv. Um dies zu vermeiden, muss es die Möglichkeit geben, dass die Mehrheit der Mitglieder eines Kollektivs deren Hierarchieverhältnisse über längere Zeit und auch über Abwesenheit einiger Individuen im Gedächtnis halten können. Dafür ist es für die Mitglieder notwendig, zu erinnern, wer zum Kollektiv gehört und wer nicht sowie wer zu wem in welcher Beziehung steht. Dies scheint jedoch nur in Kleinstgruppen möglich, wo es einen direkten Kontakt zwischen den Mitgliedern gibt und alle miteinander bekannt sind.

Werden Kollektive größer, sodass nicht alle Individuen eine gemeinsame autobiografische Geschichte teilen, müssen andere Mechanismen greifen, welche teils auf ein Erinnern der Geschichte der Gruppe *als Ganzes* abzielen: Du und ich, wir gehören zu denjenigen, welche damals ... taten. Geteilte Erinnerungen können so zur Konstruktion einer über die Zeit stabilen Kollektividentität beitragen, die über den Tod einzelner oder sogar aller Mitglieder einer Generation hinaus bestehen kann. Imperiale Ansprüche und politische Aufrufe gründen nicht selten in dieser Art von historisch konstruierter Kollektividentität.

Kollektividentität würde dann vor allem über ein Narrativ der Vergangenheit dieses Kollektivs konstruiert. Dieses Narrativ wird sich oft mit der Autobiografie einiger Mitglieder überlagern – es muss jedoch nicht sein: Auch fiktive Gründungsmythen können identitätsstiftend sein. Damit sich das Individuum jedoch als Teil dieses Kollektivs verstehen kann, muss es dieses Kollektivnarrativ annehmen können. Dies setzt voraus, dass die eigene Autobiografie mit dem Kollektivnarrativ möglichst kohärent ist, zumindest aber nicht im Widerspruch steht. Wie auch beim autobiografischen Selbstverständnis soll dieses Kollektivnarrativ ebenfalls möglichst in der Realität fußen. Aber es wird ebenso editiert, kontextualisiert und verzerrt sein, wie es bei Individualerinnerungen der Fall ist. Dennoch erlaubt es, ein Verständnis der Handlungsräume *des Kollektivs als Ganzes* zu schaffen. Besitzansprüche werden so eben teils historisch begründet aus einer konstruierten Identität einer heutigen Gruppe mit einer vergangenen Gruppe, auch wenn kein einziges Individuum der vergangenen Gruppe mehr existiert. Dies ist analog zu der Art, wie Einzelindividuen Besitzansprüche an Dinge stellen, von denen sie meinen, dass ihr früheres Selbst sie dereinst besaß.

Individuen, die koordiniert in dynamischen, aber über die Zeit hinweg als stabil empfundenen Kollektiven interagieren, repräsentieren also sowohl die eigenen Handlungsräume *für sich,* aber auch einen Raum der Handlungsmöglichkeiten *mit anderen.* Erinnern spielt bei der Konstruktion sowohl des Selbst- als auch des Kollektivverständnisses eine zentrale Rolle.

Gerade weil dieser zweite Handlungsraum die Interaktion *mit anderen* betrifft, mag sich daraus ein Anspruch ergeben, dass Autobiografie und sozialhistorisches Kollektivverständnis möglichst kongruent sind, um eben weiterhin diese gemeinsame Koordination zu ermöglichen. Eine Inkongruenz zwischen autobiografischem Gedächtnis und Kollektividentität mag dann zu einer Lossagung des Individuums vom Kollektiv führen (innerlich oder äußerlich, implizit oder explizit) – eben weil sich dieses nicht mit diesem Kollektiv identifizieren kann, ohne das eigene Selbstverständnis massiv anzupassen. (Dies scheint beispielsweise vor und nach dem Zusammenbruch der DDR nicht selten gewesen sein.) Kommt dies bei mehreren Individuen vor, unterwandert dies die Stabilität, die ein geteilten Kollektivverständnis bieten soll. Die damit einhergehende Labilität kann im Extremfall zu einem Zusammenbruch der Kollektividentität führen, geht jedoch bereits davor schon mit den Kosten einer erschwerten Koordination einher, da unterschiedliche Mitglieder unterschiedliche Handlungsoptionen für möglich oder angemessen halten.

Lassen Sie mich kurz zusammenfassen: Das, was wir für Erinnern halten, ist in unterschiedliche Funktionen eingebunden. Primär ist das Aufbauen wahrer Repräsentationen über die Vergangenheit, mit Veridikalität als Kernziel. Um Wahrheit zu maximieren, spielt auch Vergessen eine zentrale Rolle. Diese epistemische Funktion des Erinnerns findet sich bei fast allen mehrzelligen Organismen und selbst in Subsystemen unseres eignen Körpers. Wollen wir diese Subsysteme koordinieren, müssen diese Repräsentationen zugleich *kohärent* gemacht werden. Auf der personalen Ebene kommt es deswegen zu Abgleichungs- und Editionsmechanismen, um diese Kohärenz zu ermöglichen. Diese arbeiten jedoch teils auf Kosten von Veridikalität. Auch der Rekonstruktionsprozess im Moment des Erinnerns fügt Verzerrungen hinzu. Ob das, was eine Person also für ihre Erinnerungen hält, mehr veridische Erinnerungen oder verzerrte Pseudoerinnerungen sind, ist aus Sicht der sich erinnernden Person nicht immer herauszufinden. Da wir jedoch unsere Handlungsräume – das Bündel unserer Repräsentation von Handlungsoptionen und ihren jeweiligen Erfolgswahrscheinlichkeit – aufgrund von dem aufbauen, was wir für Erinnerungen halten, werden auch Fehlrepräsentationen mitformen, wie wir uns verhalten werden und als wer wir uns verstehen, wenn wir diese als Erinnerungen behandeln.

Enthält ein Handlungsraum Handlungsabfolgen – erst tue dies, dann das –, so bedingt dies das Selbstverständnis als stabiles Individuum, welches über die Zeit hinweg planen kann und sowohl seine Ziele als auch seine langfristigen Pläne über diese Handlungsfolgen hinweg erinnern kann. Erinnerungen haben daher einerseits die zentrale Rolle im Aufbau eines Selbstverständnisses als eine Person mit diesen oder jenen Fähigkeiten, Tendenzen und Vergangenheit, die deswegen dieses oder jenes eher tun wird oder tun sollte, andererseits ermöglichen sie dadurch langfristige Handlungsabfolgen und Lebensentwürfe. Der Übergang vom reinen Verhalten zum Handeln ist durch Erinnern mitbedingt.

Koordiniertes Handeln ist zentral für soziale Lebewesen. Dafür bedarf es einer separaten Repräsentation der Handlungsräume sozialer Kollektive: Ich kann dies nicht allein, aber zusammen mit *jenen dort* kann ich es. Hierfür muss ebenfalls eine Repräsentation dessen aufgebaut werden, *was* hier handelt. Dieses kann jedoch nicht identisch mit dem Individuum sein, da sich dieser interaktive Handlungsraum vom individuellen unterscheidet. Es bedarf neben dem Selbstbild auch eines Kollektivbildes. Dessen interaktiver Handlungsraum basiert ebenso zum Teil auf Erinnerungen, jedoch auf denjenigen, die das Kollektiv als Ganzes oder die Beziehungen zwischen ihren Mitgliedern betreffen. Das Kollektivbild ist dadurch kognitiv vom Selbstbild getrennt, obwohl sie ineinandergreifen.

Betrachten wir nun mögliche Spannungen zwischen diesen Aspekten des Erinnerns.

Spektren memorialer Spannungen

Ich habe im vorherigen Abschnitt folgende drei Ziele herausgearbeitet, die mit Erinnerung, Selbst und Kollektiv in Zusammenhang stehen:
(1)   Ziel der Veridikalität der Erinnerung
(2)   Ziel des Aufbaus eines kohärenten Selbstbildes
(3)   Ziel des Aufbau von Kollektivverständnissen

Die Konstruktions-, Re-Konstruktions-, und Editionsmechanismen zur Kohärenzmaximierung in unserem Geiste zeigen jedoch nicht ihre Spuren in den Erinnerungen, wie wir sie erleben. Fehlrepräsentationen können daher als Erinnerungen behandelt werden – und *de facto* Erinnerungen können ebenso als Hirngespinste abgetan werden. Die Verwechslung von Erinnerungen und Pseudoerinnerungen ist daher ein Kernphänomen der *conditio humana.*

Diese Ziele können zu unterschiedlichem Grade erreicht werden. Erinnerungen können mehr oder weniger veridische Elemente enthalten. Sie können mehr oder weniger hinterfragt werden, um Verwechslungen auszuschließen. Sie können mehr oder weniger zentral für unser Selbstverständnis sein und mehr oder weniger eingebunden sein, in das, was unser Kollektivverständnis ausmacht.

Wir könnten versuchen, alle Aspekte gleichermaßen zu maximieren, oder wir können dazu tendieren, manche zu bevorzugen. Je nach Kontext mag uns mehr an Wahrheit gelegen sein oder daran, ein Gefühl der Nostalgie zu mehren. Oder wir mögen das persönliche, identitätsstiftende Moment von Erinnerungen höher bewerten als die Konformität mit den Erinnerungen anderer. Wir können daher ein Ziel höher werten als ein anderes. Und da eines dieser Ziele unsere Beziehung zu anderen betrifft, kann es leicht passieren, dass es zu inter- und intra-individuellen Spannungen kommt. Es wird nicht immer möglich sein, alle Ziele im Erinnern-mit-anderen maximal zu erreichen. Lassen Sie mich einige illustrative Beispiele für solche Spannungen durchgehen.

Streit um objektive Fakten

Judith Burger spricht sehr offen darüber, dass das Erinnern mit ihrer Mutter fast im Streit darüber endete, wer denn nun zuerst hörte, dass die Mauer gefallen war. Dies ist illustrativ für viele solcher Streitigkeiten bezüglich geteilter Erinnerungen.

Die grundlegendste Form des Streits, die wir hier führen können, ist darüber, was wirklich geschah – was also die objektiven Fakten sind, die Erinnerungen von Pseudoerinnerungen trennen. Denn auch dann, wenn es sich so anfühlen kann, dass man sich an irgendetwas erinnert, so mag es sein, dass dies eben eine Pseudoerinnerung ist. Der grundsätzliche Streit berührt also die Veridikalität von dem, was wir für Erinnerungen halten. Andere Streitformen mögen aus der Bewertung oder Beschreibung solcher Fakten herrühren.

In all diesen Fällen scheint es aber eben nicht so, dass wir uns darauf zurückziehen, dass ja jeder seine eigene Wahrheit hat. Nein: Wenn wir eine Welt teilen, können alle ihre Bewohner ein Deutungsrecht erheben, das sie nicht einfach im Angesicht von Widerspruch fallen lassen müssen. Dadurch entsteht eine Spannung bezüglich der Frage: Wer von uns hat nun eine wirkliche Erinnerung, wer von uns hält eine Pseudoerinnerung für eine Erinnerung? In dieser Streitart geht es um Veridikalität. Und wenn eine Aussage p einer Aussage q widerspricht, dann kann nicht gleichzeitig p und q wahr sein.

Gleichzeitig spüren wir, dass wir nicht allwissend über unsere Vergangenheit sind. Daher ist es angebracht zu fragen: Wer von uns lag richtig?

Veridikalitätsstreitigkeiten berühren hier damit aber auch immer den eigenen Geist: Wir müssen uns eingestehen, dass wir nicht allwissend sind und uns täuschen können. Dass wir manches für Erinnerung halten, was keine Erinnerung ist. Die erste Spannung im Erinnern-mit-anderen besteht damit zwischen Veridikalitätsanspruch und der stets präsenten Möglichkeit, Erinnerungen und Pseudoerinnerungen zu verwechseln.

Streit um Lokalisierung

Der Streit zwischen Frau Burger und ihrer Mutter erschöpft sich jedoch nicht in der Frage, was die objektiven Fakten waren. Er scheint nicht allein bezogen darauf, *dass* eine Person eine andere informiert, dass die Mauer fällt. Stattdessen geht es darum, wer in dieser Geschichte welche Rolle spielte. Dies sind *indexikalische* Fakten oder Fakten der *Lokalisierung:* Wer wo und wann was tat. Auch Fakten, die einen selbst betreffen, werden als indexikalische Fakten analysiert. Jedoch lassen sich diese nicht auf rein objektive Fakten reduzieren, wie David Lewis (1979) erläutert: Stellen wir uns zwei Gottheiten vor, eine Berg- und eine Meergöttin, die allwissend bezüglich der objektiven Fakten des Universums sind. Aber dadurch wüsste eine Göttin immer noch nicht, dass sie *diese* ist und nicht die andere. Zu einer solchen Selbstlokalisierung bedarf es einer »essenziellen Indexikalität« (Perry, 1979). Hier liegt also ein Streit vor über die eigene Lokalisierung in der Vergangenheit: Wer war wer in der Geschichte? Keine Person kann zweifach lokalisiert sein und zwei unterschiedliche Personen können nicht ko-lokalisiert sein. Weiterhin sollte die Rolle, die wir in der Vergangenheit einnahmen, auch unser autobiografisches Selbstverständnis mitbestimmen. Damit scheint hier eine Spannung vorzuliegen zwischen Veridikalität (bezogen auf Indexikalität) und dem eigenen Selbstverständnis. Frau Burger und ihre Mutter wissen, dass es darum geht, als wer sie sich gerechtfertigterweise verstehen können. Der Widerspruch der jeweils anderen nagt damit am Selbstbild.

Streit um Kohärenz

Bortolotti & Sullivan-Bissett (2018) weisen in ihrem Artikel »The epistemic innocence of clinical memory distortions« darauf hin, dass es bei klinischen Erinnerungsstörungen nicht immer angemessen ist, die betroffenen Personen auf ihre Fehler hinzuweisen:

> »There seems to be a tragic choice: If CMDs [clinical memory distortions] are not challenged, no genuine feedback is provided, and the person will continue to have false beliefs about the past but will feel competent and confident. If CMDs are challenged, the feedback may lead the person to reject some false beliefs about the past but will also cause the person to doubt her competence, giving rise to anxiety and social withdrawal.«

Die Autorinnen zeigen damit den engen Bezug zwischen Erinnerung, sozialem Zweifel und Wohlbefinden auf – und das daraus entstehende Dilemma: Sollen oder sollen wir nicht falsche Erinnerungen anzweifeln, wenn es solche dramatischen Auswirkungen auf die erinnernde Person haben kann?

Was hier für das klinische Phänomen geschrieben wird, kann gut auch erweitert werden auf Bereiche außerhalb der Klinik: Ein Anzweifeln unseres Erinnerns regt ein generelles Zweifeln an unseren kognitiven Fähigkeiten nahe. Wir müssen uns jedoch als kompetent und selbstsicher genug fühlen, um die Welt eigenständig zu explorieren. Es gibt deswegen ein Grundbedürfnis nach Widerspruchsfreiheit, dass sich aus dem Grundbedürfnis nach Selbstbestimmtheit ableitet.

Allein die Inkohärenz mit den Erzählungen anderer, deren geäußerter Zweifel, legt grundlegende Zweifel nahe. Hier geht es also nicht primär um Veridikalität, sondern allein um Inkohärenz zwischen der eigenen Erinnerung und dem, wie andere die Vergangenheit rekonstruieren. Diese Spannung wird noch intensiviert, wenn die von außen vorgetragene Erinnerung zudem von vielen geteilt wird, wir also mit unserem gesamten Umfeld in Reibung stehen. Auf dieser Ebene besteht eine Spannung zwischen einem autobiografischen Selbstverständnis und einem kollektivzentrierten Erinnerungsnarrativ.

Erinnerungskultur

Ich habe darauf verwiesen, dass es zu Spannungen im Erinnern-mit-anderen kommen kann. Ich denke jedoch, dass die Umstände, in denen Spannungen auftreten, so alltäglich und grundlegend sind, dass sie zwangsläufig auftreten: Wir sind fehlbare Wesen, die sowohl an der Wahrheit interessiert sind, als auch daran, dass das, wovon wir überzeugt sind, der Wahrheit entspricht. Aufgrund unserer Fehlbarkeit wird es immer wieder zu einer Kluft kommen zwischen dem Gefühl des Erinnerns und der Veridikalität dessen, das mit diesem Gefühl einhergeht. Wir sind auch soziale Wesen, die sich ihres Selbst in Abgrenzung zu anderen bewusst sind, aber sich mit diesen koordinieren müssen. Es wird deswegen immer wieder zu Spannungen kommen zwischen dem Aufbauen eines persönlichen Selbstverständnisses und den Ansprüchen, die eine soziale Identifikation mit sich bringt.

Dass es also durch unsere Verfasstheit als Menschen fast notwendigerweise zu Spannungen kommen wird, bedeutet jedoch nicht, dass diese Spannungen nicht auflösbar sein könnten. Sie wären auflösbar, wenn es eine allgemein gültige Rangfolge von Werten gäbe. In diesen Fällen wüssten wir immer, was wir zu maximieren hätten: Wenn Überleben mehr wiegt als Nicht-Stehlen, dann gibt es für die Hungernden keine unauflösbare Spannung – es ist ihnen aufgrund dieser Werterangfolge erlaubt, Brot zu stehlen, um zu überleben. Wäre dies ein Weg, diese Spannungen aufzulösen?

Ich bin skeptisch. Für eine solche Rangfolge, welche diese Spannungen auflösen könnte, müsste es ein einziges kohärentes, individuenübergreifendes, zeit- und kontextunabhängiges Wertesystem geben. Mir scheint dies utopisch: Das Wertesystem jeder Einzelperson ändert sich im Laufe ihres Lebens, und wir sehen allein schon über die Parteienlandschaft hinweg starke Unterschiede in Wertrangfolgen. Unser demokratisches Zusammenleben ist von der Verhandlung über Werterangfolgen gekennzeichnet, beispielsweise Freiheit vs. Klimaschutz. Dies scheint mir nicht nur ein Zeichen für eine gesunde Demokratie, sondern ebenfalls eine anthropologische Konstante: Zwei Personen werden sich immer, wenn auch subtil, in ihren Wertesystemen unterscheiden.

Es scheint mir daher alles andere als offensichtlich, welchem Ziel unter allen Umständen mehr Gewicht zu geben ist. Mehr noch, es scheint mir unmöglich, allgemeine Regeln zu formulieren, nach denen eines dieser Ziele immer höher zu bewerten wäre als andere. Ich denke stattdessen, dass die stete Verhandlung darüber, wie diese unterschiedlichen und in Spannung stehenden Ziele im Einzelfall zu bewerten sind, ein zentraler Teil jeder Erinnerungskultur sein wird.

Denn auf welcher Basis wollten wir maßregeln, wenn eine Person zeitweise ihr eigenes Selbstverständnis höher einstuft als die Kohärenz mit dem Kollektivnarrativ? Wie wollen wir einer Person mit klinischen Gedächtnisstörungen ernsthaft Vorwürfe machen, wenn sie an Unwahrheiten als Erinnerungen festhält, sie dies aber ermächtigt, in vielen anderen Kontexten zu funktionieren? Machen wir jemandem Vorwürfe, der das eigene Selbstverständnis dem Konstrukt einer extern an ihn herangetragenen Kollektividentität unterwirft, weil er damit seine Authentizität aufgibt, so geht das nur, weil *wir* Authentizität als Wert höher einschätzen als Kohärenz mit einer Kollektividentität. Wenn dies nicht die Werterangfolge der kritisierten Person selbst ist, wird unsere Kritik fruchtlos bleiben. Die Schwierigkeit ist es also – über Wertesysteme hinweg, nicht innerhalb von einem einzigen –, diese Spannungen aufzulösen.

Ein Wertesystem generell zu bevorzugen oder zu verordnen, um Spannungen zwischen Wahrheit, individuellem Selbstverständnis und Konstruktion einer Kollektividentität zu vermeiden, scheint mir da kaum realistisch. Vielmehr werden die Spannungen, auf die ich hinweise, notwendig weiterbestehen. Sie können dann als Korrektiv und essenzieller Teil unserer Erinnerungskultur verstanden werden: Neben den Fragen danach, was wirklich geschah, als wer man sich versteht und als was *wir uns* sehen– als was sich eine Gruppen von Einzelnen *als Kollektiv* verstehen möchte –, werden Verhandlungen und Diskussionen über die Rangfolge der Werte im *Erinnern-mit-anderen* steter Teil einer Memorial- und Erinnerungskultur in einer offenen Gesellschaft sein.

Literatur

Bernecker, S. & Grundmann, T. (2017). Knowledge from Forgetting. *Philos Phenomenol Res, 98,* 525–540. https://doi.org/10.1111/phpr.12469
Bortolotti, L. & Sullivan-Bissett, E. (2018). The epistemic innocence of clinical memory distortions. *Mind & Language, 33*(3), 263–279.
Brown, A. S., Croft Caderao, K., Fields, L. M. & Marsh, E. J. (2015). Borrowing personal memories. *Applied Cognitive Psychology, 29*(3), 471–477.
Corkin, S (2013). *Permanent Present Tense.* Penguin.
Darwin, C. (1872). *The Expression of the Emotions in Man and Animals.* John Murray Publisher.
Dennett, D. (2007). The self as a center of narrative gravity. *Arguing about the Mind, 4,* 237.
Dijkstra, N., Bosch, S. E. & van Gerven, M. A. (2017). Vividness of visual imagery depends on the neural overlap with perception in visual areas. *Journal of Neuroscience, 37*(5), 1367–1373.

Fink, S. B. (2018). Commentary: The concept of a bewusstseinskultur. *Frontiers in psychology, 9*, 732.
Gould, S. J. & Lewontin, R. C. (1979). The spandrels of San Marco and the Panglossian paradigm: a critique of the adaptationist programme. Proceedings of the royal society of London. Series B. *Biological Sciences, 205*(1161), 581–598.
Lewis, D. (1979). Attitudes de dicto and de se. *The Philosophical Review, 88*(4), 513–543.
Locke, J. (1690). *Essay Concerning Human Understanding*. London: T. Bassett & E. Mory.
Metzinger, T. (2002). Der Begriff einer Bewusstseinskultur. *Year Book, 2003*, 150–171.
Metzinger, T. (2023). *Bewusstseinskultur. Spiritualität, intellektuelle Redlichkeit und die planetare Krise*. Berlin Verlag.
Millikan, R. G. (1989). Biosemantics. *The Journal of Philosophy, 86*(6), 281–297.
Niven, C. A. and Murphy-Black, T. (2000). Memory for Labor Pain: A Review of the Literature. *Birth, 27*, 244–253. https://doi.org/10.1046/j.1523-536x.2000.00244.x
Perry, J. (1979). The problem of the essential indexical. *Noûs*, 3–21.
Putnam, H. (1967). The nature of mental states. *Art, Mind, and Religion*, 37–48.

Biografische Notiz
Sascha Benjamin Fink, Dr. phil., war zwischen 2016 und 2024 Juniorprofessor für Neurophilosophie an der Universität Magdeburg. Derzeit ist er *Director of Research* des *Centre for Philosophy and AI Research* der Universität Erlangen-Nürnberg. Weiterhin leitet er als Editor-in-Chief die DFG-geförderte Open-Access-Zeitschrift *Philosophy and the Mind Sciences*. Er forscht, insbesondere aus wissenschaftstheoretischer und -ethischer Perspektive, zu neuralen Korrelaten subjektiven Erlebens, zum Einsatz von Psychedelika in der Psychotherapie, zur Psychologie der Vagheit und zu epistemischen Risiken neuer Technologien.

Psychosozial-Verlag

Agnès Arp, Élisa Goudin-Steinmann
Die DDR nach der DDR
Ostdeutsche Lebenserzählungen

2022 · 314 Seiten · Broschur
ISBN 978-3-8379-3161-7

»Ehemalige DDR-Bürger mussten sich nicht nur mit einer weitreichenden Diskreditierung ihres einstigen Staates auseinandersetzen, ›in dem sie aufgewachsen waren, gearbeitet und gelebt hatten‹, sondern auch mit der Entwertung ihrer Biografien und Lebensleistungen. Chapeau! Ein hochinteressantes, sorgfältig recherchiertes und erkenntnisbringendes Buch.«
*Karlen Vesper,
neues deutschland*

Die französischen Historikerinnen Agnès Arp und Élisa Goudin-Steinmann gehen der Frage nach, wie die DDR als Gesellschaft im Leben der Ostdeutschen bis heute nachwirkt. Die von ihnen mit ehemaligen DDR-Bürger*innen geführten lebensgeschichtlichen Interviews lassen Nähe und Unmittelbarkeit, Zwischentöne und Differenzierungen zu – jenseits der einseitigen öffentlichen Wahrnehmung unter dem Stichwort »Leben in der Diktatur«.

Nachdem die Schilderungen von Entwertung, Wiederaneignung und Aufwertung ostdeutscher Lebenswege bereits in Frankreich auf positive Resonanz stießen, eröffnet sich nun auch einer west- wie ostdeutschen Leserschaft eine vielfältige Sicht auf wichtige Themen wie Bildungschancen, Geschlechterverhältnisse, Umgang mit Kunst und Kultur oder Möglichkeiten politischer Teilhabe und deren Deutung im vereinigten Deutschland.

Walltorstr. 10 · 35390 Gießen · Tel. 0641-969978-18 · Fax 0641-969978-19
bestellung@psychosozial-verlag.de · www.psychosozial-verlag.de

Psychosozial-Verlag

Hariet Kirschner, Simon Forstmeier, Bernhard Strauß
Das Lebensrückblickgespräch
Hintergründe, Wirkungsweise und praktische Anleitung

2022 · 145 Seiten · Broschur
ISBN 978-3-8379-3195-2

Lebensrückblickinterventionen führen nachweislich zur Verbesserung psychischer und physischer Gesundheit. Die Autor*innen geben einen Einblick in die unterschiedlichen Formen lebensgeschichtlichen Erzählens und stellen das Erinnern und Erzählen in seinen Funktionen als hilfreich und wirkungsvoll für die psychosoziale Entwicklungsaufgabe im Alter vor. Die wirksamkeitsgeprüfte Methode des Lebensrückblicks lässt sich schnell erlernen und mithilfe eines Gesprächsleitfadens im Alltag oder in der Arbeit mit älteren und alten Menschen konkret anwenden. Die Autor*innen stellen begleitend Studienergebnisse vor und zeigen mögliche Anwendungsfelder der Lebensrückblickintervention auf.

Walltorstr. 10 · 35390 Gießen · Tel. 0641-969978-18 · Fax 0641-969978-19
bestellung@psychosozial-verlag.de · www.psychosozial-verlag.de